Kamps
pädagogische
Taschenbücher

Kamps pädagogische Taschenbücher

Blaue Reihe:
Allgemeine Pädagogik

Rote Reihe:
Praktische Pädagogik

Grüne Reihe:
Historische Pädagogik

Band 32: Praktische Pädagogik

Franz-Josef Thiemermann

Kurzgeschichten im Deutschunterricht

Texte – Interpretationen – Methodische Hinweise

VERLAG FERDINAND KAMP BOCHUM

13. Auflage 1980

ISBN: 3–592–**71320**–5

Herstellung: Verlag Ferdinand Kamp GmbH & Co, KG Bochum

INHALT

Einleitung

Die Kurzgeschichte als literarische Gattung 9
Die Kurzgeschichte im Unterricht 17

Menschen in den Grenzsituationen des Lebens

Die Tragik des schuldlos Schuldigen

Gerd Gaiser: Der Mensch, den ich erlegt hatte 21
1. Struktur und Sprache der Erzählung 26
2. Von der Form zur Bedeutung 31
3. Fragen und Hinweise zur Erschließung im Unterricht . . 39

Der Einbruch des Todes in das Alltagsleben

Robert Musil: Der Verkehrsunfall 40
1. Die Struktur der Kurzgeschichte 41
2. Distanzierung als Flucht vor der Lebenswirklichkeit . . 45
3. Fragen und Hinweise zur Erschließung im Unterricht . . 49

Abschied vom Traum der Jugend

Herbert Eisenreich: Der Weg hinaus 50
1. Der „monologue intérieur“ als Gestaltungsmittel . . . 55
2. Der Beginn der totalen Lebenskrise 64
3. Fragen und Hinweise zur Erschließung im Unterricht . . 70

Begegnung als Lebenswende

Günther Eich: Züge im Nebel 71
1. Der zeitgeschichtliche Hintergrund 76

2. Sprache und Darstellungsweise 79
3. Die Begegnung der beiden Brüder 82
4. Das punktuelle Ereignis als Symptom der Zeit 87
5. Fragen und Hinweise zur Erschließung im Unterricht . . 88

Hunger und Durst nach Gerechtigkeit

Gerechtigkeit der Erden

Heinrich Böll: Die Waage der Baleks 89
1. Die formgebenden Kräfte 94
2. Das „Armeleutemilieu" und sein soziales Gegenüber . 97
3. Die Ungerechtigkeit der Baleks 99
4. Die religiöse Deutung 103
5. Fragen und Hinweise zur Erschließung im Unterricht . . 106

Die neue Gerechtigkeit in einer verwandelten Gesellschaft

Bertolt Brecht: Der Augsburger Kreidekreis 107
1. Der Stoff 116
2. Die Dienstmagd Anna 122
3. Der Richter Ignaz Dollinger 128
4. Fragen und Hinweise zur Erschließung im Unterricht . . 133

Die Gerechtigkeit Gottes – das Problem der Theodizee

Heinz Risse: Das Gottesurteil 134
1. Das Gottesurteil als literarisches Motiv 136
2. Die Gestaltung des Motivs 141
3. Das Problem der Theodizee 145
4. Fragen und Hinweise zur Erschließung im Unterricht . . 147

Menschliche Solidarität in Not und Gefahr

Der Mensch als Ungeheuer und der Mensch als Mitmensch

Hans Bender: Die Wölfe kommen zurück 148
1. Die wachsende Bedrohung 151
2. Die wachsende Freundschaft 155
3. Die Verbindung beider Handlungsgefüge 159
4. Der Gehalt 161
5. Fragen und Hinweise zur Erschließung im Unterricht . . 163

Menschlichkeit und Hoffnung in chaotischer Zeit

Wolfgang Borchert: Die drei dunklen Könige 164
1. Borcherts Grundhaltung: Grauen und Hoffnung 165
2. „Anbetung der Könige" von Stefan Lochner 166
3. Umformung des Stoffes 169
4. Fragen und Hinweise zur Erschließung im Unterricht . . 178

Der Mensch im totalitären Staat

Die Zerstörung der Sprache und die Wahrheit der Zeichen

Siegfried Lenz: Ein Freund der Regierung 179
1. Der Aufbau 183
2. Fassade und Wirklichkeit 185
3. Zeichen der Wahrheit 189
4. Fragen und Hinweise zur Erschließung im Unterricht . . 191

Das Mysterium des Bösen und das Geheimnis der Erlösung

Elisabeth Langgässer: Saisonbeginn 192
1. Die Mehrschichtigkeit der Erzählung 193

2. Der Vordergrund 195
3. Die politische Deutung 197
4. Die religiöse Deutung 201
5. Fragen und Hinweise zur Erschließung im Unterricht . . 205

Mensch und Technik

Magische oder rationale Bewältigung der Natur

Stefan Andres: Das Trockendock 207
1. Drei merkwürdige Begebenheiten 209
2. Die magische Begegnung mit der Übermacht des Stoffes 211
3. Der Irrtum des Ingenieurs 215
4. Der Übergang von der magischen zur technischen Naturbewältigung 218
5. Die Einheit der Erzählung 222
6. Fragen und Hinweise zur Erschließung im Unterricht . . 222

Quellennachweis 224
Literaturverzeichnis 225
Sachregister 227

Einleitung

Die Kurzgeschichte als literarische Gattung

Die vorliegenden Interpretationen deutscher Kurzgeschichten sind aus der praktischen Unterrichtsarbeit erwachsen und möchten wiederum hinführen zur unterrichtlichen Erschließung jener Sprachkunstwerke, die bei uns in Deutschland vor allem nach dem zweiten Weltkrieg in Anlehnung an die angelsächsische „modern short story" als „Kurzgeschichten" eine zunehmende Verbreitung gefunden haben.

Es kann deshalb nicht die Aufgabe der vorliegenden Arbeit sein, eine weitausgreifende Entwicklungsgeschichte der deutschen Kurzgeschichte zu bieten oder in eingehenden gattungstheoretischen Analysen die Kurzgeschichte von verwandten literarischen Formen der Kleinepik abzugrenzen[1]. Es geht uns im Unterricht vielmehr darum, die einzelne Kurzgeschichte als Sprachkunstwerk, das heißt als eine kunstvolle Einheit von Gehalt und Form, lesend und betrachtend zu verstehen.

Sofern wir uns aber nicht nur mit einer bloß materiellen Aneignung des in der Kurzgeschichte gestalteten Stoffes und seiner lebenskundlichen Auswertung begnügen wollen, sondern – wie es allein Aufgabe einer recht verstandenen Interpretation sein kann – aus einer Sinnmitte heraus die Gehalt-Gestalt-Einheit des Werkes zu erfassen versuchen, bedürfen wir notwendig einer Vorstellung von dem, was denn nun eigentlich eine Kurzgeschichte ist. Denn solange wir nicht wenigstens annähernd wissen, welche formalen Elemente grundsätzlich ihren Aufbau bestimmen und welche Stoffe in ihr vorwiegend behandelt werden, vermögen wir an die einzelne Kurzgeschichte von vornherein nicht die richtigen Fragen zu stellen, und so wird sich uns zwangsläufig manches entziehen, das wesentlich zur formalen und inhaltlichen Aussage der Erzählung gehört.

---

[1] Zur Geschichte der europäischen Kurzgeschichte vgl. Ruth Kilchenmann, Die Kurzgeschichte; Formen und Entwicklung, Stuttgart 1967.

Um eine gattungstheoretische Abgrenzung der Kurzgeschichte von verwandten Formen bemüht sich: Klaus Doderer, Die Kurzgeschichte in Deutschland; Ihre Form und ihre Entwicklung, Wiesbaden 1953.

Wir möchten deshalb in diesem einleitenden Kapitel in einer vorwegnehmenden Zusammenfassung der Ergebnisse, die sich aus der Deutung einiger für die Form der Kurzgeschichte exemplarischer Erzählungen ergeben haben, jene typischen Merkmale der deutschen Kurzgeschichte herausstellen, die in mehr oder minder veränderter Form regelmäßig wiederkehren.

„Geschichten – einen Haarschnitt lang“, so charakterisierte Paul Fechter einmal die Kurzgeschichte in einer spöttischen und abwertenden Formulierung, die freilich zu Recht besteht, wenn man sie nur auf den äußeren Umfang der Kurzgeschichte bezieht. Die Erzählungen unserer Auswahl schwanken zwischen äußerst knappen Darstellungen, die ein bis zwei Druckseiten nicht überschreiten (Musil, Der Verkehrsunfall; Langgässer, Saisonbeginn; Borchert, Die drei dunklen Könige), und etwas ausführlicheren Gestaltungen, die aber kaum mehr als zehn Druckseiten füllen (Brecht, Der Augsburger Kreidekreis; Eisenreich, Der Weg hinaus).

Bezieht man aber Fechters Formulierung auch auf die literarische Qualität der Kurzgeschichte, glaubt man, ihre Aussage und ihr Gestaltungsprinzip in einem flüchtigen Darüberhinlesen erfassen zu können, so wird man dem Anspruch, den die Kurzgeschichte an die Aufmerksamkeit des Lesers stellt, sicher nicht gerecht. Denn gerade die äußerliche Kürze dieser Geschichten führt – wie beim lyrischen Gedicht – zu einer formalen und gehaltlichen Verdichtung, die zum nachdenkenden Betrachten herausfordert.

Charakteristisch für die Kurzgeschichte ist zunächst die Beschränkung des Stoffes auf eine einzige Situation. Während der Roman, einem Strahlenbündel vergleichbar, eine Vielzahl sich ineinander verschlingender Ereignisse und Zustände durchleuchtet, schränkt sich die Novelle bereits ein und konzentriert sich auf die „unerhörte Begebenheit“, auf das einmalige und hervorstechende Ereignis, auf das die strenge und geschlossene Dichtung hinkomponiert ist. In der Kurzgeschichte verkürzt sich die Perspektive noch einmal: vergleicht man die Novelle in bezug auf den Roman mit einem einzigen, das Geschehen prägnant ausleuchtenden Lichtstrahl, so läßt sich die Kurzgeschichte verstehen als ein Brennpunkt, der nur eine einzige, oft geradezu banale und alltägliche Situation aus dem Strom des Geschehens grell heraushebt, um ihre verborgene Bedeutsamkeit offenbar zu machen.

Nun beschränkt sich freilich auch die Anekdote auf eine einzige, in scharf pointierter Darstellungsweise herausgehobene Situation.

Aber an einem kurzen Vergleich läßt sich der Unterschied zwischen der Anekdote und der Kurzgeschichte leicht deutlich machen.

Wir greifen eine beliebige Anekdote heraus:

„Der preußische Gesandte hat kürzlich in Konstantinopel einen sehr starken Beweis von seiner Gegenwart des Geistes abgelegt. Man bot ihn zum Gehör beim Sultan. Als er in den Gehörsaal trat, bemerkte er gleich, daß, nicht aus Versehen, sondern aus muselmännischem Stolze, kein Stuhl für ihn bestellt worden. Gleich breitete er seinen Mantel auf die Erde, setzte sich mit preußischem Trotze darauf und trug seinen Auftrag mit solcher Gemütsverfassung vor, daß der Sultan staunte. Nach geendigtem Gehör ging er weg, ohne seinen Mantel mitzunehmen. Man glaubte, er habe ihn vergessen, und erinnerte ihn sogleich daran. Allein er antwortete mit einem Ernst, den Anmut milderte: ‚Ein Preuße, der seinen König vorstellt, ist nicht gewohnt, seinen Stuhl mitzunehmen.'"

Mittelpunkt dieser Anekdote ist eine einzige, für den Gesandten peinliche und schwierige Situation, die durch eine unverhoffte Pointe, die in gleicher Weise den Sultan beschämt wie die Geistesgegenwart des Gesandten herausstellt, ihr glückliches Ende findet. Ausgesprochenes Ziel der Anekdote ist es, in dieser Situation die hervorstechende Eigenschaft eines Menschen sichtbar zu machen und darüber hinaus sein Verhalten als ein für den preußischen Beamten typisches Verhalten exemplarisch herauszustellen.

Entscheidend ist, daß der Held der Anekdote auch in einer durchaus schwierigen und prekären Situation Herr der Lage bleibt, ja daß sich gerade in der Art und Weise, wie er eine solche Lage zu meistern imstande ist, blitzartig sein Wesen verdeutlicht.

In der Kurzgeschichte dagegen sieht sich der Held in der Regel in eine Situation gestellt, der seine physischen oder geistigen Kräfte nicht gewachsen sind, die ihn übermächtigt und aus der er in irgendeiner Weise als Besiegter hervorgeht. Unvermittelt und unvorhergesehen überfällt den Menschen ein Geschehen, dem er sich stellen, auf das er reagieren muß und das ihn, indem es über ihn hinweggeht, in seinem Wesen verwandelt.

„Es gibt wohl keine literarische Gattung, in der ein Schicksalsschlag und dessen Reaktion bei dem Betroffenen so rein zum alleinigen Motiv gewählt ist wie bei der Kurzgeschichte", schreibt

Klaus Doderer in seiner bereits erwähnten Untersuchung[2], die an zwei Skizzen den Unterschied zwischen Anekdote und Kurzgeschichte zu veranschaulichen sucht:

Anekdote

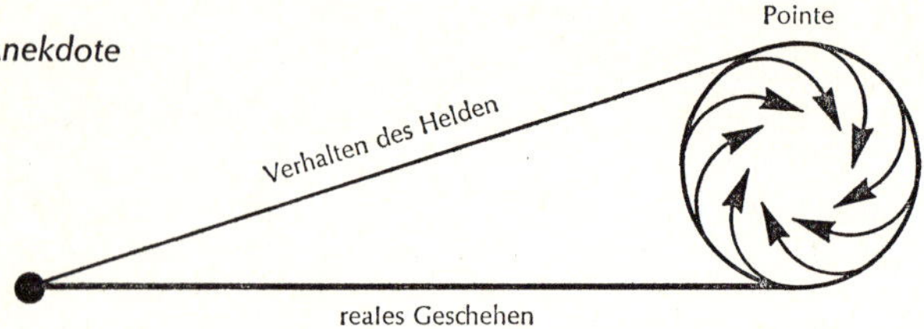

Der Held bleibt Herr einer schwierigen Situation
Die Situation veranschaulicht einen Charakterzug.

Kurzgeschichte

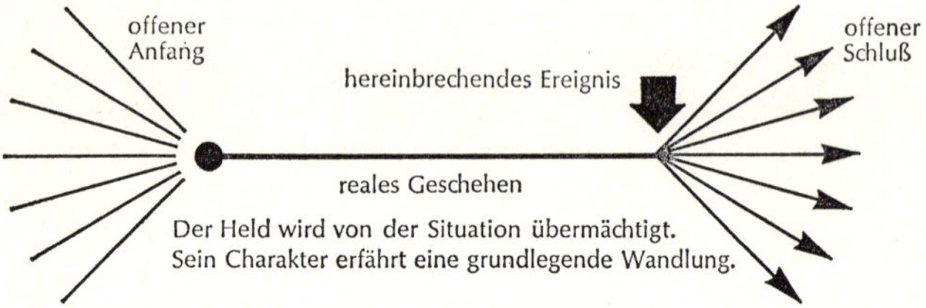

Der Held wird von der Situation übermächtigt.
Sein Charakter erfährt eine grundlegende Wandlung.

Nach dieser Darstellung ist die Anekdote deutlich auf die Schlußpointe hinkomponiert. Das reale Geschehen, von dem erzählt wird, und das Verhalten des Helden in der sich zuspitzenden Situation, die in einem Spannungsverhältnis zueinander stehen, lösen sich in einer überraschenden Schlußwendung, die der Anekdote ihren eigentümlichen Reiz verleiht. In der Kurzgeschichte dagegen wird, sofern auch hier das Geschehen in einer überraschenden Schlußwendung oder „Brechung" kulminiert, das bis dahin Erzählte durch das unerwartet eingetretene Schlußereignis völlig aufgehoben oder in sein Gegenteil verkehrt. Während aber in der von uns herangezogenen Anekdote mit der Pointe die Erzählung abgerundet und abgeschlossen ist, zwingt das entscheidende Ereignis der Kurzgeschichte den Helden zwar zu einer grundlegenden Wandlung seines Verhaltens, aber im knapp gefaßten Brennpunkt der Kurzgeschichte steht nur das die Verwandlung erzwingende Ereignis, nicht mehr aber die sich

---

[2] Klaus Doderer, a. a. O., S. 47.
Die angeführten Skizzen sind leicht verändert und mit zusätzlichem Text versehen worden.

daraus ergebende Veränderung. So bleibt die Kurzgeschichte im Gegensatz zur Anekdote zum Schluß hin offen, verschiedene Konsequenzen und Lösungswege bleiben denkbar, doch werden sie nicht mehr vom Erzähler dargestellt. Der Offenheit des Endes entspricht häufig eine ebenso offene Gestaltung des Beginns, der scheinbar zufällig an einer beliebigen Stelle des Erzählvorgangs einsetzt; die zum Verständnis notwendigen Einzelheiten vorangegangener Geschehnisse werden vom Erzähler dann später nachgetragen.

Aber nicht alle Kurzgeschichten sind so angelegt, daß ein zunächst alltäglich und normal ablaufender Vorgang durch den plötzlichen Einbruch eines unvorhergesehenen Schicksals aufgehoben oder in sein Gegenteil verkehrt wird, so daß am Schluß der Erzählung deutlich ein pointiert herausgearbeiteter Bruch stehen müßte, der das erzählte Geschehen sprengt. Neben Kurzgeschichten, die diese von Klaus Doderer beschriebene Bauform durchaus erfüllen, stehen andere, in denen zwar auch, thematisch gesehen, ein einzelnes schicksalhaftes Ereignis den oder die Menschen der Kurzgeschichte in ihrem Wesen verwandelt, in denen aber dieses entscheidende Ereignis vom Erzähler geradezu planvoll verhüllt und unter einer scheinbar alltäglichen und gleichförmigen Oberfläche verborgen wird. Ein typisches Beispiel für diese Art des Erzählens wäre Wolfgang Borcherts Geschichte „Die drei dunklen Könige".

Versuchen wir, auch diese Art zu erzählen mit einer einprägsamen Skizze zu erfassen, so bietet sich ein Vergleich an, den Robert Ulshöfer in einem Aufsatz über „Unterrichtliche Probleme bei seiner Arbeit mit der Kurzgeschichte"[3] vorschlägt: Wie ein Stein, der plötzlich und unvorhergesehen auf die glatte Oberfläche des Wassers aufschlägt, rund um die Aufschlagstelle Wellenkreise in Bewegung setzt, die sich im Unendlichen verlieren, während gleichzeitig die Richtung des Steins durch den Aufprall auf das Wasser abgelenkt und verändert wird, so löst der dichterisch gestaltete Augenblick des Zusammenpralls eines Menschen mit einer ihn fordernden Situation in ähnlicher Weise Gedanken, Überlegungen, Folgerungen und Reaktionen aus, die in geschickter Anordnung um diesen entscheidenden Mittelpunkt

---

[3] Robert Ulshöfer, Unterrichtliche Probleme bei der Arbeit mit der Kurzgeschichte; in: Der Deutschunterricht 1958/6, S. 5–35. – Vgl. unten S. 63.

gruppiert sind. Gleichzeitig erfährt der Lebensweg des Menschen in diesem Zusammenstoß eine grundlegende Veränderung.

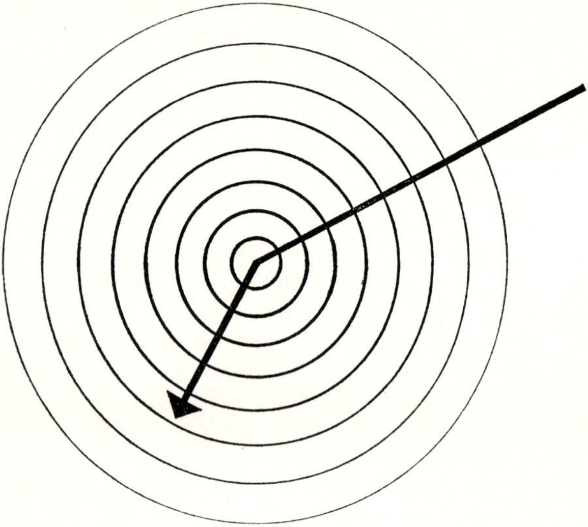

So ist die Kurzgeschichte „ein dynamisches, mehrdimensionales Gebilde mit verschiedenen Bewegungsrichtungen: einer horizontalen und einer vertikalen, einer vordergründigen und einer hintergründigen. Scharf gezeichnet ist lediglich der Augenblick und der Punkt des Zusammenpralls. Nach dem Rande zu verschwimmen die Konturen"[4].

Der Mensch stößt in der Kurzgeschichte nicht so sehr mit einem anderen Menschen, mit gegnerischen Gruppen oder Kräften zusammen als vielmehr mit einer schicksalhaften Begebenheit, die sein Leben verwandelt. Dieser Augenblick des Zusammenstoßes erscheint als Höhepunkt und Wendepunkt der Kurzgeschichte und – wenn die Erzählung auf eine Schlußbrechung hin angelegt ist – auch als Schlußpointe.

Das Persönliche tritt, wie in der Novelle, deutlich zurück hinter dem Ereignis, das im Mittelpunkt der Erzählung steht. So kommt es, daß häufig nicht einmal der Name der dichterischen Gestalt genannt wird, sondern wir den Menschen lediglich durch seine

[4] a. a. O., S. 22.

Funktion in einer bestimmten Situation kennenlernen. Als Beispiel wären etwa der Dorfpolizist in Gerd Gaisers Geschichte „Der Mensch, den ich erlegt hatte" und der Fußballer in Herbert Eisenreichs Erzählung „Der Weg hinaus" zu nennen.

Das Gesagte verdeutlicht bereits, daß in der Kurzgeschichte der Erzähler einen Vorgang oder ein Geschehen nicht beliebig so erzählt, wie es ihm in der rückerinnernden Besinnung wieder einfällt, sondern wir werden erwarten müssen, daß die Kurzgeschichte in der Regel durch eine bewußt gestaltete Form, einen durchaus kunstvollen und häufig geradezu artistischen Aufbau gekennzeichnet ist. Was zunächst willkürlich und zufällig erscheinen mag, als ein reportageartig herausgehobener Ausschnitt aus der Alltagswirklichkeit, erweist sich bei eingehender formaler Analyse sehr oft als eine hinter umgangssprachlichen Wendungen und jargonartigen Formulierungen verborgene Kunstfertigkeit, die sich in recht verschiedener Weise äußern kann.

In unserer Auswahl finden sich Kurzgeschichten, in denen das Geschehen in einer vollkommen symmetrischen Struktur angeordnet ist; etwa in Gaisers bereits erwähnter Erzählung oder in Siegfried Lenz' Kurzgeschichte „Ein Freund der Regierung". In anderen Geschichten laufen zwei Handlungsstränge in kunstvoller Komposition gegeneinander, so daß ein eigentümliches Spannungsverhältnis zwischen den einander widerstreitenden Erzählteilen entsteht; auch hier ließe sich noch einmal Gerd Gaisers Erzählung anführen, aber auch Günther Eichs Geschichte „Züge im Nebel". Andere Kurzgeschichten erhalten ihre künstlerische Form durch eine komplizierte Mehrschichtigkeit, in der jede Erzählebene auf eine andere, tiefere Schicht verweist und jede in der anderen sich spiegelt. Als Beispiele solcher komplexen Gestaltung wären Elisabeth Langgässers „Saisonbeginn" und Stefan Andres' „Trockendock" zu nennen. Bert Brechts Erzählung „Der Augsburger Kreidekreis" und Borcherts „Die drei dunklen Könige" beziehen ihre entscheidenden formalen Impulse aus der bewußten und kunstvollen Umgestaltung eines bereits vorgegebenen Stoffes, der in der Sprache und Formgebung dieser Erzähler einen völlig neuen Gehalt gewinnt.

Da die Kurzgeschichte in ihrer Darstellungsweise so sehr den Eindruck der Sachlichkeit, einer objektiven und von den Gedanken des Erzählers unbeeinflußten Wiedergabe tatsächlicher Geschehnisse zu erwecken sucht, vermag sich die subjektive

Anteilnahme des Erzählers nur indirekt, in der kunstvollen und konstruktiven Formgebung der Erzählung zu äußern. Was Benno von Wiese als kennzeichnendes Kriterium der Novelle herausgearbeitet hat: „Wahrheit der Begebenheit auf der einen Seite, subjektive, bis ins Artistische gehende, indirekte Formgebung auf der anderen Seite"[5], das scheint uns als signifikantes Merkmal für die Kurzgeschichte in gleicher Weise zu gelten.

Neben der stofflichen Begrenzung auf eine einzige Situation, die den Menschen in einem schicksalhaften Augenblick verwandelt, und neben der durchaus kunstvollen, ja artistischen Formgebung der Kurzgeschichte scheint es uns zum Wesen dieser Gattung – wie zum Wesen eines jeden Sprachkunstwerkes – zu gehören, daß der dargestellte Vorgang, so banal und alltäglich er auch erscheinen mag, transparent wird für eine hinter dem Alltäglichen stehende größere Wirklichkeit. Die Begegnung der Brüder Patoka in Günther Eichs Erzählung „Züge im Nebel" wird über das Schicksal dieser beiden Menschen hinaus zum Sinnbild einer ganzen Epoche, die alle sittlichen Maßstäbe verloren hat und sich neu orientieren muß.

Die alltägliche und scheinbar bedeutungslose Errichtung eines Schildes in Elisabeth Langgässers Kurzgeschichte „Saisonbeginn" erhält schließlich eine tiefe religiöse Bedeutsamkeit, wird über das historisch faßbare Ereignis hinaus zum Sinnbild eines überzeitlichen Mysteriums des Bösen wie der Erlösung. So ließen sich die Beispiele beliebig häufen. Wo immer die Erzählung mehr sein will als durchschnittliche Unterhaltung, wird sie hinter dem Einmaligen und Zufälligen eine überdauernde und allgemeingültige Wahrheit aufweisen. Entscheidend ist, daß der geschilderte Vorgang als Ganzes über sich selbst hinausweist; ob er dann das Geschehen auch in einzelnen symbolischen Zeichen, in „Dingsymbolen" oder „Bildsymbolen" anschaulich verdichtet, scheint wegen der in sich geschlossenen Symbolhaftigkeit des ganzen Vorgangs weniger von Bedeutung zu sein. Doch läßt sich auch diese Form der symbolischen Verdichtung in einzelnen Erzählungen (Saisonbeginn; Ein Freund der Regierung; Trockendock; Die drei dunklen Könige u. a.) durchaus nachweisen.

Diese drei Merkmale – Konzentrierung auf eine einzige, den Lebensweg oder den Charakter eines Menschen jählings verwandelnde Situation, eine subjektive, durchaus kunstvolle und ge-

---

[5] Benno von Wiese, Die deutsche Novelle von Goethe bis Kafka, Düsseldorf 1959, Bd. I, S. 15.

legentlich sogar artistische Formgebung bei größter Objektivität der Darstellung und schließlich die durchgängige Transparenz oder Symbolhaftigkeit der erzählten Vorgänge – scheinen uns die wesentlichen Kriterien einer guten Kurzgeschichte zu sein. Man wird sich bei der Lektüre und Erarbeitung der einzelnen Kurzgeschichten freilich bewußt bleiben müssen, daß sich solche Kriterien nicht als starres Schema über jede Kurzgeschichte pressen lassen, sondern daß innerhalb eines vorgegebenen Spielraums die vielfältigsten Gestaltungsmöglichkeiten offen bleiben, daß der eine oder andere der hier erarbeiteten Aspekte gelegentlich zurücktritt und daß es überdies Misch- und Übergangsformen zwischen den einzelnen literarischen Gattungen gibt, die sich einem allzu starr angewandten Schematismus ohnehin entziehen.

Die Kurzgeschichte im Unterricht

Die Kürze und Überschaubarkeit der Kurzgeschichte, ihre verdichtete Gestaltung und der über den Einzelvorgang hinausweisende Sinngehalt lassen sie für den Deutschunterricht der Klassen 8 bis 10 besonders geeignet erscheinen. An der Kurzgeschichte kann der Schüler lernen, was lesen und interpretieren heißt: nämlich einen einmaligen und zufälligen Vorgang über das vordergründige Geschehen hinaus in seiner allgemeingültigen Bedeutung erfassen und im gestalteten Sprachkunstwerk von der Form zur Erschließung des Gehaltes, vom Gehalt zur Kenntnis der Darstellungsmittel sich führen lassen.

Das schließt von vornherein aus, daß Lehrer und Schüler sozusagen „an der Erzählung entlang fragen", d. h. Satz für Satz und Abschnitt für Abschnitt zu erklären versuchen. Auf diese Weise läßt sich nur der Inhalt der Kurzgeschichte zusammentragen, der ohnehin bei der Prägnanz vieler Kurzgeschichten häufig in einem einzigen Satz zusammengefaßt werden kann. Zum eigentlichen Kern der Erzählung dringt eine solche Art des Unterrichts nicht vor.

Wir bemühen uns statt dessen in den nachfolgenden Interpretationen um eine funktionale Betrachtungsweise, das heißt: wir versuchen, die Kurzgeschichte als eine vom Erzähler gestaltete Einheit von Form und Gehalt aus einer jeweils aufzuweisenden Sinnmitte heraus zu verstehen, von der aus sich die Funktion aller Einzelheiten, die Bedeutung jedes Details für den Bau und die Sinnhaftigkeit des Ganzen verständlich machen läßt.

Wir werden uns dabei freilich hüten müssen, die Erzählungen in zwei grundsätzlich voneinander geschiedene Schichten aufzulösen, deren eine wir Form oder Gestalt nennen (die also aus Strukturgesetzmäßigkeiten, aus Wortwahl, Rhythmus, Bildern, Vergleichen und Sprachklang besteht) und deren andere wir als den eigentlichen Gehalt oder die im Ereignis verdichtete Lebenswahrheit auffassen, auf die es hinter allem sprachlichen Klingklang doch letztlich ankomme. Eine solche aufgliedernde Betrachtungsweise sieht den Gehalt der Erzählung als eine gedankliche oder lebenskundliche Substanz an, die zunächst und vor aller künstlerischer Formgebung da sei und die sich ebensogut auch mittels eines anderen sprachlichen Vehikels mitteilen lasse.

Aber eine solche Betrachtungsweise übersieht die unauflösbare Einheit von Gehalt und Form, die erst miteinander und durcheinander das Ganze des sprachlichen Kunstwerkes ausmachen. „Die Form ist doch in ihrer tiefsten Bedeutung unzertrennlich vom Gehalt, ja in ihrem Ursprung fast eins mit demselben und durchaus geistiger, höchst zarter Natur", schreibt Eduard Mörike, und Goethe bemerkt in gleichem Sinne: „Gehalt bringt die Form mit, und Form ist nie ohne Gehalt."

So hat in der gelungenen Kurzgeschichte ebenso wie im lyrischen Gedicht jeder Satz, jedes Bild und jedes Detail des Geschehens seinen unvertauschbaren Platz. Erst wenn der Leser die Geschichte aufmerksam vom Anfang bis zu ihrem Ende und vom Schluß zum Anfang überblickt, wenn er Geschehnis und Personen, Bilder und Vergleiche, Aufbauprinzipien und Wortwahl miteinander vergleicht und das eine zum anderen in Beziehung zu setzen vermag, erschließt sich die Erzählung in ihrer ganzen Bedeutung.

Wo diese unaufhebbare Einheit von Gehalt und Gestalt vom Interpreten verkannt wird, neigt er entweder zu einer Verachtung des Formalen als eines bloß äußerlichen Regelkrams, der für das Wesentliche der Erzählung unerheblich oder gar störend sei, oder aber er schwelgt im ästhetischen Genießen von Klängen und Bildern, im intellektualistischen Spiel mit artistischen Formprinzipien, ohne sich weiter um den Bedeutungsgehalt des Gesagten zu kümmern. Aber jede einseitige entweder nur stofflichmaterialistische oder ästhetisch-formalistische Betrachtungsweise muß notwendig die Gehalt-Gestalt-Einheit des Kunstwerkes verfehlen.

Freilich wird sich in der Besprechung nicht alles gleichzeitig herausstellen lassen. Um der Klarheit der Erkenntnis willen muß methodisch voneinander getrennt werden, was in der dichterischen Gestaltung eine unaufhebbare Einheit bildet und erst als solche auf den Leser wirkt.

Was Wilhelm Schneider als methodisches Prinzip für die Deutung und Betrachtung lyrischer Gedichte im Unterricht herausgestellt hat, gilt in gleicher Weise auch für die unterrichtliche Arbeit mit der Kurzgeschichte: „Die Einheit zu trennen ist kein Kunststück, aber die getrennten Teile wieder zur Einheit zusammenzufügen und so die einheitliche Wirkung zu sichern, dazu ist die Kenntnis der lebendigen Bezüge und Wechselwirkungen zwischen Außen und Innen vonnöten ... Dieses geistige Band darf bei der Betrachtung nie verlorengehen, und wenn es gelegentlich gelöst werden muß, weil die Aufmerksamkeit für eine Weile auf ein einzelnes Wort, auf einen einzelnen Formteil gerichtet ist, so ist es baldigst wieder zu knüpfen[6]."

Damit werden wir auf eine weitere Gefahr verwiesen, die jeder Schulinterpretation droht: Jeder Versuch zu verstehen drängt das Erlebnis, das eine gelungene Erzählung immer vermittelt, notwendig in den Hintergrund, weil der zergliedernde Intellekt sich des Erlebnisses bemächtigt und in der analytischen Betrachtung auseinanderlöst, was erst als Ganzheit auf den Leser zu wirken vermag. Andererseits verflüchtigt sich eine Erarbeitung, die nur den Stimmungsgehalten und Erlebnisschichten einer Erzählung nachgehen will, allzu leicht in eine stimmungsvolle oder scheindramatische Nacherzählung, während eine nur lebenskundliche Auswertung zu einem Pragmatismus führt, der in der Dichtung nur anschauliche Modellfälle für eine vordergründige Pädagogik sieht.

Während es der sentimentalen Betrachtungsweise im Grunde gar nicht um die vorgegebene Erzählung geht, um ihr besonderes, in Gehalt und Gestalt sich verwirklichendes Wesen, sondern vielmehr um ein Schwelgen im Gefühl, in jenen subjektiven Assoziationen, die bei der Lektüre aufsteigen, und die materiale Betrachtungsweise ihren Zielpunkt ebenfalls außerhalb der Er-

---

[6] Wilhelm Schneider, Liebe zum deutschen Gedicht, Freiburg 1958^{4}, S. 31.

zählung, in den aus ihr erst zu entwickelnden lebenskundlichen Maximen, sucht, löst sich eine nur intellektuelle Analyse ebenso vom Erlebnis wie vom Bedeutungsgehalt des erzählten Vorganges und zergliedert das Kunstwerk um der Zergliederung willen.

Zwischen Erleben und Erkennen, zwischen Gefühl und Verstand die rechte Mitte zu wahren, im Zusammenwirken der bewußten wie der unbewußten Seelenkräfte das Erlebte zu einer mitteilbaren Erkenntnis werden zu lassen, die hinwiederum auf das Erlebnis vertiefend zurückwirkt, ist die schwierige und je neu zu lösende Aufgabe der Interpretation in der Schule. Oder, um es mit einer prägnanten Formulierung Emil Staigers zu sagen: Die Kunst der Interpretation besteht darin, „zu begreifen, was uns ergreift“[7].

Diese Kunst ist doppelt schwierig im Hin und Wider des Unterrichtsgesprächs, weil die Schüler immer dazu neigen werden, abzuschweifen oder sich an einem nebensächlichen Detail festzubeißen. Die nachfolgenden Interpretationen versuchen deshalb, neben der Erschließung der Kurzgeschichte jeweils zugleich auch einen methodischen Weg für die Erarbeitung im Unterricht vorzuschlagen, der sicher nicht der allein mögliche ist, der sich aber im Unterricht als gangbar erwiesen hat. Um Eintönigkeit zu vermeiden und den Schülern Anregungen für das eigene Lesen zu vermitteln, wurden dabei verschiedene Wege eingeschlagen, die immer auch mitbestimmt sind von der Eigengesetzlichkeit der jeweiligen Kurzgeschichte.

Bei der Auswahl der Kurzgeschichten, die im vollen Wortlaut der Interpretation jeweils vorangestellt sind, haben sich Verlag und Verfasser auf deutsche Autoren beschränkt, wobei kein Erzähler mit mehr als einer Kurzgeschichte vertreten sein sollte.

Inhaltlich wurden die vorliegenden Kurzgeschichten in fünf Themenkreise geordnet, um thematisch Verwandtes zusammenzufassen und dem Lehrer die Auswahl der Klassenlektüre zu erleichtern.

Am Ende jedes Kapitels sind schließlich Fragen und Hinweise zur Erschließung der Kurzgeschichte im Unterricht angefügt, die den Gang der jeweiligen Interpretation in einzelne Unterrichtsschritte gliedern und dem Lehrer Hilfe für seine praktische Arbeit sein möchten.

---

[7] Emil Staiger, Die Kunst der Interpretation, S. 10.

Menschen in den Grenzsituationen des Lebens

Die Tragik des schuldlos Schuldigen

Gerd Gaiser: Der Mensch, den ich erlegt hatte

Es hätte mir nichts auszumachen brauchen. Warum auch, es war ja eine dienstliche Handlung gewesen, und wenn nicht ich, so hätte es jemand anders zu Ende gebracht. Aber jetzt saß ich in dem Waldstück, das Eselstritt heißt, mit den Beinen hinunter gegen die zugewachsene Sandgrube, und mußte es aushalten bei dem Menschen, den ich erlegt hatte. Er hätte auch mich treffen können, anstatt ich ihn. Wer trifft, hat Vorteile, wer aber getroffen wird, behält leicht das letzte Wort.

Ich sah ihn an, wie er da lag in seiner Hose, die das Blut dunkel färbte, und hörte ihm zu, wie er redete, viel und fahrig und fast geschwätzig wie einer, der schwatzen will, wenn etwas ausgestanden ist und man sich jetzt gehenlassen kann, gleich, ob es nun gut oder ob es schief abgelaufen ist, und auch gleich, was jetzt noch hinterherkommen kann, und ich fragte ihn: „Willst du eine Zigarette haben, Ernst?"

Er sagte: „Ja, wenn ich vielleicht bitten darf und wenn Sie noch eine haben, Herr Wachtmeister."

Er hieß nämlich Ernst, und es war immer noch Vormittag; seit morgens früh war die Bereitschaft schon hinter den Autostrolchen her gewesen. Niemand hätte sie nach dem Verbrechen an dem Wachtmeister Jakubek noch in der Gegend vermutet; vielleicht hatte ihnen der Mut gefehlt, schnell und weit und geradewegs durchzufahren, oder sie waren knapp mit dem Sprit geworden und fürchteten, man werde ihnen bei den Tankstellen auflauern, oder es stimmte sonst bei ihnen nicht mehr; vielleicht war ein Streit ausgebrochen, oder sie fingen an, den Kopf zu verlieren. Jedenfalls war es nicht vorsichtig gewesen, daß sie die Nacht in dem Wald zugebracht hatten, auch wenn der Wagen ganz gut versteckt stand. Ein Mann aus dem Dorf hier hatte draußen noch Holz sitzen und war früh hinausgefahren, um nach ihm zu sehen; da fiel der Wagen ihm auf und die Leute dabei; er machte kehrt auf seinem Motorrad und fuhr gleich zum nächsten Fernsprecher. Ich bekam die Meldung durchs Rathaus, als ich von einem Kontrollgang zurückkam, und zugleich gaben sie mir an, wo ich zu der Bereitschaft vom Kreis stoßen solle, die schon unterwegs sei. Ich hatte das Fahrrad, ich fuhr, was ich konnte, ich rief rechts und links die Leute an, die in den Wiesen Heu machten, und dann sagte einer, eben sei Polizei vorbeigekommen und sie sei abgesessen und dann rechts hinauf ausgeschwärmt gegen den Wächtersberg.

Wenn sie dort hinauf sind, dachte ich mir, gibt das ein schweres Jagen. Denn dort ist die Gegend schwer zu überblicken, überall Hecken und Steinriegel und dazwischen die kleinen Waldstücke aus Forchen. Und dann sah ich einen

Augenblick oben, über den höchsten Schaftrieb weg, zwei Leute im Laufen, klein und dunkel liefen sie gegen das Licht und tauchten dann hinter eine Bodenwelle, sie hatten die Richtung gegen den Wald Eselstritt. Da dachte ich mir, der kleine Umweg könnte nicht falsch sein, drehte um und wieder ins Dorf, lief ins Haus und riß mein Gewehr von der Wand, riß die Schublade auf und stopfte noch ein paar Streifen Munition in die Tasche, warf das Gewehr über den Rücken und rief noch meiner Frau zu, die vom Garten herunterkam, und war mit einem Satz schon wieder aufgehockt. Nach der anderen Seite fängt es gleich vom Dorf weg zu steigen an, und das Sträßchen biegt sich und wird einsam gegen den Eselstritt hinauf. Ich trat ins Rad und mühte mich, schnell zu sein.

Da sah ich, wie ich auf die Einsattelung kam, wo die Steinbank steht, und wie eben das Rad von selber zu laufen anfing, links aus dem Hopfengarten zwei Leute heraustreten, und dann noch einen dritten, und alle drei blieben stehen und blickten sich um; sie sahen nicht aus wie Leute, die auf dem Land Bescheid wissen. Plötzlich fingen sie dann sehr schnell zu laufen an über die Breite gegen den Wald hinüber, sie liefen zwischen Roggen und Mohn, der Roggen reichte ihnen bis unter die Brust, und der Mohn blühte weiß, es war ein nasses Jahr, der Mohn blühte schon, als der Roggen noch grün stand. Man sah ihre Beine nicht, aber es schien, als wären die Burschen müde und kämen schlecht voran. Die zwei vorderen hatten den Wald erreicht, nur der dritte, der etwas abhing, war noch fünf oder sechs Schritte davon, da zeigten sich Uniformen zwischen dem Hopfen, von wo die drei auch gekommen waren, und es wurde gerufen, und das mußten also die Kollegen aus der Kreisstadt sein. In dem Augenblick drehte der letzte drüben sich um und warf den Arm hoch. Man sah es blitzen, und dann kam der Knall. Der Schuß war sinnlos auf die Entfernung, aber sie wollten vielleicht bloß zeigen, daß sie bewaffnet waren. Nach dem Schuß verschwand der Schütze im Wald.

Im Laufen verständigten wir uns. Aber sobald wir den Wald betraten, waren wir im Nachteil. Wer zuerst drin ist, hat es besser; er kann Deckung nehmen und, wenn er will, ruhig ins Ziel gehen, wir aber mußten uns vorsehen. Erst blieb über die Richtung kein Zweifel; dann aber, in einer Gegend, wo geholzt worden war, wurde alles undeulich, und wir entfernten uns immer mehr voneinander und fanden nichts. Der Wald zieht sich lang hin, ist aber an manchen Stellen sehr schmal, und ein paarmal traten wir sogar hindurch; doch fanden wir nirgendwo einen Anhalt, daß sie den Wald verlassen hätten. Also hatten sie sich der Tiefe zugewandt, und es wurde für uns noch schwieriger. Da sah ich am oberen Blooß, wo der Grund löcherig ist von den aufgelassenen Sandgruben, einen Haufen Reisigwellen.

Es war vorjähriges Holz, zusammengezogen und noch nicht abgefahren. Niemand war in der Nähe, aber mir schien, ich dürfte da nicht vorbeigehen; und wie ich mich gegen den Stapel wandte, blitzelte mir unter der Kopfhaut, und wie ich noch näher herankomme, das Gewehr im Arm, da bricht wieder ein Schuß, und ich höre das Geschoß fetzen in den Ruten neben mir. Und da, wie ich schnell an einem Baum Deckung nehme und mir sage, daß ich ruhig Luft holen will, und nichts im Auge habe als den Stapel Reisig vor mir, fällt mir bei alledem der Wachtmeister Jakubek wieder ein.

Jakubek kam von irgendwo aus dem Osten, ein langsamer, breiter, genauer Mensch, und ob er früher schon bei der Polizei gewesen war, ob er noch

Papiere besaß, das weiß ich nicht so genau, aber gekannt hatte ich ihn gut; jetzt war er tot, und genau wie er war, so hatte er vor seinem Tod noch zu Protokoll geben können, wie es mit seinem Tod zugegangen war, und ein paar Leute im Feld, die von fern aufmerksam geworden waren, hatten den Hergang bestätigt. Als er den Wagen anhielt auf der kleinen Fahrstraße und dann eine schwierige Miene machte über den Papieren und dann noch einmal einen Blick in den Wagen warf und die Papiere noch einmal wendete, da war der eine Kerl hochgekommen, stand bei ihm und schoß auf einmal von der Hüfte weg, so wie es im Kino gemacht wird, und dann fuhr der Wagen an, und Jakubek blieb an der Böschung liegen mit seinem Schuß im Leib, einem Einschuß mit verbrannten Rändern und Gewebefetzen in der Wunde: davon mußte Jakubek sterben, und dagegen war die Schmalzbüchse doch nur ein Spaß gewesen.

Niemand hatte Jakubek gekannt, als er im Flecken aufgetaucht war in seinen verschlissenen Klamotten und mit seinem breiten betrübten Gesicht; er hatte Mühe, sich zu verständigen. Als er anfing, bei Bauern Aushilfe zu leisten, damit er bestehen konnte, war da bei seinem Brotgeber ein klein Gassenbübchen, das zog auf dem Hof herum eine alte verbeulte Schmalzbüchse an einer Schnur und ließ die Büchse scheppern. Wenn es aber den Jakubek kommen sah, machte es die Schnur lang und ließ die Büchse kreisen und schoß damit den Jakubek in die Kniekehlen, zog die Schnur an und lachte und nahm nicht einmal Reißaus. Das Bürschchen wußte es nicht besser, aber dem Jakubek, der gewohnt war, ein Ansehen zu haben, ging es tief, daß niemand von den Alten etwas sah oder sehen wollte und dem Schlingel wehrte; er selbst mochte vielleicht nicht zupacken, weil er ja dort sein Brot fand. Er ließ sich nicht viel anmerken, aber man hörte ihn einmal sagen: All meine Tage habe ich das nicht gesehen, und ich habe viel Hunger gelitten und bin in Rußland gefangen gewesen; aber in Rußland habe ich das nicht gesehen, auch als Gefangener nicht, daß ein Kind sich erfrechen durfte und seinen Mutwillen haben gegen einen älteren Menschen; das kommt, weil sie keine Zucht hier haben, die Menschen, und kein Ziel und kein Bescheiden. – So oder ähnlich drückte sich der Jakubek aus, bevor er wieder zu Dienst kam, und etliche mußten wohl über ihn lachen; wir haben es ja schwer, solche Menschen zu begreifen, bei denen alles genauer und tiefer hinuntergeht. Wir nehmen es mehr obenhin.

Und indessen also rief ich laut nach vorn: „Laßt die Knallerei, Leute, kommt heraus, der Wald ist umstellt, ihr könnt nichts mehr machen.“ So ähnlich sagte ich ein paarmal, aber eine Antwort kam nicht, außer daß es knackte und knisterte in dem Reisighaufen, davon merkte man, daß da Leben drin war. Ob aber nur einer drinsteckte oder alle drei, und wie viele davon Waffen hatten, das konnte ich nicht wissen. Als es so still blieb, schoß ich, aber ich schoß in die Luft, um die Kollegen herbeizuziehen, und dann hörte ich tiefer hinunter im Wald auch ein Geknalle, und ich fragte mich, ob sie mir antworten wollten oder ob sie dort auch aneinander waren. Da schoß es wieder aus dem Reisig, zwei Schüsse schnell hintereinander, und sofort schoß ich dagegen, denn ich hatte mir jetzt den Punkt gemerkt, und setzte dann aus und rief noch einmal. Aber es mußten Anfänger sein, Dummköpfe, die nicht wußten, worauf sie es ankommen ließen, oder ein ganz schwerer Hund darunter. Das Knallen ging hin und her, ich schoß in gleichmäßigen Abständen, stieß einen neuen Ladestreifen hinein und schoß noch einmal gegen die eine Stelle, bis ich einen Laut hörte, und von da an besann ich mich nicht mehr; es war die Lust, die Lust, fertigzumachen, bis die letzte Hülse herausfiel; und dann drückte ich noch einmal einen Streifen hinein und ging wieder in Anschlag und rief: „Habt ihr noch nicht genug? Heraus jetzt!" – Denn es war jetzt ein Schein in der Luft, ein Dunst, der aufgeregt machte. Eine Stimme rief: „Wir ergeben uns. Was sollen wir tun?"

„Werft die Pistole raus", rief ich, „und dann kommt einzeln."

Die Büschel regten sich und schwankten auseinander, und da drin hockten zwei Burschen, die Anzüge voll von Ästchen und Rindensplittern, und einer hielt die Hände hoch und stand auf, aber der andere kam nicht recht in die Höhe, und wie er die Hände anhob, kippte er und fiel nach vorwärts auf die Handflächen; an dem Reisig und auch an den Kleidern war Blut. Ich stieß die Pistole, die am Boden lag, mit dem Fuß fort und sagte noch einmal: „So, habt ihr genug, ihr Kerle –", aber dann war auf einmal das Helle in der Luft fort, das den Kopf heizte, und das Blut auf dem Reisig sah böse aus, und ein Mißmut befiel mich.

„Wer ist verwundet?" fragte ich. „Habt ihr beide was abgekriegt?" Aber der eine schüttelte den Kopf und zeigte bloß auf den andern, und der hockte und wälzte sich, seine Hose hatte einen großen dunklen Fleck, und er stöhnte.

Die Herren Kollegen kamen den Wald herauf und brachten den dritten mit, den sie auch gestellt hatten, und nun sahen wir sie also alle beisammen, nichts Besonderes, sogar ein bißchen mickerig, Gesichter wie andere auch, sozusagen ohne besondere Kennzeichen, und sie guckten auf die Seite, und einer hustete, und einer trat von einem Fuß auf den anderen, als genierte er sich; getroffen war nur der aus dem Reisighaufen. Wir sahen nach und legten einen Verband an, so gut es ging; er hatte einen Schuß durch die Wade und einen zweiten seitwärts in der Hüfte, der war nirgends ausgetreten. – „Sagt jetzt gleich", fragte ich im Verbinden, „ist es der, der den Wachtmeister Jakubek umgebracht hat? Oder wer von euch hat es getan?" – Erst wollten sie nicht antworten, dann schüttelte einer den Kopf und sagte: „Der da ist es nicht."

Ich saß also da im Wald, nachdem die Kollegen abgezogen waren mit den zwei andern, um das Krankenauto zu schicken, denn anfassen und tragen ließ er sich nicht, saß also im Wald und hatte die Beine gegen die alte Sandgrube hinunterhängen. Die Sonne wärmte, und die Fliegen schwirrten herum, und der Mensch, den ich erlegt hatte, lag ganz nahe bei mir und wurde unruhig und wimmerte.

„Willst du noch 'ne Zigarette haben, Ernst", fragte ich ihn, und er wollte eine und sagte: „Danke", als ich sie ihm anbrannte. Er hieß Ernst, und da waren wir also im Wald zusammengetroffen, wir hatten uns nie vorher gesehen, und ich hatte es ihm verpaßt. „Hast du Eltern, Ernst? 'n Vater zu Hause?"

„Ja."

Die drei kamen aus dem Industrierevier. Dort hatten sie sich den Plan zurechtgemacht und den Wagen geschnappt. Sie wollten zum Bodensee hinunter, so hatten sie sich das ausgedacht. Ernst also hatte einen Vater, Vater und Mutter, Vater verdiente, zu Hause alles in Ordnung. Ernst verdiente auch. Und so weiter, das ließ ich mir erzählen. Er sprach hastig, mit flachen Schnaufern, leicht, als wäre er froh, mit jemandem reden zu können.

„Was meinst du, Ernst, was dein Vater sagen wird, wenn er von dir hört?" Er wimmerte: „Sagen Sie es nicht, Herr Wachtmeister."

„Na schön", fragte ich weiter, denn reden mußten wir ja etwas: „was wolltet ihr denn da eigentlich? Was soll denn das heißen, an den Bodensee, was sollte denn daraus werden?"

„Das muß einer verstehen, Herr Wachtmeister", sagte der Junge, „daß man zu so was kommt. Da will man eben was und denkt nicht viel nach, wie es ablaufen könnte, da will man eben einmal raus aus dem Dreck – aber wenn man das so einrichten könnte, Herr Wachtmeister, daß die Eltern nichts zu erfahren brauchten –"

„Erzähl mal, Ernst, wie dein Dreck ausgesehen hat. Was hast du denn gekriegt da in deinem Geschäft?"

Und Ernst sagte, wieviel, und stöhnte dazwischen, aber offenbar tat es ihm gut zu reden, er hätte nicht still sein mögen.

„Wenn das ein Dreck ist", sagte ich, „dann habt ihr wohl ein bißchen viel im Kino gesessen. Was hast du zu Hause abliefern müssen für Essen und Schlafen?"

„Abliefern? Nichts. Daran hat mein Alter gar nicht gedacht. Das hätte es gar nicht gegeben. Herr Wachtmeister, wenn man es vielleicht einrichten könnte –"

„Dann ist dir", sagte ich, „mehr auf der Hand geblieben, als der Jakubek zu verleben hatte, den ihr umgelegt habt."

Er gab keine Antwort, sondern krümmte sich wieder und hatte Schmerzen, er wurde unruhiger und sah anders aus als vorher, ein Häufchen Mensch, nicht viel dran, Haut, Haare und Kleider, und bald zusammengefallen. Einer will was, die Flamme schlägt in ihm aus, irgendwo hinaus will das, Geld oder Lust, immer einen Schuß mehr als nötig, einen Schuß zuviel; und so geht es zu Ende; einer muß zufügen, einer erleiden.

Plötzlich hatte er dann die Nase so spitz im Gesicht und sah kleiner und älter aus. Wahrscheinlich kennen Sie es, im Krieg sind ja auch Leute gestorben, aber ich weiß nicht, es war so wenig Lärm da in dem Wald und keiner mehr dabei außer mir. Erst da fuhr es mir nämlich durch den Kopf, wie der Handel ablaufen würde. Ich ließ mir aber nichts anmerken und sagte: „Willst du noch mal 'ne Zigarette, Ernst?" Er nicke und konnte aber dann offenbar nicht mehr viel sagen, nahm die Zigarette auch nicht mehr ab und brachte bloß noch heraus: „Mir ist sauschlecht, Herr Wachtmeister." – Dann machte er den Mund nicht mehr auf und rutschte bloß noch ein wenig mehr in sich hinein, und jetzt sah er aus, als könnte er etwas von mir erwarten, und ich schämte mich, weil wir nichts sonst in unserem Vorrat haben und nichts anzubieten als eine Zigarette. Ich bin zweiunddreißig, verheiratet, habe eine Oberschule besucht, aber nicht zu Ende, früher wollte ich einmal Sportlehrer werden, ja, das fuhr mir durch den Kopf, und sonst haben wir nichts im Vorrat, als daß wir sagen können: Willst du 'ne Zigarette? Ich hätte gewollt, wir hätten nicht so allein bleiben müssen, und der Krankenwagen wäre eher gekommen.

Ich probierte es noch und sagte wenigstens: „Das mit deinem alten Herrn, Ernst, hörst du, wir könnten da vielleicht schon etwas finden, daß er nichts erfährt" – und rief ihn noch einmal und rührte ihn an: „Ernst!" Ernst gab aber keine Antwort mehr und fiel vollends zusammen in seinen Kleidern und kümmerte sich um mich gar nicht und wollte nicht, daß ich etwas mit ihm zu tun hätte. So war es auch, ich hatte ja nichts mit ihm zu tun. Es war bloß im Dienst geschehen, er konnte mir keinen Vorwurf machen, niemand konnte mir einen Vorwurf machen, ich mir selbst auch nicht, es hatte nicht anders ablaufen können. Ein anderer hätte es auch tun müssen, aber ein anderer, merkwürdig, wäre eben ein anderer gewesen; so leicht geht der Tausch nicht; das sitzt, wenn Sie es haben sein müssen, das nimmt Ihnen keiner ab.

1. *Struktur und Sprache der Erzählung*

Während im Drama die dargestellte Handlung unmittelbar gegenwärtig wird und der Zuschauer mit dem Dichter gleichsam ungeduldig dem Ziele zudrängt, trägt in der erzählenden Dichtung der Autor einen Vorgang als bereits vergangen vor, der Ausgang des Geschehens ist ihm in jeder Phase gegenwärtig, die auf das Ende hinzielende Spannung wird daher vielfach durch Vorgriffe, die den Ausgang bereits andeutend vorwegnehmen, aufgehoben, damit sich das Interesse des Zuhörers mehr auf das Wie des erzählten Vorgangs und seine Einzelheiten konzentriere[1]. Zwischen das Geschehen, das bereits vergangen ist, und den Zuhörer, der mit diesem Geschehen bekannt gemacht werden soll, schaltet sich der Erzähler, der zwischen Vorgang und Zuhörer gleichsam vermittelt.

Die vorliegende Kurzgeschichte ist freilich nicht, wie etwa Musils „Verkehrsunfall", in der Er-Form geschrieben, bei der der Erzähler sowohl gegenüber dem erzählten Geschehen als auch gegenüber seinem Publikum eine gewisse Distanz bewahrt und so als „ein weiser Mann" erscheint, „der in ruhiger Besonnen-

---

[1] Vgl. zum Unterschied zwischen epischer und dramatischer Dichtung: Schiller – Goethe, Briefwechsel (vor allem die Briefe vom 19. 4. 1797, 21. 4. 1797, 22. 4. 97, 25. 4. 97, 26. 4. 97, 28. 4. 97, 23. 12. 97, 26. 12. 97),
Goethe, Über epische und dramatische Dichtung (1797),
Emil Staiger, Grundbegriffe der Poetik, Zürich 1956³,
Wolfgang Kaiser, Das sprachliche Kunstwerk, Bern 1948, S. 201–214.

heit das Geschehene übersieht"[2], sondern der Erzähler selbst, ein einfacher Dorfpolizist, erscheint als das erlebende Ich, das dem Zuhörer das Geschehen aus seiner Sicht, aus der durchaus begrenzten Perspektive seines subjektiven Erlebens, mitzuteilen versucht. Die Distanz zum Zuhörer wird hier dadurch aufgehoben, daß der betroffene, erschütterte, mit sich selbst ringende Erzähler den Zuhörer häufig unmittelbar anspricht und ihn so zum Richter über seine Tat zu machen versucht.

„Er hieß nämlich Ernst", sagt er, zum Zuhörer gewandt und das Vorausgegangene in einfacher Sprache erklärend, am Anfang des dritten Abschnittes, und am Ende der Jakubek-Erzählung heißt es: „Wir haben es ja schwer, solche Menschen zu begreifen, bei denen alles genauer und tiefer hinuntergeht. Wir nehmen es mehr obenhin", wobei in diesem „wir", das in der Erzählung sonst kaum vorkommt, Erzähler und Zuhörer als Menschen gleicher Erlebnisweise zusammengefaßt sind. Wohl am stärksten wird diese Zuwendung zum Hörer und Leser deutlich im Schlußsatz, der die nach innen gerichtete Betrachtung des letzten Abschnittes in einen unmittelbar an den Zuhörer gerichteten Satz ausklingen läßt, der diesen zum Miterlebenden und Mitbetroffenen macht: „Das sitzt, wenn Sie es haben sein müssen, das nimmt Ihnen keiner ab."

Bewahrt also unser Erzähler – anders als der weise Rhapsode Goethes – weder gegenüber dem erzählten Erlebnis noch gegenüber dem Zuhörer einen überlegenen Abstand, weil er selbst zu sehr betroffen ist, so folgt er doch in einem anderen Sinne dem von Goethe formulierten Gesetz epischen Erzählens: „Er wird das Interesse egal verteilen, weil er nicht imstande ist, einen allzu lebhaften Eindruck geschwind zu balancieren; er wird nach Belieben vorwärts und rückwärts greifen und wandeln ..." Aus

---

[2] „Wollte man das Detail der Gesetze, wonach beide zu handeln haben, aus der Natur des Menschen herleiten, so müßte man sich einen Rhapsoden und einen Mimen, beide als Dichter, jenen mit seinem ruhig horchenden, jenen mit seinem ungeduldig schauenden und hörenden Kreis umgeben, immer vergegenwärtigen ...
Die Behandlung im ganzen betreffend, wird der Rhapsode, der das vollkommen Vergangene vorträgt, als ein weiser Mann erscheinen, der in ruhiger Besonnenheit das Geschehene übersieht; sein Vortrag wird dahin zwecken, die Zuhörer zu beruhigen, damit sie ihm gern und lange zuhören; er wird das Interesse ergal verteilen, weil er nicht imstande ist, einen allzu lebhaften Eindruck geschwind zu balancieren; er wird nach Belieben vorwärts und rückwärts greifen und wandeln; ..." (Goethe, Über epische und dramatische Dichtung).

der zurückschauenden Situation des Erzählens ergibt sich eine viel größere Freiheit in der Gestaltung der Zeitabläufe, als sie der Dramatiker hat. Im Gegensatz zu diesem, der an eine logische zeitliche Aufeinanderfolge gebunden ist, kann der Erzähler das ihm wesentlich Erscheinende oder, wie in unserer Kurzgeschichte, das ihn selbst stark Bewegende zunächst herausgreifen, früher Geschehenes erklärend nachtragen, um dann wieder in einen späteren Zeitpunkt des erzählten Ereignisses überzuspringen.

Was an dieser Kurzgeschichte beim ersten Lesen zunächst als unübersichtlich und sprunghaft erscheinen mag, erweist sich bei genauerem Zusehen als die Folge dieses epischen Grundgesetzes. Dem scheinbar absichtslosen, von emotionalen Bewegungen bestimmten Ablauf der Erzählung liegt dabei, wie eine genauere Analyse zeigen wird, ein durchaus kunstvolles, symmetrisch angelegtes Bauprinzip im Wechsel der verschiedenen Erzählzeiten zugrunde.

Die Kurzgeschichte beginnt mit einem Selbstgespräch des Erzählers oder genauer mit einem „inneren Monolog"[3], der um ein Geschehen kreist, das bereits vergangen ist („es war ja eine dienstliche Handlung gewesen"), das aber den in Gedanken Versunkenen, von dem wir zunächst ebensowenig erfahren wie von dem Geschehen selbst, immer noch intensiv beschäftigt. Da das Erlebnis als Ganzes dem Erzähler-Ich lebhaft vor Augen steht, das Geschehen selbst in der nacherlebenden Reflexion als unangenehm empfunden wird, ist es verständlich, daß in diesem einleitenden „monologue intérieur" das bedrückende Erlebnis zunächst völlig unpersönlich mit dem nichtssagenden Pronomen „es" umschrieben wird, das den Zuhörer und Leser über den gemeinten Sachverhalt ebenso im unklaren läßt wie über die Person des Erzählers. Deutlich wird nur die Tendenz dieses Monologs, mit dem der Sprecher sich gegen einen unausgesprochenen Vorwurf zu verteidigen sucht. Dieser Monolog endet mit einer Sentenz, die eine dem Erzähler bisher fremde Erfahrung, die ihn innerlich vollkommen umgewühlt zu haben scheint, in einer prägnanten Formulierung zusammenfaßt, die freilich hier, zu Beginn der Erzählung, dem Leser völlig unverständlich bleiben muß: „Wer trifft, hat Vorteile, wer aber getroffen wird, behält leicht das letzte Wort."

[3] Zum „monologue intérieur" vgl. unten S. 55 ff.

Dieser innere Monolog kreist um einen Vorgang, der im nächsten Abschnitt erst – der zugleich eine neue Zeitstufe bedeutet, da das in ihm erzählte Geschehen ein wenig früher spielt als die einleitende Reflexion – uns deutlicher vor Augen tritt. Die Sprache des Erzählers wechselt dabei unmerklich vom inneren Monolog zum Bericht über den verletzt Daliegenden, wie dies Elfriede Stutz ganz allgemein als ein Wesensmerkmal der Erzählweise Gaisers herausgearbeitet hat: „Ferner können die Grenzen zwischen direktem Wort und erlebter Rede (= innerer Monolog) verschmelzen. Gaiser setzt in manchen Werken keine Anführungszeichen, dann können die Grenzen unkenntlich sein, und sie sollen es auch offenbar sein[4]."

Mit dem dritten Abschnitt wendet sich der Erzähler nun unmittelbar an den Zuhörer, ihn in seine Überlegungen einbeziehend und ihn damit zum Richter seiner Tat erhebend. Indem aber der Erzähler Rechtfertigung nicht nur vor seinem eigenen Gewissen, sondern auch vor einem außerhalb seiner selbst stehenden Forum erstrebt, ist er gezwungen, die unpräzise, nur ihm selbst verständliche Darstellungsweise des inneren Monologs zu verlassen, im Zeitgefüge einen weiteren Schritt zurückzutun und den bis dahin noch unklaren Vorfall näher zu erläutern. Jetzt erst lernen wir den Sprecher als Dorfpolizisten kennen, der an der Verfolgung dreier „Autostrolche" beteiligt war und dabei einen bewaffneten Jugendlichen erschossen hatte. In diesem Abschnitt herrschen die Umgangssprache und der Polizeijargon vor:

„Sie waren knapp mit dem Sprit geworden und fürchteten, man werde ihnen bei den Tankstellen auflauern, oder es stimmte sonst bei ihnen nicht mehr, vielleicht war ein Streit ausgebrochen, oder sie fingen an, den Kopf zu verlieren."

Oder ein wenig später:

„Wenn sie dort herauf sind, dachte ich, gibt es ein schweres Jagen."

Der Dorfpolizist, der im Eingangsmonolog so wirr, so zerfahren und innerlich unsicher erschienen war, wirkt nun, nachdem er erzählend sich zeitlich vor das entscheidende Ereignis versetzt hat, sicher, planvoll und umsichtig. Das am Satzanfang sich häufende Personalpronomen „ich" zeigt seine Selbstsicherheit

---

[4] Elfriede Stutz, Über die Sprache Gerd Gaisers; in: Der Deutschunterricht, 1963, Heft 3, S. 75 f.

und das stolze Bewußtsein, bei einer wichtigen Sache eine wichtige Rolle zu spielen.

„Ich bekam die Meldung durchs Rathaus, als ich von einem Kontrollgang zurückkam, und zugleich gaben sie mir an, wo ich zu der Bereitschaft vom Kreis stoßen solle, die schon unterwegs sei. Ich hatte das Fahrrad, ich fuhr, was ich konnte, ich rief links und rechts die Leute an, die in den Wiesen Heu machten..."

Der Bericht über die Verfolgungsjagd gewinnt zunehmend an Spannung, der Zuhörer spürt, als der Polizist sich dem verdächtigen Stapel nähert, mit diesem die drohende Gefahr („blitzelte mir unter der Kopfhaut"), der erste Schuß fällt, doch mitten in dieser dramatisch zugespitzten Situation, die den Zuhörer ein erregendes Feuergefecht und die Festnahme der Verbrecher erwarten läßt, bricht der Erzähler seine Schilderung ab, um retardierend noch einmal einen zeitlichen Rückgriff zu tun, der eine ganz neue Person in die Erzählung einführt: „Und da, wie ich schnell hinter einem Baum Deckung nehme und mir sage, daß ich ruhig Luft holen will, und nichts im Auge habe als den Stapel Reisig, fällt mir bei alledem der Wachtmeister Jakubek wieder ein."

Mit dieser eingeschobenen Erzählung vom Tode des Wachtmeisters Jakubek ist der größte zeitliche Abstand von der bedrückenden Reflexion des Eingangsmonologs gewonnen, der Erzähler befindet sich nun tief in der Vorgeschichte seines Erlebnisses, weitab von dem, was ihn im Augenblick zuinnerst beschäftigt. Aber dieser Rückgriff, der von den eigenen Schwierigkeiten wegführt und sie zugleich verständlich machen soll, kann nicht von langer Dauer sein, der Faden, den der Erzähler nur kurz hatte fallen lassen, wird alsbald wieder aufgenommen: „Und indessen also rief ich laut nach vorn" – wir sind wieder mitten im Bericht über die Verbrecherjagd, die nun zwangsläufig zurückführt zum Ausgangspunkt der Erzählung: „Ich saß also da im Wald... und hatte die Beine gegen die alte Sandgrube hinunterhängen."

Wir erkennen erst jetzt, daß auch der Bericht über den verletzt daliegenden Jugendlichen durch die Schilderung der Verbrecherjagd nur unterbrochen worden ist und nun weitergeführt wird, wobei wir mit den Lebensverhältnissen des Verletzten bekannt gemacht werden, aber auch seinen Tod aus nächster Nähe miterleben. Damit mündet die Erzählung wieder in die sprachliche

Darstellungsform des inneren Monologs, der noch einmal den Versuch einer Rechtfertigung unternimmt gegen alle Vorwürfe, die wer immer, nicht zuletzt auch sein eigenes Gewissen, gegen ihn erheben sollte:

„So war es auch, ich hatte ja nichts mit ihm zu tun. Es war bloß im Dienst geschehen, er konnte mir keinen Vorwurf machen, ich mir selbst auch nicht, es hatte nicht anders ablaufen können. Ein anderer hätte es auch tun müssen; aber ein anderer, merkwürdig, wäre eben ein anderer gewesen; so leicht geht der Tausch nicht."

Es ergeben sich also, wenn wir das bisher Gesagte schematisch zusammenfassen und graphisch darstellen wollen, vier Erzählschichten, die in vier verschiedenen Zeitebenen spielen, wobei – mit Ausnahme der Jakubekerzählung, die den weitesten zeitlichen Abstand vom Anfang hat – jede Erzählschicht durch die zeitlich jeweils frühere unterbrochen und später wieder aufgegriffen wird, wodurch die Kurzgeschichte einen genau symmetrischen Aufbau erhält:

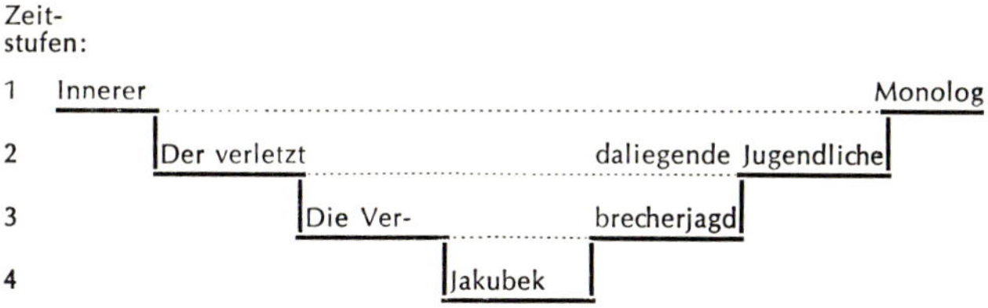

2. *Von der Form zur Bedeutung*

Die Kurzgeschichte, die auf den ersten Blick in ihrer Gestaltung sprunghaft und undurchsichtig erscheinen mochte, ist mit dieser Skizzierung der vier Erzählebenen, in denen das Geschehen spielt, in ihrer Strukturierung deutlicher geworden. Aufgabe der unterrichtlichen Erschließung dieser Erzählung muß es sein, von hier aus eine Brücke zum Gehalt zu schlagen. In der Überschrift schon fällt eine eigentümliche Spannung und Widersprüchlichkeit auf, von der wir vielleicht ausgehen können. Im Nominativ, herausgehoben durch die Stellung am Satzanfang und das nachfolgende Relativpronomen, steht „der Mensch", jener Mensch also, der in irgendeiner Weise im Mittelpunkt der Geschichte stehen wird. Die nähere Erläuterung, die der Relativsatz anfügt, erklärt uns, daß der Erzähler, der hier in der Ich-Form auftritt, ihn erlegt habe: ein Ausdruck der Jägersprache, der sich ansonsten nur auf gejagtes Getier zu beziehen pflegt, wird hier auf einen Menschen bezogen, den offenbar ein ähnliches Schicksal ereilte. Zwei Themen stehen also im Mittelpunkt dieser Erzählung und in einer deutlichen Spannung zueinander: Der Mensch, der wie ein Stück Vieh gejagt und zu Tode gebracht wurde, und sein „Jäger", dem schon dadurch, daß er in seinem Opfer zunächst und primär den Menschen sieht, sein Handeln als moralisch fragwürdig erscheinen muß.

Ein Blick auf unsere Strukturskizze macht deutlich, daß diese Zweischichtigkeit der Erzählung auch ihren Aufbau mitbestimmt hat: die Schilderung der Verbrecherjagd zeigt uns den Polizisten als den aktiv Handelnden, als den, der im Dienste des Staates und des Gemeinwohls seine Pflicht ebenso umsichtig wie tapfer erfüllt; der Bericht über den zu Tode getroffenen Jugendlichen schiebt dessen Schicksal, sein individuelles Dasein und seine kreatürliche Not in den Vodergrund, wodurch das Handeln des Polizisten diesem selbst nun plötzlich fragwürdig wird, was im inneren Monolog am Anfang der Erzählung und am Ende bedrängenden Ausdruck findet. Die Jakubek-Erzählung steht, wie noch zu zeigen sein wird, im Dienste beider Themenkreise.

Zwei Themen, die gleichsam gegenläufig komponiert sind, haben wir also zu beachten: die Tat des Polizisten, die von diesem selbst, sei es bewußt oder unbewußt, gegen jeden nur denkbaren Vorwurf zu rechtfertigen versucht wird, und das Schicksal des Jugendlichen, dessen Tat im Fortgang der Erzählung zwar nicht direkt entschuldigt, aber doch menschlich verständlich gemacht wird.

a) Die Selbstrechtfertigung des Polizisten

Der Schüler der Mittelstufe liebt die dramatische Zuspitzung, die spannende Situation. Es ist deshalb wohl sinnvoll, den Blick zunächst auf die Schilderung der Verbrecherjagd zu richten und vielleicht die Frage zu stellen:

„Wie werden wohl die Vorgesetzten des Dorfpolizisten sein Verhalten beurteilen?" Im Gespräch, das sich aus dieser Frage ergibt, müßten alle jene Einzelheiten genannt werden, die dieser selbst zu seiner Entlastung angeführt hat; ebenso wären hier sein umsichtiges Verhalten und sein persönlicher Einsatz zu erwähnen:

„Da dachte ich mir, der kleine Umweg könnte nicht falsch sein, drehte um und wieder ins Dorf, lief ins Haus und riß mein Gewehr von der Wand, riß die Schublade auf und stopfte noch ein paar Streifen Munition in die Tasche, warf das Gewehr über den Rücken und rief noch meiner Frau zu, die vom Garten herunterkam, und war mit einem Satz schon wieder aufgehockt."

Und ein wenig später heißt es:

„Ich fuhr, was ich konnte" – „ich trat ins Rad und mühte mich, schnell zu sein."

In jeder Weise verhält sich der Polizeibeamte korrekt und seinen Vorschriften gemäß: die Banditen geben den ersten Schuß auf die Polizisten vom Kreis ab, als sie im Wald verschwinden, der zweite, gezielte Schuß gilt ihm selbst, aber auch jetzt benutzt der Wachtmeister seine Waffe noch nicht zur Gegenwehr, sein erster Schuß soll lediglich die Kollegen alarmieren. Zwar hat die plötzlich in ihm auftauchende Erinnerung an Jakubek ihm bewußtgemacht, wie gefährlich seine Lage ist, mit welch brutalen und rücksichtslosen Gegnern er es zu tun hat und daß er selbst diesen kaltblütigen Schützen gegenüber sich im Zustand der Notwehr befindet. Dennoch ist er vorsichtig im Gebrauch der Schußwaffe, noch immer wartet er ab, bis zwei weitere Schüsse auf ihn abgefeuert werden. Nach dem ersten Schuß, den er selbst gegen die Banditen abfeuert, noch einmal vorsichtige Zurückhaltung: „Sofort schoß ich dagegen, denn ich hatte mir den Punkt gemerkt, und setzte dann aus und rief noch einmal." Selbst als es zu einer regelrechten Schießerei kommt, bleibt der Polizist kühl und rational, kein Haß, keine Angst, keine Leidenschaft bestimmt sein Handeln: „Ich schoß in gleichmäßigen Abständen."

Erst als er hinter dem Reisigstapel den Schmerzenslaut eines Verletzten hört, erfassen ihn Jagdfieber und Leidenschaft, aus dem Polizisten wird der Jäger, der nur noch irrational, aus einer urtümlichen Freude am Kampf und an der Jagd, handelt:

„Von da an besann ich mich nicht mehr; es war die Lust, die Lust, fertigzumachen, bis die letzte Hülse herausfiel. ... Denn es war jetzt ein Schein in der Luft, der aufgeregt machte."

Im Sinne der Dienstvorschriften hat der Dorfpolizist korrekt, vielleicht sogar vorbildlich gehandelt, in dem Augenblick aber, als der Verletzte blutend vor seine Füße fällt, folgt mit der jähen Ernüchterung ein noch unklares Wissen darum, daß er menschlich in irgendeiner Weise mitschuldig ist am Unglück dieses jungen Menschen:

„Aber dann war auf einmal das Helle aus der Luft fort, das den Kopf heizte, und das Blut auf dem Reisig sah böse aus, und ein Mißmut befiel mich."

Dieser Mißmut bleibt bis zum Ende der Erzählung trotz aller rationaler Rechtfertigungsversuche in ihm lebendig. Noch während der Verletzte notdürftig verbunden wird, versucht der Polizist vor sich selbst eine Rechtfertigung seines Handelns:

„Sagt jetzt gleich, ... ist es der, der den Wachtmeister Jakubek umgebracht hat?"

Doch die Hoffnung, die Verwundung des Jugendlichen als moralisch gerechtfertigte Strafe für ein bis dahin ungesühntes Verbrechen deuten zu können, erweist sich als verfehlt, der Verletzte wird von den Kumpanen als am Tode des Wachtmeisters Jakubek unschuldig erklärt. Erst dadurch aber entsteht ein unaufhebbares Mißverhältnis zwischen der Verschuldung des Jugendlichen und der Strafe, die er nun, da deutlich wird, „wie der Handel ablaufen wird", erleiden muß. So bleibt dem Polizisten nur der Rückgriff auf seine dienstliche Verpflichtung, der Hinweis auf die Gefahr, in der er sich selbst befand, und auf die Zwangsläufigkeit, mit der das Geschehen abgelaufen war. Aber diese Selbstrechtfertigungsversuche im Eingangsmonolog und zum Schluß der Erzählung führen nicht zum Ziel; am Ende bleibt das Gefühl einer Verschuldung, die nicht juristisch faßbar, die aber dennoch menschlich von unaufhebbarem Gewicht für den betroffenen Polizisten ist, für dessen Leben sie eine entscheidende Wende bedeutet:

„Ein anderer hätte es auch tun müssen; aber ein anderer, merkwürdig, wäre eben ein anderer gewesen; so leicht geht der Tausch nicht; das sitzt, wenn Sie es haben sein müssen, das nimmt Ihnen keiner ab."

Und in gleichem Sinne heißt es in sentenzenhafter Zuspitzung am Ende des ersten Monologs, nun erst, vom Ende der Erzählung her, dem Leser voll verständlich:

„Wer trifft, hat Vorteile, wer aber getroffen wird, behält leicht das letzte Wort."

b) Die Entschuldigung des jugendlichen Verbrechers

Nun aber drängt sich notwendig die Frage auf, warum der juristisch eindeutig Schuldige, der Abenteurer, der sich bewußt außerhalb der gesetzlichen Ordnung stellte, für den Polizisten, der nichts anderes als seine Pflicht erfüllen wollte, zur Gewissenslast wird.

Aber dieser Mensch, der da wimmernd und elend vor dem Polizisten im Sande liegt, erscheint nun, da die fatale Verbrecherjagd ihr Ende gefunden hat und das Schicksal des Flüchtigen entschieden ist, gar nicht als Verbrecher, sondern als ein durchaus durchschnittlicher, alltäglicher Mensch, dessen umständliche Höflichkeit dem Wachtmeister gegenüber so gar nichts Ganovenhaftes an sich hat: „Ja, wenn ich vielleicht bitten darf und Sie noch eine Zigarette haben, Herr Wachtmeister." „Nichts Besonderes", stellt der Wachtmeister auf den ersten Blick fest, als er die Festgenommenen und den Verwundeten mustert, „sogar ein bißchen mickerig, Gesichter wie andere auch, sozusagen ohne besondere Kennzeichen." Durchschnittlich und alltäglich wie das Aussehen der Festgenommenen waren auch die Motive, die zu ihrer Tat führten, „nichts Besonderes", so möchte man auch hier sagen.

Ernst kommt aus einem geordneten Zuhause, seine finanzielle Lage ist besser als die des erschossenen Jakubek, aber das Leben, das diese Jugendlichen in einer Industrielandschaft lebten, war vielleicht zu rational, zu sehr auf Arbeit und Verdienst hin orientiert, entsprach gerade in seiner Geordnetheit zu wenig dem überbordenden Tatendrang und Erlebnishunger dieser jungen Menschen.

„Das muß einer verstehen, Herr Wachtmeister", sagte der Junge, „daß man zu sowas kommt. Da will man eben was und denkt nicht viel nach, wie es eben ablaufen könnte, da will man eben einmal raus aus dem Dreck ..."

Der Wachtmeister versteht sehr wohl, was den Jungen bewegt; es ist im Grunde leicht, auch für den Beamten, für den Hüter der öffentlichen Ordnung und Sicherheit, sich in die Lage dieser straffällig gewordenen Jugendlichen zu versetzen:

„Einer will was, die Flamme schlägt in ihm aus, irgendwohin will das, Geld oder Lust, immer nur einen Schuß mehr als nötig, einen Schuß zuviel."

Die Worte, die in dieser Reflexion des Wachtmeisters auftauchen, erinnern an Wendungen, mit denen er bei der Darstellung der Verfolgungsjagd sein eigenes Verhalten skizzierte: Lust, „die Lust, fertigzumachen", hatte auch ihn ergriffen, die Flamme einer jähen Leidenschaft auch ihn überwältigt; „ein Schein in der Luft, ein Dunst, der aufgeregt machte", hatten ihn hingerissen in wilder Jagdleidenschaft, die keinen Unterschied mehr machte zwischen Mensch und Tier. Und so fühlt er, der Gegner und Verfolger, sich plötzlich in seinem Verhalten dem Burschen da vor ihm verwandt und ähnlich. Hier liegt nicht ein Verbrecher vor ihm, der das Böse um des Bösen willen liebt, sondern ein Mensch wie er selbst, der ein wenig nur über das Ziel hinausgeschossen ist, „einen Schuß mehr als nötig, einen Schuß zuviel", und der schuldig vor dem Gesetz wird wegen dieser über das Ziel hinausschießenden Leidenschaft, so wie der Wachtmeister sich vor seinem Gewissen schuldig weiß wegen der Leidenschaft, die ihn – „um einen Schuß zuviel" – in eine emotionale Haltung hineinriß.

Darüber hinaus aber scheint sich die Schuld dieses jungen Menschen zu verringern, wenn sie gesehen wird auf dem sozialen Hintergrund, der das Leben dieser Burschen prägte. „Wenn das ein Dreck ist, dann habt ihr wohl ein bißchen viel im Kino gesessen", bemerkt der Wachtmeister zu Ernst.

Nicht nur die Jugendlichen selbst, sondern mehr noch die Erwachsenen, die in der Scheinwelt des Films diesen unkritischen Jungen ein irreales Dasein vorgaukeln, sind schuldig an jenen Taten, die nun einen von ihnen in den Tod bringen. Unter diesem Gesichtspunkt führt die Jakubek-Erzählung, deren Funktion es zunächst ist, das Handeln des Dorfpolizisten als Notwehr zu erweisen, zu einer weiteren Entlastung des Jugendlichen:

„Als er den Wagen anhielt auf der kleinen Fahrstraße und dann eine schwierige Miene machte über den Papieren und dann noch einmal einen Blick in den Wagen warf und die Papiere noch einmal wendete, da war der eine Kerl hochgekommen, stand bei ihm und schoß auf einmal von der Hüfte weg, **so wie es im Kino gemacht wird."**

Von hier her wird auch die Erzählung von der Schmalzdose, die zunächst für das Ganze der Erzählung keine Bedeutung zu haben scheint, wichtig. Eine Gesellschaft, die es zuläßt, daß ein kleines Bürschlein einem erwachsenen Menschen aus Mutwillen mit einer Blechdose in die Kniekehlen **schießt,** wird mitschuldig, wenn die Herangewachsenen in einer Umwelt, in der auch die Erwachsenen „keine Zucht" haben, „kein Ziel und keine Bescheidenheit", nicht nur mit Blechdosen, sondern mit gefährlicheren Waffen gegen alles schießen, was sich ihren Wünschen in den Weg zu stellen wagt.

Erscheint so Ernst dadurch, daß er sich in seiner emotionalen Haltung von der des Wachtmeisters kaum unterscheidet, in seiner Handlungsweise zumindest verständlich, wird er dadurch, daß die ihn prägende Welt der Erwachsenen an den Fehlhaltungen der Jugend mitschuldig ist, um ein weniges wenigstens entlastet, so rückt er in der kreatürlichen Not seines Sterbens sowohl dem Wachtmeister als auch dem Leser menschlich so sehr nahe, daß für diese neben dem Ausmaß dieser ungewollten Strafe seine Schuld zur Nichtigkeit werden muß.

„Die Sonne wärmte, und die Fliegen schwirrten herum, und der Mensch, den ich erlegt hatte, lag ganz nahe bei mir und wurde unruhig und wimmerte." Nicht von Schuld und Strafe ist jetzt mehr die Rede, nicht mehr von „Autostrolchen" und Verbrechern, sondern einzig von diesem „Häufchen Mensch" in seinem Elend und seiner Not, für die sich der Wachtmeister mitverantwortlich weiß. Hilflos steht er vor dem Sterbenden, zu dem er nicht nur aus einem unklaren Gefühl seiner Mitschuld, sondern aus einer viel allgemeineren menschlichen Solidarität, die im Angesichte des Todes die Gegensätze aussöhnt, eine Brücke schlagen möchte: „Jetzt sah er aus, als könnte er etwas von mir erwarten, und ich schämte mich, weil wir nichts sonst in unserem Vorrat haben und nichts anzubieten als eine Zigarette." Der juristisch Schuldige erscheint hier, in der Not seines Sterbens, plötzlich als der moralisch Fordernde, dessen Anspruch der Wachtmeister sich nicht gewachsen fühlt, dem er mit den spärlichen Mitteln seiner Ausbildung nicht zu begegnen weiß. Mit erschreckender Deutlichkeit wird ihm plötzlich bewußt, daß er nur zerstören konnte, daß aber ein helfendes, aufbauendes, heilendes Wort ihm versagt ist.

Das Alltagsleben, das am nächsten Tage so weitergehen wird wie am Tage zuvor, das den Tod dieses unschuldig-schuldigen Jungen überdauert und den Polizisten mit seiner Gewissensqual allein läßt, wird im Dingsymbol der Zigarette ebenso verdeutlicht wie die Unfähigkeit des Überlebenden, mit den gewohnten

Mitteln menschlichen Kontaktes in den fremden und abweisenden Raum des Todes hinüberzureichen[5].

So stehen am Ende der Erzählung beide Menschen beziehungslos nebeneinander:

„Ernst gab aber keine Antwort mehr ... und kümmerte sich um mich gar nicht und wollte nicht, daß ich etwas mit ihm zu tun hätte. So war es auch, ich hatte ja nichts mit ihm zu tun."

Ein Zufall hatte sie, die sich vorher nicht kannten, zusammengeführt und für beide diese Begegnung zu einer schicksalhaften Wende ihres Lebens werden lassen.

Indem der Erzähler in der gegenläufigen Komposition der beiden Hauptgestalten den zunächst Schuldigen im Fortgang der Erzählung zunehmend entlastet und so die Not seines Todes als eine Strafe erscheinen läßt, die weit über das Maß seiner Schuld hinausragt, während gleichzeitig der zunächst pflichtgetreue, korrekte und gewissenhafte Beamte in der Konfrontierung mit dem Sterbenden mit einer zwar juristisch nicht faßbaren, aber ihn doch in seinem Gewissen beunruhigenden Schuld belastet wird, führt er beide Gestalten der Erzählung in eine tragische Situation, die jeder für sich in unaufhebbarer Isolierung durchleiden muß.

In zwei Sentenzen der Erzählung werden beide, der Handelnde und der Leidende, in der Gleichartigkeit ihrer tragischen Situation auf eine Ebene gestellt:

„Wer trifft, hat Vorteile, wer aber getroffen wird, behält leicht das letzte Wort."

Und ähnlich heißt es gegen Ende der Erzählung:

„Einer muß zufügen, einer erleiden",

wobei dem Leser nun, am Ende der Erzählung, deutlich wird, daß Zufügen und Handeln in eine ebenso leidvolle und tragische Situation führen können wie das Erleiden.

So weiß sich der Erzähler Gerd Gaiser der kreatürlichen Not des „Autostrolches" ebenso verbunden wie der Gewissensnot des Polizisten, und über den Raum der Erzählung hinaus möchte er dem Leser die menschliche Not beider dadurch nahebringen, daß

---

[5] Vgl. Ruth Kilchenmann, a. a. O., S. 74: „In allen Geschichten, die um das Zentralerlebnis des Sterbens kreisen, spielen Dinge als Bestandteile der Lebenswirklichkeit eine außerordentliche Rolle."

er ihn sowohl in das Sterben des einen wie in die Gewissensqual des anderen unmittelbar miteinbezieht:

„Plötzlich hatte er dann die Nase so spitz im Gesicht und sah kleiner und älter aus. Wahrscheinlich kennen Sie es, im Krieg sind ja auch Leute gestorben."

Und ebenso unmittelbar fühlt sich der Leser im letzten Satz der Kurzgeschichte in die Gewissensbedrängnis des Polizisten versetzt:

„Das sitzt, wenn Sie es haben sein müssen, das nimmt Ihnen keiner ab."

3. *Fragen und Hinweise zur Erschließung im Unterricht:*

I. Die Struktur und Sprache der Erzählung

1. Warum erscheint die Kurzgeschichte dem Leser zunächst unklar?

2. Was fällt dir an der Erzählweise des Dorfpolizisten auf?

3. In welche Teilerzählungen gliedert sich die Kurzgeschichte? In welchem Zeitverhältnis stehen sie zueinander? Welche Abschnitte gehören sinngemäß zusammen?

II. Von der Form zur Bedeutung

1. Was fällt an der Überschrift unserer Kurzgeschichte auf?

2. Wie werden wohl die Vorgesetzten des Dorfpolizisten sein Verhalten beurteilen?

3. Warum fühlt sich der Dorfpolizist vom Anfang der Erzählung bis zum Ende in irgendeiner Weise mitschuldig am Tode des Jugendlichen?

4. Warum empfindet der Leser Mitleid mit dem zu Tode getroffenen „Autostrolch"?

5. In welcher Weise hat sich am Ende der Erzählung der Eindruck, den wir von den beiden Hauptgestalten hatten, verändert? Wie beurteilst du ihre Situation?

Der Einbruch des Todes in das Alltagsleben

Robert Musil: Der Verkehrsunfall

Die beiden Menschen, die eine breite, belebte Straße hinaufgingen, gehörten ersichtlich einer bevorzugten Gesellschaftsschicht an, waren vornehm in Kleidung, Haltung und in der Art, wie sie miteinander sprachen, trugen die Anfangsbuchstaben ihrer Namen bedeutsam auf ihre Wäsche gestickt, und ebenso, das heißt nicht nach außen gekehrt, wohl aber in der feinen Unterwäsche ihres Bewußtseins, wußten sie, wer sie seien und daß sie sich in einer Haupt- und Residenzstadt auf ihrem Platze befanden.

Diese beiden hielten nun plötzlich ihren Schritt an, weil sie vor sich einen Auflauf bemerkten. Schon einen Augenblick vorher war etwas aus der Reihe gesprungen, eine querschlagende Bewegung; etwas hatte sich gedreht, war seitwärts gerutscht, ein schwerer, jäh gebremster Lastwagen war es, wie sich jetzt zeigte, wo er, mit einem Rad auf der Bordschwelle, gestrandet dastand. Wie die Bienen um das Flugloch hatten sich im Nu Menschen um einen kleinen Fleck angesetzt, den sie in ihrer Mitte freiließen.

Von seinem Wagen herabgekommen, stand der Lenker darin, grau wie Packpapier, und erklärte mit groben Gebärden den Unglücksfall. Die Blicke der Hinzukommenden richteten sich auf ihn und sanken dann vorsichtig in die Tiefe des Lochs, wo man einen Mann, der wie tot dalag, an die Schwelle des Gehsteigs gebettet hatte. Er war durch seine eigene Unachtsamkeit zu Schaden gekommen, wie allgemein zugegeben wurde. Abwechselnd knieten Leute bei ihm nieder, um etwas mit ihm anzufangen, man öffnete seinen Rock und schloß ihn wieder, man versuchte ihn aufzurichten oder im Gegenteil, ihn wieder hinzulegen; eigentlich wollte niemand etwas anderes damit, als die Zeit ausfüllen, bis mit der Rettungsgesellschaft sachkundige und befugte Hilfe käme.

Auch die Dame und ihr Begleiter waren herangetreten und hatten, über Köpfe und gebeugte Rücken hinweg, den Daliegenden betrachtet. Dann traten sie zurück und zögerten. Die Dame fühlte etwas Unangenehmes in der Herz-Magen-Grube, das sie berechtigt war, für Mitleid zu halten; es war ein unentschlossenes, lähmendes Gefühl. Der Herr sagte nach einigem Schweigen zu ihr: „Diese schweren Kraftwagen, wie sie hier verwendet werden, haben einen zu langen Bremsweg." Die Dame fühlte sich dadurch erleichtert und dankte mit einem aufmerksamen Blick. Sie hatte dieses Wort wohl schon manchmal gehört, aber sie wußte nicht, was ein Bremsweg sei, und wollte es auch nicht wissen; es genügte ihr, daß damit dieser gräßliche Vorfall in irgendeine Ordnung zu bringen war und zu einem technischen Problem wurde, das sie nicht mehr unmittelbar anging.

Man hörte jetzt auch schon die Pfeife eines Rettungswagens schrillen, und die Schnelligkeit seines Eintreffens erfüllte alle Wartenden mit Genugtuung. Bewundernswert sind diese sozialen Einrichtungen. Man hob den Verunglückten auf eine Tragbahre und schob ihn mit dieser in den Wagen. Männer in einer Art Uniform waren um ihn bemüht, und das Innere des Fuhrwerks, das der Blick erhaschte, sah so sauber und regelmäßig wie ein Krankensaal aus. Man ging fast mit dem berechtigten Eindruck davon, daß sich ein gesetzliches und ordnungsgemäßes Ereignis vollzogen habe. „Nach den amerikanischen Statistiken", so bemerkte der Herr, „werden dort jährlich durch Autos 190 000 Personen getötet und 450 000 verletzt."

„Meinen Sie, daß er tot ist?" fragte seine Begleiterin und hatte noch immer das unberechtigte Gefühl, etwas Besonderes erlebt zu haben. „Ich hoffe, er lebt", erwiderte der Herr. „Als man ihn in den Wagen hob, sah es ganz so aus."

1. *Die Struktur der Kurzgeschichte*

Robert Musils Geschichte „Der Verkehrsunfall" bringt nicht, wie die Überschrift zunächst vermuten läßt, die detaillierte Schilderung eines uns fast alltäglich gewordenen Geschehens, sondern versucht in einer sorgfältigen psychologischen Studie, das Verhalten zweier Menschen zu analysieren, die zufällig Zeugen eines Verkehrsunfalls werden. Das geradezu Tagtägliche des dargestellten Vorgangs und die Wendung der Interessenrichtung vom Opfer zum (zufälligen) Zuschauer verlocken dazu, die Unterrichtsstunde mit einem der Tageszeitung entnommenen Bericht über irgendeinen Verkehrsunfall zu beginnen. Sachlicher, informierender Stil, genaue Angaben über Hergang, Zeit und Ort des Unfalls, unpersönliche Darstellung, die keinen Anteil nimmt an dem, was hier menschlich von Bedeutung ist, das alles kennzeichnet den Zeitungsbericht, der gelegentlich mit moralisch erhobenem Zeigefinger („Alkohol und Leichtsinn führten in den Tod!") den Bericht über einen tödlichen Unglücksfall zum Anlaß nimmt, allgemeine moralische Sentenzen über das Verhalten im Straßenverkehr zu verbreiten. Das individuelle Schicksal des Betroffenen, erst recht aber das, was der zufällige Beobachter denkt und empfindet, entzieht sich zwangsläufig der journalistischen Mitteilung.

Liest der Lehrer, nachdem die kennzeichnenden Merkmale des Zeitungsberichtes kurz besprochen sind, Musils Kurzgeschichte vor, so wird auf dem Hintergrund des sachlichen und unpersönlichen Mitteilungsstils des Berichtes die ganz andere Blickrichtung des Erzählers auch dem Mittelstufen-Schüler unmittelbar deutlich.

Unklar aber bleibt zunächst, warum der Verfasser sein Interesse so sehr auf die beiden zufällig Hinzugekommenen konzentriert, warum er vom Bremsweg der schweren Lastkraftwagen spricht und die amerikanischen Statistiken zitiert. Aufgabe unserer gemeinsamen Arbeit mit den Schülern muß es deshalb sein, die Mitte dieser Kurzgeschichte zu finden, von der aus sie sich organisiert und auf die hin jede einzelne Beobachtung funktioniert ist. Denn wie bei einem Gedicht hat in dieser ungemein gedrängten und verdichteten Erzählung jedes Wort seinen unvertauschbaren Platz, bedarf es bei der Deutung des Vorgreifens und Rückschauens, wenn in dieser kunstvollen Komposition ein Bild das andere erhellen und das Ganze aus einer Sinnmitte heraus verständlich werden soll.

Um den Schülern Gelegenheit zu geben, sich mit dem Text vertraut zu machen, gleichzeitig aber auch, um ihr Interesse vom inhaltlichen Geschehen zunächst weg und auf das Aufbauprinzip der Erzählung hinzulenken, lassen wir die Schüler die Erzählung noch einmal still lesen, verbinden damit aber eine gezielte Aufgabenstellung: „Beobachtet einmal, in welcher Weise sich die Kamera der Unfallstelle nähern müßte bzw. wie sie sich von dort wieder entfernt, wenn man diese Szene filmen wollte!" Dieser Hinweis führt dazu, daß sich die Struktur der Erzählung im anschließenden Unterrichtsgespräch wie von selbst ergibt: Der Blick fällt zunächst auf eine „breite, belebte Straße", nähert sich dann der Unfallstelle, weil eine zunächst diffuse, erst langsam deutlicher werdende Bewegung die Aufmerksamkeit fesselt, „ein schwerer, jäh gebremster Lastwagen" wird deutlich sichtbar, bis die Unfallstelle selbst als „kleiner Fleck" im Mittelpunkt steht, mit dem „Lenker darin, grau wie Packpapier", von dem der Blick dann vorsichtig in die Tiefe des Loches sinkt, „wo man einen Mann, der wie tot dalag, auf die Schwelle des Gehsteiges gebettet hatte."

Der Blick verweilt ein wenig in der Mitte des Loches, betrachtet das hilflose Tun der Umherstehenden und die beiden Menschen, die, über Köpfe und gebeugte Rücken hinweg, den Daliegenden betrachten. Hier wendet sich das Interesse des Erzählers deutlich vom Verletzten ab und der zuschauenden Dame zu: „Die Dame fühlte etwas Unangenehmes in der Herz-Magen-Grube, das sie berechtigt war, für Mitleid zu halten." Dann aber entfernt sich unsere Aufmerksamkeit zunehmend vom Mittelpunkt des Geschehens, unser Blickfeld, das zuvor fast ausschließlich sich auf jenen Fleck konzentrierte, um den sich die Menschen wie Bienen um das Flugloch gesammelt hatten, weitet sich nun wieder, wir hören von technischen Problemen, sehen die bewundernswerte Funktionsfähigkeit der sozialen Einrichtungen und haben endlich mit den amerikanischen Statistiken und ihren 190 000 Toten und 450 000 Verletzten eine Größenordnung und eine optische Weite erreicht, in der das soeben vor uns auftauchende Einzelschicksal kaum mehr eine Rolle spielt.

Graphisch ließe sich der Aufbau der Erzählung etwa so darstellen:

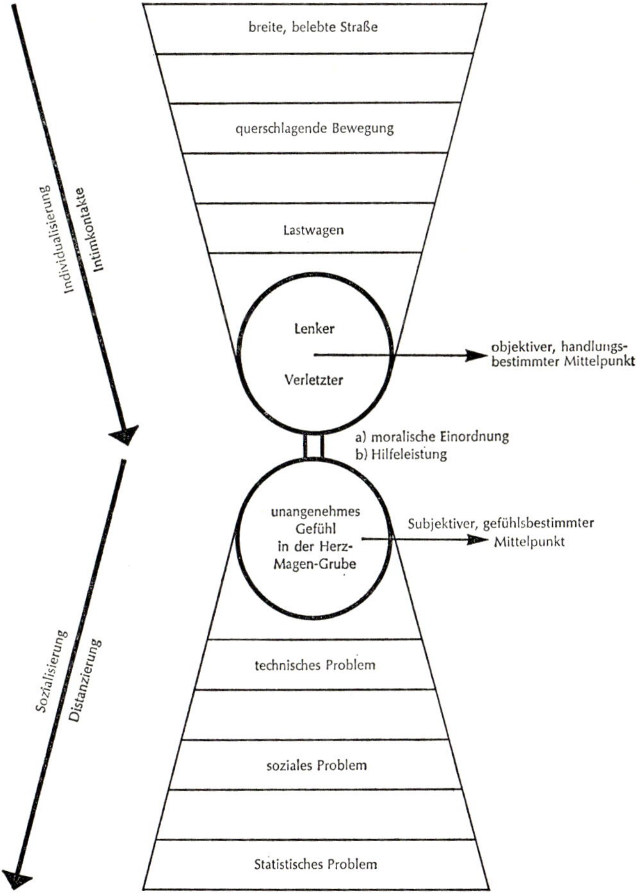

Die Struktur der Erzählung erinnert an eine filmische Passage, in der die Kamera zunächst aus der Ferne einen größeren Bildausschnitt vermittelt (Totale), dann auf das interessierende Objekt langsam zufährt, ein wenig bei der Nah- und Großaufnahme verweilt, um dann wieder größeren Abstand vom Geschehen zu gewinnen. Der psychologische Effekt, der mit dieser Annäherungs- und Entfernungstechnik erreicht wird, ist der gleiche, den wir im Film, mehr oder minder bewußt, immer wieder erleben und den Karl Eiland[1] in seiner Filmkunde folgendermaßen beschreibt:

„Je mehr aus einer ‚Szene' Bildsequenzen entstehen, die sich auf die Einstellungsart Groß hinbewegen, desto mehr löst sich Individuelles aus der Szene heraus. Je mehr die Bildsequenzen sich der Totalen nähern, desto mehr verlieren die Einzelheiten ihren individuellen Charakter und erscheinen als Bestandteile von Umwelt- und Mitweltbestimmungen ... Parallel hierzu tritt eine Grundregel der Wirkung auf. Je ‚größer' die Einstellungsart wird, desto intimer wird sie für den Zuschauer, bis zum Tête-à-Tête in der echten Großaufnahme. Je ‚totaler' die Einstellung wird, desto mehr inneren Abstand läßt sie den Zuschauer nehmen; es kommt zu ‚Distanzerlebnissen'. Unter ‚intim' ist nicht immer eine innige, gefühlspositive Beziehung zwischen Leinwandphänomen und Zuschauer zu verstehen. Auch der entgegengesetzte Effekt tritt auf: eine stark gefühlsnegative Reaktion, die bis zum Entsetzen und Erschrecken führen kann ... Unter Distanz ist nicht Teilnahmslosigkeit zu verstehen. Ein Distanzerlebnis kann durchaus starke Anteilnahme enthalten, aber es beläßt den Zuschauer in seiner Souveränität als betrachtender Mensch."

Betrachten wir den Aufbau unserer Erzählung unter diesen für den Film erarbeiteten Kategorien, so wird deutlich, daß im ersten Teil der Kurzgeschichte die beiden Menschen aus einer größeren Distanz, die zugleich, wie noch zu zeigen sein wird, auch soziale Einordnung bedeutet, sehr schnell auf ein außergewöhnliches Ereignis zugeführt werden, dem sie sich nun plötzlich in größter Nähe, distanzlos, „intim" in dem Sinne gegenübersehen, daß sie unmittelbar mitbetroffen sind. Eine „stark gefühlsnegative Reaktion" ist die Antwort auf diese Konfrontierung mit dem Verletzten („Die Dame fühlte etwas Unangenehmes in der Herz-Magen-Grube"), bis es dann in dreifacher Weise – im Gespräch über den zu langen Bremsweg, in der Bewunderung der sozialen Einrichtungen und zuletzt und am stärksten in der statistischen Zuordnung dieses einmaligen und bedrängenden Vorfalls – ge-

[1] Karl Eiland, Filmkunde, Münster 1960, S. 41.

lingt, Distanz zu gewinnen und den Unfall in den Bereich des gesellschaftlich und sozial Normalen einzuordnen.

2. *Distanzierung als Flucht vor der Lebenswirklichkeit*

Haben wir mit unseren Schülern in dieser Weise die Struktur der Erzählung transparent gemacht, so wird deutlich werden, daß die gehaltliche Deutung der Erzählung weniger vom Bilde des am Boden liegenden Verletzten als vielmehr vom Erleben der Dame auszugehen hat, das zwar nicht vom Handlungsablauf, wohl aber von der Sinngebung der Geschichte her einen Brennpunkt dieser Kurzgeschichte ausmacht: „Die Dame fühlte ein unangenehmes Gefühl in der Herz-Magen-Grube, das sie berechtigt war, für Mitleid zu halten; es war ein unentschlossenes, lähmendes Gefühl."

Die Schüler werden dazu neigen, dieses bewußt ungenau umschriebene Gefühl für Mitleid mit dem Verletzten zu halten, für ein Gefühl also, das vom Ich der Dame weg und in den Schicksalsbereich eines anderen Menschen hineinführt. Bei näherem Zusehen jedoch erweist sich diese Deutung als unzutreffend. Das wird schon durch den Satzbau deutlich: Dem Aussagesatz, der uns die gefühlsnegative Reaktion der Dame als Faktum indikativisch mitteilt, folgt ein durchaus subjektiver, durch das Wort „berechtigt" vom Verfasser bewußt in einen ironischen Abstand gerückter Relativsatz, der eine Deutung dieses Gefühls versucht, eine Deutung freilich, die nicht der Autor, sondern die Dame selbst gibt und die durch die ironische Distanz des Erzählers als Selbsttäuschung entlarvt wird. Der nachfolgende Satz umschreibt denn auch dieses „Mitgefühl" nicht näher, sondern rückt dieses unangenehme Gefühl wieder ins Unklare, Ungenaue, nicht näher Definierbare: „Es war ein unentschlossenes, lähmendes Gefühl."

Auch die nachfolgenden Versuche einer technischen, sozialen und statistischen Einordnung des Erlebnisses lassen sich aus dem Gefühl des Mitleids kaum erklären. Wir dürfen also vermuten, daß in der Konfrontierung mit dem Verletzten, „der wie tot dalag", die Dame selbst zuinnerst betroffen wird, daß sekundenlang vielleicht, unbewußt und nicht weiter durchdacht, aber in der Klarheit eines erschreckenden Gefühls, die Vorstellung sie erfüllte, daß sie selbst an der Stelle des Verletzten liegen könnte, daß Unfall und Tod, ein jähes, unberechenbares, scheinbar sinnloses Schicksal sie selbst ebenso hätte treffen können wie diesen Fremden. Dieses Geschehen ist ein Riß in ihrem alltäglichen Dasein, führt aus den gewohnten Ordnungen heraus und konfrontiert sie wie alle Zuschauer mit einer „Grenzsituation" des menschlichen Daseins, die sich aller Organisierbarkeit und Machbarkeit entzieht und den einzelnen unmittelbar den letzten und entscheidenden Fragen seines Daseins gegenüberstellt.

Von dieser Deutung her fällt ein erhellendes Licht sowohl auf den folgenden als auch auf den einleitenden Abschnitt der Erzählung, von hier her bekommt jeder einzelne Satz seinen Sinn und seine Funktion im Ganzen dieser kurzen Erzählung.

„Nach einigem Schweigen", in dem jeder der beiden mit sich selbst, mit seinen Gedanken und seinem Erschrecken beschäftigt ist, in dem sich aber auch die nun erfolgende Distanzierung schon vorbereitet, fällt das Wort vom zu langen Bremsweg. Auch hier bleibt die Haltung des Erzählers ironisch-distanziert, entlarvt er in seiner scheinbar sachlich informierenden Diktion das unrealistische, vor dem fordernden Ernst dieses Erlebnisses instinktiv zurückweichende Verhalten der Gesprächspartner als Selbstbetrug: „Es genügte ihr, daß damit dieser gräßliche Vorfall zu irgendeiner Ordnung zu bringen war und zu einem technischen Problem wurde, das sie nicht mehr unmittelbar anging." Damit ist auch das Stichwort für die Deutung der folgenden Sätze gegeben: das Vorgefallene soll „zu irgendeiner Ordnung" gebracht werden, soll seines irregulären, jeder rationalen Einordnung sich entziehenden Charakters entkleidet werden, um ihm den Stachel des persönlichen Anspruchs zu nehmen. So wechselt der Erzähler folgerichtig von der technischen Einordnung über zur sozialen. Es kommt gar nicht darauf an, in welche Ordnung das Ereignis gebracht wird, wesentlich ist, daß es überhaupt sich irgendwie einordnen läßt. Dieser zweite Versuch einer Einordnung ist gekennzeichnet durch die Anonymität des Erzählstils. Dreimal leitet das unbestimmte Subjekt „man" einen Satz ein, dreimal bezieht es sich auf andere Menschen (die Zuschauer allgemein – die uniformierten Krankenwärter – die beiden Vornehmen), die miteinander gemein haben, daß sie ins Unpersönliche, in die Anonymität des „Man" vor der Realität eines schrecklichen Geschehens zu entfliehen versuchen, das sie, mehr oder minder bewußt, in ein „gesetzliches und ordnungsmäßiges Ereignis" umzudeuten versuchen. Gerade der letzte Satz dieses Abschnittes aber hebt – wiederum in ironischer Entlarvung – diese Selbsttäuschung auf: „Man ging fast mit dem berechtigten Eindruck davon, ...“

Die statistische Einordnung des Problems, bei der angesichts der Unzahl von Verletzten und Toten – die freilich weit weg vom Ort des Geschehens nur noch als Zahlen fungieren – das Einzelschicksal jede persönliche Bedeutung verliert, unterstreicht noch einmal, nun aus der größten denkbaren Distanz zum Geschehen, das Ordnungsgemäße, Gesetzhafte, rational Faßbare des bedrükkenden Vorgangs. Ganz aber ist die Distanzierung auch jetzt noch nicht gelungen: noch immer hat die Dame das nach allen Versuchen, Abstand zu gewinnen und einzuordnen, durchaus unberechtigte Gefühl, etwas Besonderes erlebt zu haben. Das ironische Spiel mit dem Wort „berechtigt“, das nach der Begegnung mit dem Unfallverletzten dreimal wiederkehrt und immer wieder die Funktion hat, die Selbsttäuschung der Zuschauer als solche bewußtzumachen, verweist uns am Ende der Erzählung auf ein ganz ähnliches Wort, das im ersten Satz steht: „... gehörten ersichtlich einer bevorzugten Gesellschaftsschicht an.“ Die immer wiederkehrenden Versuche, das Ungesetzmäßige, Ordnungswidrige, Irrationale und Bedrückende des Todes „zu irgendeiner Ordnung“ zu bringen und damit in seiner entscheidenden Bedeutsamkeit aufzuheben, wird vollzogen von Menschen, die selbst in einer ordnungsgemäßen Gesellschaft ihren ordnungsgemäßen Platz einnehmen und von daher vor jeder schicksalhaften Bedrohung gesichert erscheinen.

Der erste Satz, der vom Mittelpunkt der Erzählung noch die Distanz des Unbeteiligtseins hat, führt nicht nur die beiden Personen in die Erzählung ein, sondern erweist sie als sozial eingeordnete Menschen, die in einer bevorzugten Gesellschaftsschicht und in einer Haupt- und Residenzstadt den ihnen gemäßen Platz einnehmen. Der erste Satz der Erzählung ist auch ihr längster, auch in dem Sinne „filmische Totale“, als er das ganze bisherige Dasein der beiden einfängt und zuordnet. Diese Zuordnung geschieht freilich auch hier aus einem ironischen Abstand des Erzählers, der ja weiß, daß die Zugehörigkeit zu einer bevorzugten Schicht, daß Vornehmheit in Kleidung und Sprache und soziale Stellung nicht vor den fundamentalen Ereignissen des menschlichen Lebens zu schützen vermögen.

Vom Ende der Erzählung her bekommen die nun folgenden Sätze einen seltsamen Doppelsinn: die beiden werden jählings aus dieser ihrer so wohlgefügten Ordnung herausgerissen; etwas war aus der Reihe gesprungen, eine querschlagende Bewegung, die zweifellos nicht nur den rutschenden Lastwagen meint, sondern Schicksal und Tod, die querschlagen, aus der Ordnung reißen, das Leben jäh sich drehen und stranden lassen. Mit aller Intensität ist das Bedrohliche, Ordnungswidrige, in einem tieferen Sinne religiös Bedeutsame dieses Vorgangs von den beiden erkannt worden, wenn auch die Dame stärker betroffen erscheint als ihr Begleiter. Nur so ist die Intensität zu verstehen, mit der sie im zweiten Teil der Erzählung versuchen, sich von diesem Erlebnis zu distanzieren.

Bliebe noch eine letzte Beobachtung nachzutragen, mit der die Erarbeitung der Erzählung im Unterricht ausklingen könnte: Zwischen die beiden von uns als objektive und subjektive Brennpunkte der Erzählung bezeichneten Sätze fügt der Erzähler eine ganz kurze Schilderung des Verhaltens der übrigen Zuschauer ein, von deren sozialem Status wir nichts erfahren, die aber wohl Menschen einfacheren Standes sind. Auch diese Menschen sehen sich plötzlich und unvorbereitet einem sie selbst erschütternden Ereignis gegenüber, und auch sie versuchen sofort, sich innerlich von dem, was ihnen gefühlsmäßig zu nahe kommt, zu distanzieren. Das geschieht zunächst auf eine moralische Weise: „Er war durch seine eigene Unachtsamkeit zu Schaden gekommen, wie allgemein zugegeben wurde.“ Die Schuldfrage ist eindeutig geklärt, das Zufällige und Sinnlose des Vorgangs eliminiert; das Ereignis läßt sich mit normalen moralischen Maßstäben messen, läßt sich „zu irgendeiner Ordnung“, nämlich in das Kausalverhältnis von Schuld und Strafe, bringen. Auch das hilflose karitative Bemühen um den Verletzten erweist die analytische, enthüllende Beobachtungsgabe des Erzählers als Distanzierungsversuch: „Eigentlich wollte niemand etwas anderes damit, als die Zeit ausfüllen, bis mit der Rettungsgesellschaft sachkundige und befugte Hilfe käme.“

Mit dieser wie nebenher eingeschobenen Beobachtung gewinnt die Erzählung Allgemeingültigkeit. Nicht nur die Vertreter einer bevorzugten Gesellschaftsschicht, wir alle neigen dazu, den Grenzsituationen des Lebens, die Karl Jaspers als Schuld, Krankheit, Leid und Tod versteht, entweder grundsätzlich auszuweichen oder, wenn wir in einem schicksalhaften Geschehen unmittelbar mit ihm konfrontiert werden, in einer selbsttäuschenden Weise uns vom Anspruch dieser Situation zu distanzieren.

In einer ironischen, psychologisch analysierenden Schilderung dieses uns selbst vielfach unbewußte Verhalten zu erhellen und bewußtzumachen, die Selbsttäuschung und Distanzierung als Flucht vor der Lebenswirklichkeit zu entlarven, ist Sinn und Ziel dieser Kurzgeschichte[2].

3. *Fragen und Hinweise zur Erschließung im Unterricht:*

1. Vergleiche einen Zeitungsbericht über einen Verkehrsunfall mit Robert Musils Kurzgeschichte!

2. Beschreibe, wie die Kamera geführt werden müßte, wenn man diese Szene filmen wollte!

3. Was bedeutet wohl das „unangenehme Gefühl in der Herz-Magen-Grube", das die Dame empfindet?

4. Versuche, vom Mittelpunkt der Erzählung her zunächst den Schlußteil, dann den einleitenden Abschnitt zu deuten!

5. Warum schildert der Verfasser in der Mitte der Erzählung das Verhalten der übrigen Zuschauer?

---

[2] Die Tatsache, daß die vorliegende Erzählung von ihrem Verfasser ursprünglich nicht als Kurzgeschichte konzipiert, sondern aus Musils Roman „Der Mann ohne Eigenschaften" herausgelöst und hier – wie in vielen Lesebüchern – als eigenständige Erzählung abgedruckt wurde, besagt an und für sich noch nichts gegen ihren Charakter als Kurzgeschichte. Wie Ruth Kilchenmann in ihrem Buch „Die Kurzgeschichte – Formen und Entwicklung" (Stuttgart 1967) an Hand vielfältiger Beispiele überzeugend dargelegt hat, drückt sich in der modernen Kurzgeschichte eine Ur-Form heutigen Erzählens aus, so daß sich einerseits Romane finden lassen, die im Grunde aneinandergereihte Kurzgeschichten sind, wie sich umgekehrt auch aus der Ganzheit eines modernen Romans durchaus selbständige Einheiten als in sich geschlossene Kurzgeschichten herauslösen lassen: „Viel häufiger aber und bei der heutigen Form des Romans absolut möglich ist die Loslösung von Teilen als autonomen Kurzgeschichten" (R. Kilchenmann, a. a. O., S. 192).

Abschied vom Traum der Jugend

Herbert Eisenreich: Der Weg hinaus

Als wate er in Schlamm, so mühsam ging er; die Fußballschuhe hingen wie mit Blei gefüllt an seinen Beinen. Nur gewaltsam, wie gegen einen Orkan ankämpfend, hielt er die Richtung auf den dunklen, unbewegten Halbkreis vor ihm am Grunde der sich steilenden, von wimmelndem Leben quellenden Stufenwand des Stadions, auf jenen Halbkreis, der der Kabineneingang war. Den steuerte er an wie ein leckes Schiff bei schwerem Seegang den Hafen.

Hinter ihm war das unterbrochene Spiel wieder angepfiffen worden, das lenkte die meisten Augen von seinem Hinausgehen ab. Die aber, die neben und über dem Kabineneingang standen, sahen ihn näherkommen, und je näher er kam, desto mehr Blicke sammelten sich auf ihm; wie eiserne Pfeilspitzen von einem Magneten angezogen, lenkten diese Blicke sich auf ihn, gebündelt stachen sie auf ihn, einen unfreiwilligen Winkelried, ein. Und je näher er kam, desto artikulierter tobte es vor ihm los: Pfui-Salven, das Knattern zahlloser winziger Haßexplosionen, herangetragen auf den Wellenlinien greller Pfiffe. Gesichter sah er keine; aber er wußte, daß es dieselben Münder waren, die früher, all die stolzen Jahre lang, allsonntäglich ihren Beifall über ihn ergossen hatten, wenn er so spielte, wie sie es gern sahen. Wenn er, den Ball am Fuß wie unsichtbar angebunden, durch die Reihen der Gegner lief, dann liefen tausend Jubelrufe mit; wenn er den Ball auf den Zentimeter genau übers halbe Spielfeld paßte, dann raunte es ringsum voll Ehrfurcht; und wenn er schoß, stockte dem ganzen Stadion der Atem, und dann erst riß es ihnen den Schrei aus der Kehle. O ja, er war ein Spieler gewesen wie nicht bald einer: kein Schwerathlet, der mit seinem Körpergewicht alles niederwalzt, was sich ihm in den Weg stellt, sondern der Artist, der seine Körperkraft nicht spüren, sondern nur wirken läßt. Meistens wurde er als Läufer aufgestellt, aber wenn Not am Manne war, führte er den Angriff oder verteidigte vor dem Tor. Dort, wo er eingesetzt war, gehörte das Spielfeld, so weit er es erlaufen konnte, ihm. Und wenn sein Nebenmann versagte, dann rackerte er für zwei.

Und was hatte man ihm, war wieder ein Spiel gewonnen, nicht alles nachgerühmt! Daß er der beständigste Spieler sei, zuverlässig auf jedem Posten, ohne Formkrisen, ohne Launen; kein Star, sondern immer Teil der Mannschaft, ihr Motor und ihre Seele zugleich; und der fairste Fußballer seit langem, die Zeitungen brachten Fotos, wie er über den hechtenden Tormann, um ihn nicht zu verletzen, hinwegspringt; wie er zum Kopfstoß mit regelrecht angelegten Armen hochschnellt; wie er dem Gegenspieler, der im Zweikampf zu Fall gekommen, kameradschaftlich auf die Beine hilft. Und jetzt stapfte er schwankenden Schrittes hinein in die Mauer vor ihm aus Gejohle, Pfiffen und Flüchen. Und alles, was ihn früher über das Spielfeld getragen, was seine Läufe beflügelt, was seinen Einsatz befeuert hatte: der Beifall, der Jubel, diese Woge von aufbrausendem Schrei, die aus dem Betonoval, einer einzigen riesigen Kehle, zum Himmel stieg und alsdann wie ein linder Frühlingsregen erquickend über ihm niederfiel: das alles kam ihm jetzt, im nachhinein, unwirklich vor; ja, ihm schien, als habe

er sich all die Jahre lang verhört und als vernehme er erst jetzt, was die da oben all die Jahre lang wirklich geschrien hatten, und als verstünde er erst jetzt, was dieses Schreien schon damals in Wahrheit bedeutet hatte. So torkelte er, wie ein blindgeschlagener Boxer auf den Schatten seines Gegners, darauf zu, im vernebelten Blick tat sich schwarz, mit jedem seiner Schritte sich in die Tiefe verfinsternd, der überdeckte Gang zu den Kabinen auf: ein brüllendes Maul inmitten einer zuckenden Grimasse. Und dieser Rachen tat sich auf, ihn zu verschlingen auf Nimmerwiedersehen.
Und das alles nur, weil er den Flügel nicht hatte halten können; der Bursche mit seinen einundzwanzig Jahren war eben schneller als er, der schon zehn Jahre mehr auf dem Buckel hatte, und was für Jahre! Mit einundzwanzig war er ebenso schnell gewesen, oder noch schneller. Auch mit fünfundzwanzig, mit sechs- und siebenundzwanzig noch. Gegen die dreißig zu spürte er's dann: die Muskeln verkrampften sich öfter, die Lunge pfiff im Hals, das Herz klopfte, als wollte es raus aus diesem Körper, der es pumpen hieß wie verrückt. Gegen die dreißig zu spürt man's eben allmählich, daß man die Zehen gebrochen, die Rippen geprellt und sich den Schädel brummig gestoßen hat, daß man sich Sonntag für Sonntag das halbe Leben aus dem Leib gelaufen hat, und dann natürlich auch die Sorge um die Zukunft. Das Kaffeehaus war anfangs gut besucht, aber es kamen zu viele Schnorrer hin, und die Erika taugte halt nicht fürs Geschäft, und gar für ein solches! Und wenn er selber bediente, dann war's ja kein Wunder, daß er ein Achtel mittrank und manchmal auch zwei oder drei. Mehr als drei oder vier Achtel aber waren es selten, da hatte Rudi einfach unrecht, wenn er alles aufs Trinken schob! Und auf das bißchen Rauchen! Geraucht hatten schließlich fast alle; natürlich nicht grad vor dem Spiel, aber nachher, und abends, man wollte ja schließlich auch sein Endchen Privatleben haben, wie auch Rudi seins hatte, überhaupt der! Der hatte frühzeitig Schluß gemacht, ging dann als Trainer ins Ausland, da war er ein feiner Herr mit einer Mordsgage und nichts wie kommandieren, so wie er jetzt ihn kommandierte, seit er zurück und jetzt hier bei ihnen Trainer war.
Damals, als Rudi zurückkam und bei ihnen Trainer wurde, spielte er schon nur mehr in der Reserve. Rudi hatte sich seiner angenommen, nicht nur beim Training, sondern auch privat; hatte ihm klargemacht, was er nicht wahrhaben wollte: daß er abgerutscht war in den kleinen regelmäßigen Suff bis zwei Uhr nachts in seinem verräucherten Café, wo er Tototips gab, damit überhaupt noch jemand hinkam, abgerutscht in ein rechtes Lotterleben und abgerutscht in die Reserve. Auch mit Erika, der maulenden, hatte Rudi geredet; davon erfuhr er aber erst später. Und Rudi riskierte es, stellte ihn in die Erste, aber er versagte. Rudi gab's nicht auf, ließ ihn vorerst wieder in der Reserve spielen, nahm ihn hart her beim Training und stellte ihn dann wieder in die Erste, obwohl es gerunzelte Stirnen gab in der Sektion und Geraune bei den Spielern. Es stand eine Serie von Matches in der Provinz bevor, gegen keine allzu schweren Gegner, wenn auch vor einem fanatischen Publikum; aber Rudi riskierte es lieber vor dem fremden Publikum als vor dem eigenen, denn das eigene war, wenn ein Comeback mißglückte, das schlimmste. Dieses Spiel nun war das erste Spiel vor dem eigenen Publikum, es war ein schweres Spiel und das entscheidende obendrein: es ging um den Titel. Wollten sie Meister werden, so mußten sie siegen; dem Gegner aber reichte, weil er das bessere Torverhältnis hatte, schon ein Unentschieden dafür. Rudi hatte ihn, seine Entscheidung mit dem

Grundsatz „A winning team never change!" verteidigend, auch diesmal aufgestellt, und bis zur Pause brauchte er's nicht zu bereuen. Denn sein Sorgenkind bekam, in der Verteidigung spielend, nicht viel aufzulösen, der eigene Angriff war prächtig in Schwung, sie spielten vom Anpfiff weg auf Sieg und schossen drei Tore; und mit diesem Vorsprung, den Titel schon in der Tasche, ging's in die zweite Halbzeit.

Und dann waren plötzlich die anderen da, wie ausgewechselt; wissend, daß sie jetzt nichts mehr zu verlieren hatten, warfen sie ihren Sturm nach vorne, verwirrten durch ihr Ungestüm das Konzept derer, die sich zu früh als Sieger fühlten. Und in dieser Verwirrung gelang es dem Flügel, den zu halten seine Aufgabe war, ihn zu überlaufen, wie ein Anfänger von einem alten Hasen wurde er ausgespielt von diesem verflucht flinken Kerl, und eh' er begriffen hatte, hieß es nur mehr 3 : 1. Von da an waren die andern nicht mehr zu halten. Immer wieder schickten sie ihre Flügel, die rissen den ganzen Angriff mit; sie drängten ohne Unterbrechung, griffen mit sechs, mit sieben Spielern an, und immer wieder von seiner Seite her rollten sie die Verteidigung auf, er war eben nicht mehr schnell genug. Vom Spielfeldrand aus dirigierte Rudi das Innentrio zurück, nur noch die beiden Flügelstürmer ließ er vorne lauern; aber je mehr Spieler sie vor ihrem bedrohten Tor versammelten, desto näher rückte die ganze gegnerische Mannschaft, die es nun plötzlich verstand, das Spiel in die Breite zu ziehen und so in der Mitte den leeren Raum zu schaffen, aus dem sie aufs Tor knallen konnten. Der Tormann hielt, was zu halten war; aber die ganze Verteidigung war ins Schwimmen geraten, das machte auch ihn nervös, und nach einer Drängelei im Strafraum stand es plötzlich nur mehr 3 : 2.

Keine zehn Minuten mehr waren zu spielen, so lange noch mußten sie dieses Ergebnis halten; mit ihrem Tor verteidigten sie den Titel, der ihnen in der Pause schon sicher gewesen war. Und da kam schon wieder der Flügel durch, täuschte ihn, paßte kurz zur Mitte, wie mit Zirkel und Lineal gezeichnet, so lief der Ball von Mann zu Mann, kam noch einmal heraus, er verfehlte ihn, wieder war der andere schneller gewesen, lief nun vor ihm her und flankte. Der Tormann fing, aber das sah er schon nicht mehr; er sah nur noch den andern ihm davonlaufen, hörte die Menge rundum rasen, wußte, daß dies nicht ihm, sondern dem anderen galt, der ihn ausgespielt, der ihn kaltgestellt, von dem er sich hatte düpieren lassen, dem er nun – einmal noch schneller als jener – blindlings nachlief und den er jetzt, da jener den Ball schon zur Mitte gegeben hatte, einholte; und so, wie er auf ihn zulief, so sprang er ihn mit vorgestrecktem Fuße von hinten an. Der Getroffene schrie auf, stürzte zu Boden, schrie noch immer; aber dieses kleine Schreien verlor sich wie ein Tropfen Wasser in der Sturzflut von Geschrei, die sogleich über ihn hereinbrach; und wie um sich dagegen zu wehren, trat er noch einmal auf den in Schmerzen sich Krümmenden ein, bis ein harter Griff ihn zurückriß, Ellbogen ihn zur Seite stießen. Die Eigenen waren's, die ihn abdrängten, fluchend. Das Stadion röhrte. Mit ausgestrecktem Arm kam der Schiedsrichter auf ihn zugelaufen, gestikulierte, rief ihm aus rotgeschwitztem Gesicht etwas zu, das er gar nicht verstand. Sanitäter trugen den Verletzten vom Platz, ihm gab jemand einen Stoß ins Kreuz, der setze ihn in Bewegung; er begann zu gehen, quer übers Spielfeld ging er auf den Kabineneingang zu, der sich als ein dunkler Halbkreis an der Längsfront gegenüber abzeichnete. Noch standen ringsum die Schleusen der Empörung sperrangelweit offen: ein Brei von Lärm fiel über ihn, klatschte ihm ins Gesicht, an den Körper. Alles, was mit ihm geschah, kam ihm unheimlich fremd vor, klar war ihm nur das eine: daß er ausgeschlossen war, ausgeschlossen eben jetzt, da es galt, nur noch ein paar schleichende Minuten lang das Resultat zu halten, das Resultat, das den Meistertitel bedeutete.

So ging er vom Feld. Der Schiedsrichter pfiff, der Lärm ebbte ab. Hinter ihm wurde der Strafstoß getreten, er hörte das metallharte Schlagen des Stiefels gegen das pralle Leder. Wenig später hörte er die Leute klatschen; das hieß, daß der, den er niedergetreten hatte, zurück aufs Spielfeld kam; daß sie nun also mit nur zehn Mann gegen deren elf spielen mußten, und diese elf waren vorher schon besser gewesen, hatten die ganze zweite Halbzeit lang auf den Ausgleich gedrängt und würden es jetzt also schießen, das dritte Tor, das sie brauchten, um den Titel nach Hause zu tragen. Sie würden es schießen nach einem Angriff von der Seite her, wo er nun fehlte. Er hatte ja gar nicht schlecht gespielt; gewiß noch nicht wieder so gut wie früher, aber wahrhaftig nicht schlechter als so viele andere; sein Gegenspieler war einfach schneller gewesen als er, hatte ihn glatt überrannt, hatte mehr Luft im Balg gehabt als er, die kräftigeren Muskeln und den flinkeren Blick für die Situation, den besseren Riecher – all das, was auch er einst gehabt hatte, all das, was die Leute früher an ihm bewundert hatten. Das war's, und weiter nichts! Und das alles hätte er noch ertragen; er war kein schlechter Verlierer, weiß Gott, das war er nicht! Aber die Hyänen rundum, die würstelfressenden Zuschauer auf ihren Plattfüßen rund um das Spielfeld, die hatten ihn fertiggemacht mit ihren Pfiffen, ihrem Gelächter und Gejohle, wenn der andere ihn stehenließ und mit dem Ball davonzog. Zwischendurch, wenn der Spielverlauf ihm eine Atempause gönnte, fragte es in ihm, warum die alle denn kein bißchen Verständnis mehr hatten für ihn, kein Verständnis dafür, daß man langsam zu alt wird, um volle neunzig Minuten lang zu glänzen, daß man sich leergepumpt hat in tausend Spielen, daß man nicht immer gleich gut in Form ist und daß man seine Zeit braucht, um wieder in Form zu kommen: die Muskeln zu beherrschen, den Blick zu schärfen, den Instinkt zu wecken, sich einzuspielen in die Mannschaft, aus der man so lange verbannt war; mit einem Wort: sich selber wiederzufinden. In ihm heulte es um dieses Verständnis, bettelte es um ein bißchen Gerechtigkeit. Sie aber pfiffen und lachten, wenn ihm ein Dribbling mißlang, wenn der Ball ihm über den Rist rollte, wenn er ungenau abspielte, wenn er überlaufen wurde von diesem verteufelt flinken Kerl, den zu halten seine unerfüllbare Aufgabe war, und sie riefen ihm Schimpfworte zu, wenn sie glaubten, er spiele nachlässig, gleichgültig, ohne Ambition, dieweil doch nur dies die Wahrheit war: daß der andere der bessere Spieler gewesen war.

Aber das wußte nur er allein. Und er allein wußte, daß er diesmal um mehr als nur um den Sieg seiner Mannschaft, daß er in Wahrheit um sein Leben spielte; denn auch Erika würde lachen und höhnen, wenn er endgültig aufhörte, das zu sein, was sie sich angeheiratet hatte: der gefeierte Sportler, der Star seines Clubs, der Held aus neunundvierzig Länderspielen, das Idol der Masse: ein Mann, den zu besitzen allein schon deshalb wertvoll war, weil tausend andere Männer, indem sie sein wollten wie er, bekundeten, daß sie weniger waren als er, und weil tausend andere Frauen, indem sie ihn anhimmelten, ihr bestätigten, wie reich sie war, die ihn besaß. Als er das erste Tor nicht hatte verhindern können, wurde er ausgepfiffen; sie pfiffen weiter, als ihm wieder eine Abwehr mißlang; und je mehr sie pfiffen, desto mehr verpatzte er. Und dann, als er gleich zweimal hintereinander von diesem wieselflinken Burschen ausgespielt wurde, und als sie dem zujubelten und für ihn wieder nur ein paar Pfiffe übrig hatten: da fuhr's ihm in das Bein und das Bein trat hin, wo ein Widerstand sich bot: ohne Haß gegen den, den es traf, ohne Wut über den, der besser spielte als er und so seines Unglückes Schmied ward, sondern blind und ohnmächtig gegen irgend etwas, das eigentlich gar nicht zu fassen, gar nicht zu treffen war, und so traf sein Stiefel nur den, der da vor ihm lief, den Ball zur Mitte spielte und stehenblieb. Den säbelte er um. Und trat ihn noch einmal, als jener erste Tritt, in einen massigen Wutschrei verwandelt, auf ihn zurückfiel.

Daß der Schiedsrichter ihn vom Felde wies, verwunderte ihn schon nicht mehr, wiewohl es das erstemal war, daß er ausgeschlossen wurde. Er wandte sich ab und ging, von einem unsanften Stoß in Gang gebracht, mechanisch Fuß vor Fuß setzend, auf den Kabineneingang zu. Hinter ihm lief das Spiel weiter, das lenkte die meisten Blicke von ihm ab. Aber je näher er dem Kabineneingang kam, diesem Maul, das finster, gelangweilt inmitten des zappelnden Lebens ringsum, gähnte, ihn zu verschlucken, desto schwerer ging er gegen die Mauer aus Geschrei, die sich neu vor ihm baute, an, und desto langsamer kam er der Höhle, diesem einzigen Orte unbewegten Gleichmuts, näher. Schimpfworte, hart wie Hagel, überschütteten ihn, Böen der Empörung schlugen ihm entgegen, ausgekotzt von denselben Mündern, die all die sorglosen Jahre lang ihren Beifall über ihn erbrochen hatten, den Beifall, den er atmete wie die Luft, den er hätte schlürfen mögen sein Leben lang und der ihm nun, da er ihm seine Kehrseite wies, im nachhinein noch so schmeckte wie Jauche; ihm grauste; und ihm kam vor, es hätten die Aasgeier da droben nie etwas andres getan als Kübel voll Unrat über ihn gegossen, bis er dank solcher Nahrung wurde, was er jetzt war: ihr fauliger Fraß. Das also, spürte er, war es gewesen, was er all die berauschten Jahre lang für sein Element gehalten hatte: diese wogenden Wolken des Beifalls, die ihn getragen hatten, so daß er seiner selbst nicht mehr inne war, und ihn dann fallengelassen hatten, einen Ikarus auf den Flügeln der Gunst des Pöbels. Und da hörte er wieder den Schrei, den er ach so gut kannte, und er mußte sich gar nicht erst umdrehn, er wußte: dieses Tor hatten nicht sie geschossen, sondern die andern; dort, wo er fehlte.

Mit dem nächsten Schritt erreichte er den Kabineneingang. Da lösten sich rechts davon, als bröckle die Mauer greifbaren Lärms, ein paar Gestalten, fünf oder sechs Männer durchbrachen die Umzäunung, allen voran ein verwachsener, glotzäugiger, ein versoffener Gnom, wie sie rund um jede Arena rudelweis gedeihen. Der sperrte ihm den Weg, er sah das bläuliche Zahnfleisch, den Speichel im schnatternden Mund des Mannes, sah dessen knöchrige Fäuste sich gegen ihn heben. Umblasen hätte er ihn können, und konnt' es doch nicht; und als die Schläge, fleischgewordene Schimpfworte, fielen, haute er nicht zurück, sondern deckte nur mit Händen und Armen und zwischen den hochgezogenen Schultern sein Gesicht, wie ein Mädchen, und taumelte blindlings in die finstere Höhlung hinein, dieweil Polizisten den Gnom und die anderen Radaubrüder bändigten. Er hörte nur noch den Lärm hinter sich, als breche dort diese Mauer aus Feindschaft, in die er hineingewankt war, herunter, den Weg zurück aufs Spielfeld ihm für immer verbauend.

1. *Der „monologue intérieur" als Gestaltungsmittel*

Es gibt eine Vielzahl von Kurzgeschichten, in denen eine überraschende Wendung, eine unverhoffte Pointe oder, wie Klaus Doderer in Abgrenzung zur Anekdote sagt[1], eine plötzliche „Brechung" das bisher Erzählte völlig in Frage stellt oder ihm – vom Ende der Erzählung her – einen ganz neuen Sinn verleiht. Die Geschichte kulminiert dann gleichsam in diesem Wendepunkt, in jenem unverhofften Bruch, auf den hin die ganze Geschichte komponiert ist und der Höhepunkt und Schluß der Erzählung in einem ist. Elisabeth Langgässers „Saisonbeginn" und Stefan Andres' „Trockendock" mögen hier als besonders typische Beispiele erwähnt werden.

Daneben aber gibt es auch Kurzgeschichten, in denen nichts auch nur entfernt an eine solche pointierte Darstellungsweise erinnert, Geschichten, die in alltäglicher Sprache erzählt, an irgendeiner Stelle sich mitten in das Alltagsgeschehen einblenden und, ohne sich sichtbar zuzuspitzen, an einer scheinbar zufälligen Stelle sich wieder ausblenden. Sprache und Aufbau solcher Erzählungen, zu denen wir auch die Fußballgeschichte „Der Weg hinaus" von Herbert Eisenreich zu rechnen haben, sind geradezu mit Raffinement bemüht, das eigentliche Ereignis, um dessentwillen die Geschichte erzählt wird, zu verbergen oder ihm den Anstrich des Alltäglichen und Zufälligen zu verleihen[2].

Der äußere Vorgang, den unsere Kurzgeschichte schildert, ist so belanglos und alltäglich wie nur eben denkbar: ein Fußballer, der nach Jahren des Mißerfolgs noch einmal in einem entscheidenden Meisterschaftsspiel dabeisein darf, wird nach einem Foul vom Platz verwiesen und geht nun langsam auf die Umkleidekabine zu, die ihn den Blicken der empörten Zuschauer entziehen wird. Die ganze Kurzgeschichte handelt von nichts anderem als von diesem „Weg hinaus", der nur wenige Minuten andauert und der doch für den Fußballer zu einer krisenhaften Wende seines ganzen Lebens wird.

Fragen wir zunächst weniger nach dem Inhalt der Kurzgeschichte als vielmehr nach der Art und Weise, in der erzählt wird, so fällt auf, daß die wichtigsten Partien der Kurzgeschichte zweimal

[1] Klaus Doderer, Die Kurzgeschichte in Deutschland. Ihre Form und ihre Entwicklung, Wiesbaden 1953, S. 53.

[2] Ebd. S. 91 f.

wiedergegeben sind. Auf seinem „Weg hinaus“ kreisen die Erinnerungen, Reflexionen und Vorstellungsbilder des ausgestoßenen Fußballers immer wieder um die gleichen Gegenstände, die jedoch in der assoziativen Reihung sich fast unmerklich verändern. Am deutlichsten wird das bei der Rückerinnerung an das unglückselige Foul, das – chronologisch gesehen – am Anfang unserer Erzählung stehen müßte, das aber durch eine geschickte Komposition zur eigentlichen Mitte der Erzählung wird. Wir möchten deshalb die formale Betrachtung unserer Kurzgeschichte im Unterricht mit einem Vergleich jener beiden Stellen beginnen, an denen der Fußballer in der Rückbesinnung auf das Geschehene den ihn diskriminierenden und „auf Nimmerwiedersehen“ vom Sportplatz verweisenden Vorfall noch einmal in sich aufbaut:

„Der Tormann fing, aber das sah er schon nicht mehr; er sah nur noch den andern ihm davonlaufen, hörte die Menge rundum rasen, wußte, daß dies nicht ihm, sondern dem anderen galt, der ihn ausgespielt, der ihn kaltgestellt, von dem er sich hatte düpieren lassen, dem er nun – einmal noch schneller als jener – blindlings nachlief und den er jetzt, da jener den Ball schon zur Mitte gegeben hatte, einholte; und so, wie er auf ihn zulief, so sprang er ihn mit vorgestrecktem Fuß von hinten an. Der Getroffene schrie auf, stürzte zu Boden, schrie noch immer; aber dieses kleine Schreien verlor sich wie ein Tropfen Wasser in der Sturzflut von Geschrei, die sogleich über ihn hereinbrach; und wie um sich dagegen zu wehren, trat er noch einmal auf den in Schmerzen sich Krümmenden ein, bis ein harter Griff ihn zurückriß, Ellbogen ihn zur Seite stießen.“

In nur zwei weitgespannten Sätzen wird das bereits unwiederbringlich vergangene, das durch nichts wiedergutzumachende Ereignis noch einmal lebendig. Am Anfang dieses Erinnerungsbildes steht in zweifacher Weise blinde Leidenschaftlichkeit: die Menge rundum rast, ist außer sich, verhält sich völlig irrational. Der Fußballer, in seinem Ehrempfinden zutiefst gekränkt, in seiner Erregung aufgepeitscht durch die höhnende Menge, erbittert über die wiederholte Niederlage, sieht seine Umwelt nicht mehr, übersieht auch sein Handeln nicht mehr. Nur ein Gedanke beherrscht ihn noch: daß der andere ihn besiegt, seine wachsende Unzulänglichkeit jedermann offenbar gemacht hat. Der triebhaft und unreflektiert in ihm aufsteigende Wunsch, einmal noch der Überlegene zu sein, dem Rivalen zu zeigen, daß er der Stärkere, der Schnellere, der bessere Sportler ist, läßt ihn alle Regeln sportlicher Fairneß vergessen und das Foul begehen, das sein sportliches Ende besiegelt.

Deutlich ist der Fußballer hier der aktiv Handelnde („den er einholte" – „so, wie er auf ihn zulief, so sprang er ihn an" – „dann trat er noch einmal"); deutlich ist sein Gegenüber der Rivale, „von dem er sich hatte düpieren lassen", der ihn durch seine jugendliche Überlegenheit in seinem Sportlerstolz zutiefst gekränkt hat.

Vergleichen wir damit das zweite Erinnerungsbild, das noch einmal um den gleichen Vorgang kreist:

„Als er das erste Tor nicht hatte verhindern können, wurde er ausgepfiffen; sie pfiffen weiter, als ihm wieder eine Abwehr mißlang; und je mehr sie pfiffen, desto mehr verpatzte er. Und dann, als er gleich zweimal hintereinander von diesem wieselflinken Burschen ausgespielt wurde und als sie dem zujubelten und für ihn wieder nur ein paar Pfiffe übrig hatten: da fuhr's ihm in das Bein, und das Bein trat hin, wo ein Widerstand sich bot: ohne Haß gegen den, den es traf, ohne Wut über den, der besser spielte als er und so seines Unglückes Schmied ward, sondern blind und ohnmächtig gegen irgend etwas, das eigentlich gar nicht zu fassen, gar nicht zu treffen war, und so traf sein Stiefel nur den, der da vor ihm lief, den Ball zur Mitte spielte und stehenblieb. Den säbelte er um. Und trat ihn noch einmal, als jener erste Tritt, in einen massigen Wutschrei verwandelt, auf ihn zurückfiel."

Zweimal sehen wir den gleichen Vorgang, und doch hat er sich nun grundlegend verwandelt: die Zuschauer sind die eigentlich Schuldigen geworden, der Fußballer ist lediglich ein Objekt, durch das hindurch sich ein ihm selbst nicht mehr verständliches Handeln vollzieht. Die Sprache kennzeichnet diese Verwandlung deutlich: in der ersten Darstellung herrschen die aktiven Verben vor, er, der Fußballer, ist stets das Subjekt des Vorganges. Nun aber fährt „es", ein anonymes, unbestimmtes, nicht weiter definierbares Es ihm in die Beine, das Bein handelt gleichsam ohne Wissen und Zustimmung des Menschen, der hier nicht mehr als der Täter seiner Tat, sondern als das Objekt durch ihn hindurch wirkender unbestimmter Kräfte erscheint, zu denen auch die tobende Masse gehört. In gleicher Weise ändert sich auch die Einstellung dem Rivalen gegenüber, der nun zufälliges Opfer eines Ausbruchs wird, der – ohne Haß und ohne Wut ihm gegenüber – einem größeren und unsichtbaren Gegner zugedacht scheint.

Dieser Vergleich macht uns auf ein wichtiges Formprinzip unserer Kurzgeschichte aufmerksam, das die Gestaltung der gesamten Erzählung bestimmt: hier berichtet nicht ein Sportreporter, der den Vorgang objektiv darzustellen versucht, hier spricht auch kein über dem Vorgang stehender Erzähler, der selbst kritische Distanz gegenüber dem geschilderten Vorgang gewonnen hätte, sondern der Verfasser verlegt den größten Teil seiner Erzählung in das Innere seiner dichterischen Figur, er läßt den Leser teilnehmen an den Gedanken und Überlegungen, wie sie unmittelbar und ohne die Kontrolle des abwägenden Verstandes in dem erregten und betroffenen Sportler entstehen. Für diesen aber ist der Vorgang, den er auf seinem Weg hinaus noch einmal an sich vorüberziehen läßt, noch nicht objektivierbar, er durchlebt ihn jeweils neu und ändert ihn, ohne daß ihm das bewußtwerden könnte, in der wiederholten Vergegenwärtigung so um, daß er um ein weniges wenigstens entlastet erscheint, während die Schuld deutlich einem unbarmherzigen Publikum zugeschoben wird.

Greifen wir, um uns die besondere Darstellungsweise unserer Kurzgeschichte noch deutlicher vor Augen zu führen, eine weitere Stelle aus der Erzählung heraus:

„Und das alles nur, weil er den Flügel nicht hatte halten können; der Bursche mit seinen einundzwanzig Jahren war eben schneller als er, der schon zehn Jahre mehr auf dem Buckel hatte, und was für Jahre! Mit einundzwanzig war er ebenso schnell gewesen, oder noch schneller. Auch mit fünfundzwanzig, mit sechs- und siebenundzwanzig noch. Gegen die dreißig zu spürte er's dann: die Muskeln verkrampften sich öfter, die Lunge pfiff im Hals, das Herz klopfte, als wollte es raus aus diesem Körper, der es pumpen hieß wie verrückt. Gegen die dreißig zu spürte man's eben allmählich, daß man die Zehen gebrochen, die Rippen geprellt und sich den Schädel brummig gestoßen hat, daß man sich Sonntag für Sonntag das halbe Leben aus dem Leib gelaufen hat, und dann natürlich auch die Sorge um die Zukunft. Das Kaffeehaus war anfangs gut besucht, aber es kamen zu viele Schnorrer hin, und die Erika taugte halt nicht fürs Geschäft, und gar ein solches! Und wenn er selber bediente, dann war's ja kein Wunder, daß er ein Achtel mittrank und manchmal auch zwei oder drei. Mehr als drei oder vier Achtel aber waren es selten, da hatte Rudi einfach unrecht, wenn er alles aufs Trinken schob. Und auf das bißchen Rauchen! Geraucht hatten schließlich fast alle; natürlich nicht grad vor dem Spiel, aber nachher, und abends, man wollte ja schließlich auch sein Endchen Privatleben haben, wie auch Rudi seins hatte, überhaupt der!"

Wer spricht hier eigentlich? Offenbar nicht der Erzähler, der zu Beginn der Kurzgeschichte aus der Distanz des Berichterstatters den Leser in das Geschehen einführt: „Als wate er in Schlamm, so mühsam ging er." Hier, zu Beginn der Erzählung, empfinden wir deutlich, daß der Sprechende sozusagen von einem überhöhten Standpunkt aus, der ihn das Stadion, die Reaktionen des Sportpublikums und den Gang des ausscheidenden Fußballers übersehen läßt, zuschaut und erzählt, wie auch im letzten Abschnitt der Erzählung wiederum Distanz gewonnen wird und der Sprecher eindeutig als der Erzähler der Kurzgeschichte zu identifizieren ist. Wer aber spricht in dem von uns herausgehobenen Abschnitt, der sich durch ähnliche Teile der Erzählung beliebig erweitern ließe? Die Vermutung, daß hier der betroffene Fußballer selbst unmittelbar zu Wort komme, läßt sich bei genauer Betrachtung des Textes ebenfalls nicht halten. Denn dann spräche er, was vom Erzähler ja leicht zu bewerkstelligen wäre, in der Form der direkten Rede, wäre in der Ich-Form als der Sprechende leicht und sicher zu erkennen. „Und das alles nur, weil ich den Flügel nicht halten konnte!" – „Mit einundzwanzig bin ich ebenso schnell gewesen oder noch schneller!" so etwa müßte, in die Ich-Form und das grammatisch hinzugehörende Präsens verschoben, die oratio directa wohl lauten. Nun spricht hier freilich – das wird vom Inhalt unserer Passage her ja deutlich – der Fußballer weit eher als der Erzähler, aber er spricht in einer Weise, die grammatisch weder als direkte noch als indirekte Rede zu fassen ist. („Er dachte, daß er mit zwanzig ebenso schnell gewesen sei", wäre die korrekte Form der indirekten Rede, die im Konjunktiv darstellt[3].)

Es handelt sich hier vielmehr um eine Sprechlage sozusagen zwischen direkter und indirekter Rede. Der Erzähler berichtet in der Er-Form, aber in einer Weise, die sich sozusagen in das Innere der dichterischen Figur versetzt und sein Denken, Überlegen, Wünschen und Empfinden unmittelbar miterleben läßt. Es entsteht durch diesen „inneren Monolog", wie diese sich zu-

[3] Vgl. Der Große Duden, Bd. 4: Grammatik, Regel 1144.

nehmend verbreitende Darstellungsart mit einem terminus technicus umschrieben wird[4], die Fiktion, als nehme der Leser direkt an den inneren, unausgesprochenen und noch gar nicht zu Ende gedachten Gedanken und Vorstellungen der dichterischen Figur teil. Die Handlung, von der uns der Erzähler eingangs berichtet, verwandelt sich durch dieses Kunstmittel unversehens und ohne daß der Leser darauf recht eigentlich aufmerksam würde, in Reflexion, „Aktion – das Umherschauen und Erblicken, verwandelt sich in Reaktion, Sinneseindruck in Gedanken und Stimmungen"[5].

Kennzeichnend für diese Darstellungsweise ist die in unserem Abschnitt feststellbare Häufung des unpersönlichen Pronomens „man", das aber hier nicht wie sonst im Sprachgebrauch eine beliebige Allgemeinheit, sondern ausschließlich die Person des in sich selbst sprechenden Fußballers meint: „Gegen die dreißig zu spürt man's eben allmählich, daß man die Zehen gebrochen ..., daß man sich Sonntag für Sonntag das halbe Leben aus dem Leib gelaufen hat."

Man muß schon genau zusehen, um den allmählichen Übergang der Darstellungsweise vom Bericht in den „monologue intérieur" überhaupt zu bemerken: „Und je näher er kam, desto artikulierter tobte es vor ihm los: Pfui-Salven, das Geknatter zahlloser winziger Haßexplosionen, herangetragen auf den Wellenlinien greller Pfiffe. Gesichter sah er keine" (bis hierher noch spricht eindeutig der Erzähler; dann aber verändert sich allmählich die Sprechlage): „Aber er wußte, daß es dieselben Münder waren, die früher, all die stolzen Jahre lang, allsonntäglich ihren Beifall über ihn ergossen hatten, wenn er so spielte, wie sie es gern sahen. Wenn er ..." – und schon sind wir mitten darin im Strom der Erinnerungen, der Bilder und Vorstellungen, die in unserem Fußballer aufsteigen und in buntem Wechsel an ihm vorüberziehen. Denn darin liegt ein wesentlicher Vorteil dieses Stilmittels: wenn sich der Leser in das Innere der dichterischen Gestalt hineinversetzt fühlen kann, wenn er die Gedanken, Wünsche, Vorstellungen und Reflexionen nicht in bereits objektivierter, durchdachter und damit logisch geordneter Weise vorgetragen bekommt, sondern sozusagen noch während des Vorgangs ihrer Entstehung, im Augenblick ihrer durchaus willkür-

[4] Vgl. hierzu und zum folgenden: Gerhard Storz, Über den ‚monologue intérieur' oder die ‚Erlebte Rede'; in: Der Deutschunterricht 1955/1, S. 41–53.
[5] a. a. O., S. 44.

lichen und zufälligen Produktion mit dabeisein kann, dann kommt es auf chronologische oder sachlogische Reihenfolge gar nicht mehr an, dann dürfen sich Bilder und Stimmungen assoziativ, getragen vom jeweiligen Gefühl, vom jeweiligen Zustand der innersten Stimmung, aneinanderreihen. „Im ‚monologue intérieur' spricht weniger das ‚Ich' der dichterischen Figur als ein ‚Es' auf ihrem Seelengrunde. Es wird überhaupt nicht eigentlich gesprochen, sondern es raunt da vielmehr eine Sequenz von Assoziationen, Vorstellungen, Wünschen, Träumen[6]."

In dem von uns ausgewählten Abschnitt wird das an einigen Stellen deutlich. Nach der Überlegung, daß die Leistungsfähigkeit des Sportlers mit dreißig Jahren eben nachlasse, heißt es völlig unvermittelt, ohne daß der Satz zu Ende geführt worden wäre: „... und dann natürlich auch die Sorge um die Zukunft." Wir erfahren etwas von einem Caféhaus, von Rudi und Erika, ohne daß uns nähere Einzelheiten zunächst mitgeteilt würden. Der Sprecher spricht ja nicht für uns, die Leser, sondern er reflektiert unabhängig von jedem Zuhörer in sich selbst, und er selbst bedarf irgendwelcher Erläuterungen ja nicht.

Wir stellen weiterhin fest: Wenn das so ist, dann wird die Distanz zwischen der dichterischen Figur und dem Leser, der als solcher ja bereits in das Denken und Erleben dieser Gestalt mit einbezogen ist, aufgehoben, „ihre Situation wird ihm dringlicher, ihre Existenz intensiver, als dies geschehen kann, solange der Leser nur durch die Perspektive des anonymen, distanzierten Erzählers auf sie blickt[7]." Andererseits aber rückt die in der Er-Form, in der Unpersönlichkeit des „man" von sich selbst sprechende Gestalt des Fußballers durch den gleichen Kunstgriff, durch den die Distanz zwischen dem Leser und der Hauptperson der Erzählung aufgehoben wird, zu sich selbst in eine kritische Distanz, sie steht sich jetzt gleichsam selbst gegenüber, betrachtet das eigene Handeln und Denken aus dem Abstand des Zuschauers und versucht, ein Urteil zu gewinnen, das Ordnung in die verwirrende Vielfalt und in die Undurchsichtigkeit des eigenen Innern bringen könnte. Man fühlt sich an eine Formulierung des heiligen Paulus erinnert, der, als er vom Gewissen spricht, meint, „daß die Gedanken sich untereinander anklagen oder auch verteidigen" (Rm 2,15). In einen solchen inneren „Gerichtshof", in das Hin und Wider sich verteidigender und anklagender Gedanken

---

[6] Ebd. S. 50.
[7] Ebd.

ist der Leser in unserer Kurzgeschichte unmittelbar mit einbezogen, während der Fußballer diesem Gericht, das sich in seinen Gedanken an ihm vollzieht, gleicherweise erregt und doch auch wieder mit der Passivität des Angeklagten, der nun in den Ablauf des Prozesses nicht mehr eingreifen kann, zuzuschauen scheint.

Wenn wir so den „monologue intérieur" als das entscheidende Stilmittel unserer Erzählung verstanden haben, wird uns auch der Aufbau der Kurzgeschichte durchsichtig. Das reale, wahrnehmbare Geschehen der Kurzgeschichte beschränkt sich ausschließlich auf den Gang des Fußballspielers aus der Platzmitte hin zu den Umkleidekabinen. Durch geschickte Wiederholungen versteht es der Erzähler, diesen Gang über den Fußballplatz als das durchdauernde Geschehen der Erzählung, als die Achse gleichsam, auf der sich alles andere bewegt, dem Leser ständig vor Augen zu halten: „Als wate er in Schlamm, so mühsam ging er" – „und jetzt stapfte er schwankenden Schrittes hinein in die Mauer vor ihm aus Gejohle ..." – „so ging er vom Feld" – „er wandte sich ab und ging, von einem unsanften Stoß in Gang gebracht, mechanisch Fuß vor Fuß setzend, auf den Kabineneingang zu" – „mit dem nächsten Schritt erreichte er den Kabineneingang" – „und taumelte blindlings in die finstere Höhlung hinein."

Auf dieser Achse und um den entscheidenden Mittelpunkt, das jähe und dem Sportler selbst noch völlig unfaßbare Foul, bauen sich die Erinnerungen, Reflexionen, Selbstanklagen und Verteidigungsversuche des Fußballers auf; die Erinnerung an frühere Erfolge, an seinen Ruhm als fairer und kameradschaftlicher Sportler, an den Beifall des Publikums, Erinnerungen an Einzelheiten des Spiels, aber auch an Beruf und Ehe. Sein ganzes vergangenes Leben und die Möglichkeiten und Unmöglichkeiten seines zukünftigen sammeln sich in diesem einen Brennpunkt seines entscheidenden sportlichen Versagens, durch das alle positiven Erinnerungen an frühere Zeiten und Verhältnisse sich mit eins ins Negative verkehren: die Erinnerung an frühere Glanzleistungen verwandelt sich in die beschämende Vorstellung seines körperlichen Versagens, die Vorstellung jubelnden Beifalls bei früheren Spielen vermischt sich mit den Haßausbrüchen seiner jetzigen Zuschauer, die Bewunderung seiner Frau wandelt sich in der vorwegnehmenden Phantasie des Fußballers bereits in Hohn und Verachtung. Diese Bilder und Gegenbilder aber sind nicht in konzentrischer Weise um den Mittelpunkt der Erzählung angeordnet, sondern wechseln in assoziativer Reihung, wie es dem Baugesetz des Inneren Monologs entspricht.

Ein recht anschauliches Bild, mit dem Robert Ulshöfer die Eigentümlichkeit der Kurzgeschichte im allgemeinen darzustellen versucht[8], mag uns helfen, das Baugesetz unserer Erzählung in einer bildhaften Weise zu verdeutlichen. Nach Ulshöfer schildert die Kurzgeschichte „den kurzen Augenblick des Zusammenpralls eines Menschen mit einem Naturelement: der Umwelt, einem schicksalhaften Gegebenen, etwa dem Zeitgeist oder der eigenen Vergangenheit". Diesen Augenblick des Zusammenpralls vergleicht Robert Ulshöfer mit dem Auftreffen eines Steines auf der Wasseroberfläche. „Der vertikal fallende Stein trifft die Horizontalfläche des Wassers, erfährt eine Gegenwirkung und sinkt langsamer als zuvor. In dem Augenblick, da der Stein das Wasser berührt, löst er eine horizontale Bewegung aus: Wellenkreise entstehen, breiten sich aus und verebben. Der Einfallspunkt des Steines wird zum Mittelpunkt einer nicht begrenzten dynamischen Figur und zum Schnittpunkt zweier Bewegungen[9]."

Übertragen wir dieses Bild auf unsere Kurzgeschichte, so bildet das unglückselige Foul den entscheidenden Zusammenstoß mit der Umwelt, der die eigene Lebenslinie grundlegend verändert, gleichzeitig aber werden durch diesen unerwarteten Zusammenstoß mit dem gegnerischen Fußballer, mit den Zuschauern und nicht zuletzt mit seinem eigenen (besseren) Ich Erinnerungen, Betrachtungen, Überlegungen, Anklagen und Verteidigungsversuche ausgelöst, die in kreisenden Bewegungen diesen Mittelpunkt umlagern.

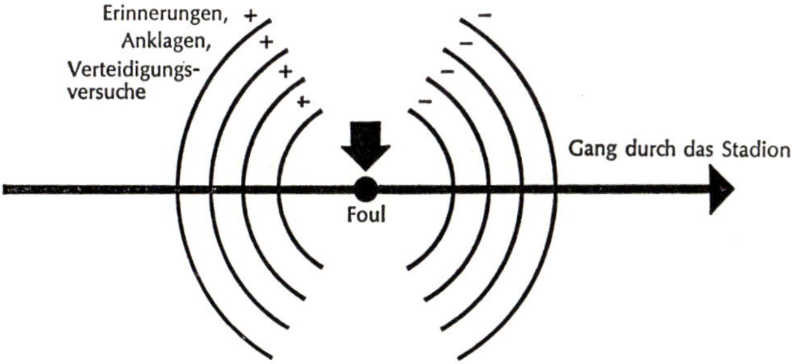

Von diesem Aufbauprinzip her wird deutlich, daß der chronologische Anfang der Geschichte in deren Mitte gerückt ist,

[8] Robert Ulshöfer, Unterrichtliche Probleme bei der Arbeit mit der Kurzgeschichte; in: Der Deutschunterricht 1958/6, S. 22. – Vgl. auch oben S. 13 f.
[9] a. a. O., S. 22.

während der nun zu Beginn erzählte Abschnitt eigentlich erst von der Mitte her verständlich wird. Weiterhin wird deutlich, daß der Gang durch das Stadion und durch seine rasenden Zuschauermassen für den Sportler in viel stärkerem Maße ein Gang durch das eigene Ich, ein Ausschreiten seiner eigenen inneren Möglichkeiten und Unmöglichkeiten wird, womit uns die Klärung der Gestaltungsprinzipien unmittelbar zur Frage nach dem Gehalt der Kurzgeschichte führt.

2. *Der Beginn der totalen Lebenskrise*

Die entscheidende Aufgabe, vor die sich der Fußballer bereits vor diesem für ihn bedeutsamen Spiel gestellt sieht, die er durch dieses Spiel und eine darin zu gewinnende neue Meisterschaft im Fußballsport zu lösen hofft und die auch jetzt, nach dem verhängnisvollen Fehler, nach diesem „Weg hinaus" für ihn die gleiche bleibt, ist – wie es im Text ausdrücklich heißt – die Aufgabe, „sich selber wiederzufinden". Sich selber wiederfinden – das bedeutet für ihn zunächst, seine alte Sicherheit im Spiel, Schnelligkeit der Reaktionen und Kraft der Muskeln, den Beifall des Publikums und den alten Ruhm zurückzugewinnen. Aber indem diese sportlichen Reminiszenzen sehr bald in seine berufliche und private Sphäre sich ausdehnen, wird deutlich, daß es sich um ein tiefergreifendes menschliches Problem handelt, vor das unser Fußballer im Grunde schon seit längerem gestellt ist, das aber erst durch diesen unerwarteten und katastrophalen Ausgang des Spiels seine unausweichliche Dringlichkeit erhält (und das durch einen glückhafteren Ausgang des Fußballkampfes lediglich verschoben, nicht aber gelöst worden wäre!).

Es ist wohl kein Zufall, daß der Sportler, der sich plötzlich und unvermittelt in eine Situation gestellt sieht, die sein ganzes bisheriges Leben fragwürdig erscheinen läßt, gerade dreißig Jahre alt ist. Er befindet sich in einem Lebensabschnitt, in dem die während seiner Jugendjahre gelegten Grundlagen seines Daseins sich als tragfähig erweisen müssen oder notwendig zerbrechen. Die Lebenskrise, in die er sich jählings hineingezogen fühlt, hat ihren äußeren Anlaß in dem biologisch bedingten Phasenübergang, der ihn aus der Welt seiner Jugend hinausführt ins volle Mannesalter. Solche Übergangszeiten sind offenbar in besonderer Weise anfällig für Krisen, in denen sich das Leben grundlegend – zum Guten wie zum Bösen hin – verändern kann. (So ist in Manfred Hausmanns Roman, der den bezeichnenden Titel

„Abschied vom Traum der Jugend" trägt, die weibliche Hauptgestalt „neunundzwanzig oder dreißig Jahre alt", als ihre Ehe in eine entscheidende Krise gerät; so beginnt in Kafkas Roman „Der Prozeß" die Verhaftung des Herrn K. und der damit einsetzende Prozeß einer grundstürzenden Lebensverwandlung an seinem einunddreißigsten Geburtstag.) Im Wesen solcher Krisen liegt es, wie Friedrich Otto Bollnow in einer ausführlichen Studie in seinem Büchlein „Existenzphilosophie und Pädagogik"[10] definiert, „daß es sich in der Krise stets um eine Störung des normalen Lebensablaufes handelt, daß diese Störung durch die Plötzlichkeit ihres Auftretens und ungewöhnliche Intensität gekennzeichnet ist, daß der Fortbestand des Lebens in ihr überhaupt gefährdet erscheint und sich im Durchgang durch die Krise schließlich ein neuer Gleichgewichtszustand einstellt".

Das Leben unseres Fußballers erfährt in den wenigen Minuten, die er benötigt, um vom Sportplatz in seine Kabine zu gelangen, eine entscheidende Zäsur: die Art und Weise, wie er bis dahin sein Leben aufgebaut, zu seinen Mitmenschen und zu seinem Beruf, zum Sport und zu seiner Frau gestanden hat, läßt sich nach diesem krisenhaften Lebenseinschnitt nicht mehr beibehalten, die bis dahin geübte Form der Lebens- und Existenzbewältigung ist nun ein für alle Mal zerstört. Er sieht sich gezwungen, nach diesem „Weg hinaus" sein Verhältnis zur Welt und zu seinen Mitmenschen von Grund auf neu zu ordnen, sein Leben grundlegend zu ändern. Da aller Halt zerstört scheint und das Neue sich noch nicht abzuzeichnen beginnt, muß dieser Augenblick des Hinausgehens notwendig ein schmerz- und qualvoller sein, ein „Höllensturz der Verzweiflung", der nach F. O. Bollnow zu jeder Krise notwendig hinzugehört[11].

Der „Abschied vom Traum der Jugend", vom Traumbild eines mühelos errungenen Star-Daseins, das, vom Beifall der Menge getragen, Freundschaft und Liebe wie von selbst gewinnt, muß notwendig vollzogen werden, wenn aus dem jugendlichen Träumer ein gereifter und das Leben meisternder Mensch werden soll. Bezeichnend für unseren Sportler aber ist, daß er die Aufgabe, sich selber wiederzufinden, d. h. sein Leben auf eine neue Grundlage zu stellen, zunächst und verständlicherweise mit den alten Mitteln, den Mitteln eines Fußballstars eben, zu bewältigen

---

10 Friedrich Otto Bollnow, Existenzphilosophie und Pädagogik, Urban-Taschenbuch Nr. 40, Stuttgart 1959, S. 27.

11 Vgl. a. a. O., S. 41.

versucht, weil er einer ernsthaften Auseinandersetzung instinktiv ausweicht. („Und er allein wußte, daß er diesmal um mehr als nur um den Sieg seiner Mannschaft, daß er in Wahrheit um sein Leben spielte.") So bedarf es des äußeren Zwangs einer an sich verhängnisvollen Situation, um einer neuen Lebenseinstellung in ihm zum Durchbruch zu verhelfen, die sich in unserer Kurzgeschichte freilich erst andeutet, aber noch keine Gestalt gewinnt.

Greifen wir an dieser Stelle noch einmal auf F. O. Bollnows Aussagen über die Krise zurück, um deutlich zu machen, wie präzise sich der von Herbert Eisenreich gestaltete Vorgang als totale Lebenskrise verstehen läßt:

„Immer handelt es sich darum, daß der Mensch langsam und unmerklich in eine Situation hineingleitet, in der das bisherige Leben schließlich nicht mehr so weitergeht, und daß er dann durch einen befreienden Entschluß die Bedrängnis sprengt und der ganzen Situation dadurch ein neues Gesicht gibt. Der Unterschied zum Krankheitsverlauf liegt nur darin, daß diese Krise nicht mit dem Menschen im leiblichen Vorgang geschieht, so daß er selber ihr passiv ausgeliefert ist und nur angespannt auf einen glücklichen Ausgang hoffen kann, sondern daß er sich in der eigenen Willensanspannung zum befreienden Entschluß aufraffen muß, daß er die sittliche Krise nicht nur durchhalten, sondern darüber hinaus aus eigener Kraft bewältigen muß.

Auf der anderen Seite aber ist ebenso bedeutsam, daß der Mensch nicht im beliebigen Augenblick aus eigener freier Willensentscheidung zu einem solchen Entschluß fähig ist, sondern daß er erst durch den Widerstand der Lage, durch die Unmöglichkeit, in der bisherigen Weise weiterzukommen, und die daraus entspringende Verzweiflung gezwungen werden muß. Erst aus der Verzweiflung über die Ausweglosigkeit der Lage kann dann der befreiende Entschluß entspringen. Es ist also eine eigentümliche Verschlingung zwischen der Freiheit des Handelns und dem Zwang der Situation[12]."

In der krisenhaften Situation wird deutlich, daß die Richtung, die der Lebensweg einzuschlagen hat, grundsätzlich geändert werden muß, wohin er aber nun zu führen habe, wo und in welcher Weise das neue Ziel zu suchen sei, das läßt sich im Augenblick des krisenhaften Zusammenbruchs häufig noch nicht absehen. Eine solche Situation entspricht in geradezu klassischer Weise

---

12 Ebd. S. 32 f.

der literarischen Gattung der Kurzgeschichte, die – nach einer Definition von Klaus Doderer[13] – gerade jenen Zeitabschnitt künstlerisch zu gestalten sucht, in dem ein unverhoffter Schicksalsschlag den gesetzmäßigen und normalen Ablauf des Lebens stört und den Betroffenen, sei es nun handelnd oder leidend, zu einer Stellungnahme zwingt. „Diese Störung stellt den Helden in eine Ausnahmesituation, auf die er reagieren muß. In den Rahmen der Kurzgeschichte gehört es jedoch nicht mehr hinein, die Folgerungen, die sich aus der Reaktionsweise des Helden auf das Ereignis ergeben, darzustellen[14]."

Das schließt jedoch nicht aus, daß sich in unserer Erzählung wenigstens andeutungsweise feststellen läßt, worin die entscheidenden Erkenntnisse liegen, die unser Fußballer in jenen wenigen Minuten gewinnt und die seine spätere Lebenshaltung bestimmen werden. Von entscheidender Bedeutung scheint es zu sein, daß alles, was ihm bis dahin als wertvoll und erstrebenswert erschienen war, unter dem Eindruck der sein Leben verwandelnden Situation ein neues Vorzeichen erhält, daß er nun, wie in einer plötzlichen Ernüchterung, hinter dem, was ihm früher als Inhalt und Sinn seines Daseins erschienen war, plötzlich das Niedrige und Gemeine sieht, das sich zuvor hinter Ruhm und Erfolg zu verbergen gewußt hatte.

Diese Entlarvung des Niedrigen und Gemeinen in einer fassadenhaft verhüllten Erfolgswelt geschieht auf dreifache Weise: zunächst erfährt der Sportler Gemeinheit und Niedrigkeit des Verhaltens in sich selbst, als er, „der fairste Sportler seit langem", in plötzlicher Leidenschaft den Gegner zusammentritt und den in Schmerzen sich Krümmenden ein zweites Mal angreift. Nachdem er sich selbst gegenüber einmal hellsichtig geworden ist, werden ihm auch andere Negativa seiner Lebensweise plötzlich bewußt, die er bis dahin nicht wahrhaben wollte: „daß er abgerutscht war in den kleinen regelmäßigen Suff bis zwei Uhr nachts in seinem verräucherten Café, ... abgerutscht in ein rechtes Lotterleben und abgerutscht in die Reserve." Sportlicher Abstieg, berufliche Misere und moralischer Ruin bilden hier eine unauflösbare und ihn selbst entsetzende Einheit, die ihm vorher in solcher Schärfe nie ins Bewußtsein getreten war.

Niedrigkeit und ein den Instinkten der Masse angemessenes Verhalten erkennt der Fußballer zum zweiten aber auch im

---

[13] Klaus Doderer, a. a. O., S. 44.
[14] Ebd.

Wesen seiner Frau Erika, von der es zunächst nur heißt, daß sie fürs Geschäft nicht tauge. Mit zunehmender Klarheit aber erkennt er nun, was für ein Mensch seine Frau wirklich ist und was er ihr in Wirklichkeit bedeutet: er ist ihr nichts, wenn er das nicht mehr ist, was sie sich angeheiratet hat: „der gefeierte Sportler, der Star seines Clubs, der Held aus neunundvierzig Länderspielen, das Idol der Masse." Das heißt: auch seine Frau, die ihm Partner und Lebensgefährtin sein sollte, sieht ihn nicht so, wie er wirklich ist, liebt ihn nicht in seiner menschlichen Werthaftigkeit (zu der sein Sportlertum als wichtiges Teilstück freilich mit hinzugehört!), sondern sie sieht ihn, wie tausend andere Fußballfans auch, nur von außen, mit der Kurve seines sportlichen Erfolges steigt und fällt auch ihre „Liebe", die nichts als primitiver Besitzerstolz ist.

Am bittersten und eindringlichsten aber wird ihm die Erkenntnis, was die unübersehbare Zuschauermenge, vor der und für die er all die Jahre lang gespielt hatte, in Wirklichkeit ist: eine tobende und gärende, niedrige und gemeine Masse, die von tierischen Instinkten hin und her gepeitscht wird und kaum noch etwas Menschliches an sich zu haben scheint. Diese Einsicht wird weniger in direkter Kritik ausgesprochen als vielmehr in den Bildern und Vergleichen, mit denen der Erzähler die Menschen im Stadion zu charakterisieren sucht und mit dessen Augen nun auch der Fußballer die ihn umgebende Menge sieht. Wo immer von den Zuschauern die Rede ist, drängt sich der Eindruck des Nicht-mehr-Menschlichen, des Animalischen und Widerwärtigen auf: Die Stufenwand des Stadions quillt „von wimmelndem Leben", der Beifall steigt „aus dem Betonoval, einer einzigen riesigen Kehle", und das von Zuschauermassen umlagerte Kabinentor erscheint als „ein brüllendes Maul inmitten einer zuckenden Grimasse". Die Reaktion der Zuschauer auf sein unfaires Verhalten wird mit einem sonst nur der Tierwelt vorbehaltenen Verb gekennzeichnet: „Das Stadion röhrte."

Sicherlich sprechen Enttäuschung und Erbitterung des Fußballers mit, wenn er die Zuschauer rundum als „Hyänen" empfindet, als „Aasgeier da droben, die nie etwas anderes getan als Kübel von Unrat über ihn ausgegossen", aber in solchen Bildern birgt sich doch auch die bittere Wahrheit einer in Schmerz und Verzweiflung neu gewonnenen Einsicht in das Wesen solcher Menschenmassen und Massenmenschen, deren Beifall ihm bisher die Welt bedeutete.

Alles Häßliche, Instinkhaft-Gemeine, Niedrige und Widerwärtige, das der hinauswankende Fußballer an der animalischen Zuschauermenge als einer vieltausendköpfigen Einheit erfährt, personifiziert sich zum Schluß der Erzählung noch einmal in der Gestalt des verwachsenen glotzäugigen und versoffenen Gnoms, der in seinem fratzenhaften und vertierten Aussehen schlagartig deutlich macht, was die Zuschauermassen rund um die Fußballarenen in aller Welt eigentlich sind.

Beifall und Haßausbrüche, von einem solchen Publikum über den siegreichen oder versagenden Sportler ausgegossen, erreichen den hellsichtig Gewordenen nun nicht mehr. Er erkennt, was Beifall und Haßkanonaden für ihn in gleicher Weise sind: widerwärtige „Jauche", „Kübel von Unrat, von der Gunst oder Ungunst eines schwankenden Pöbels über ihn ausgekippt, der ihn zu dem machte, was er ist: Idol der Masse und ihr fauliger Fraß zugleich, von einer niedrigen Menge auf die Ebene ihrer Niedrigkeit heruntergezogen.

Aber indem er erkennt, daß dies so ist, setzt in der Krise bereits die verwandelnde Katharsis ein. Zwar hat er sich selbst noch nicht wiedergefunden. Weder die rückerinnernde Vorstellung seines vergangenen Starruhms noch die Haßausbrüche seiner jetzigen Zuschauer zeigen ihn so, wie er in Wirklichkeit ist. Auch von Erika, seiner Frau, die ihn nur von außen sieht wie die tobenden Zuschauermassen und die in ihrer Haltung schwankt wie diese, ist Verständnis, nach dem er jetzt hungert und das er jetzt braucht, kaum zu erwarten. Verständnis im Sinne einer sachlichen, angemessenen, von allen Äußerlichkeiten freien Beurteilung seines inneren Menschen, der im Brennpunkt einer krisenhaften Situation sich selbst erst zu erkennen beginnt, ist am ehesten von Rudi, dem Freund und Trainer, zu erwarten, der nicht zur Masse gehört, weil er von seiner Funktion und von seinem Wesen her gewöhnt ist, Menschen und Dinge sachlich zu beurteilen. Sein vorangegangener Versuch, den absinkenden Sportler als Sportler zu retten, aber auch das Privatleben des Fußballers wieder in Ordnung zu bringen, läßt erwarten, daß über den Schluß der Kurzgeschichte hinaus – die offen bleibt, wie es dem Gesetz dieser Gattung entspricht – der Sportler, der selbst bereits auf dem Wege zu sich selbst ist, mit Hilfe seines Freundes das Ziel erreichen wird, das er als seine unabweisbare Aufgabe bereits während des Spieles erkannt hat: das Ziel, sich selber wiederzufinden.

3. *Fragen und Hinweise zur Erschließung im Unterricht:*

a) Zur formalen Untersuchung

1. Vergleiche die beiden Stellen der Kurzgeschichte miteinander, an denen sich der Fußballer an sein Foul erinnert!

2. Wer spricht eigentlich im Mittelteil der Erzählung?

a) Vergleiche den Abschnitt „Und das alles nur, weil er den Flügel nicht hatte halten können ..." bis „wie auch Rudi seins hatte, überhaupt der!" mit dem Anfang der Erzählung!

b) Untersuche die Bedeutung des Pronomens „man" in dem genannten Abschnitt!

c) Untersuche, an welchen Stellen die Sprechweise des Erzählers in die des Fußballers übergeht!

3. Welche Folge hat die Darstellungsweise des „Inneren Monologs" für das Verhältnis des Lesers zur Hauptgestalt der Erzählung?

4. Skizziere den Aufbau der Kurzgeschichte!

a) An welchen Stellen der Kurzgeschichte kommt das wahrnehmbare Geschehen zum Ausdruck?

b) Wo liegt der Mittelpunkt der Erzählung?

c) In welcher Weise sind alle anderen Teile der Erzählung um diesen Mittelpunkt angeordnet?

b) Zum Gehalt

1. Welche Bedeutung hat das verhängnisvolle Foul für das weitere Leben des Sportlers?

2. Welche neuen Erkenntnisse gewinnt der Fußballer auf seinem „Weg hinaus"?

a) in bezug auf sein eigenes Verhalten?

b) in bezug auf seine Frau?

c) in bezug auf das Publikum? (Stelle Vergleiche und Bilder heraus, mit denen der Erzähler die Zuschauer kennzeichnet!)

3. Charakterisiere den Freund und Trainer Rudi und vergleiche ihn mit den übrigen Gestalten der Erzählung!

Begegnung als Lebenswende

Günther Eich: Züge im Nebel

Mir hatte die Sache von Anfang an nicht gefallen. Stanislaus meinte, weil es zweimal gutgegangen war, würde es auch das dritte Mal klappen. Mir leuchtete das nicht ein, aber schließlich ließ ich mich breitschlagen. Hätte ich nein gesagt, wäre mir jetzt wohler, und den Schnaps hier hätte ich verkauft, anstatt ihn selber zu trinken.

Wir fuhren am Abend ziemlich frühzeitig raus, Stanislaus und ich. Die Gegend kennst du bestimmt nicht, und ich will dir auch nicht so genau beschreiben, wo es ist. Jedenfalls stellten wir das Auto bei einem Bauern ab, der ist ein Geschäftsfreund von uns. Ich ließ mir ein paar Spiegeleier braten, und Stanislaus ging noch schnell bei Paula vorbei, die ist Magd nebenan. Dann stolperten wir los. Da muß man schon Bescheid wissen, wenn man sich da nachts zurechtfinden will.

Ich war schlechter Laune und sagte zu Stanislaus, er solle das verdammte Rauchen lassen, das ist doch schon beinahe wie im Steckbrief ein besonderes Kennzeichen. Aber er kann nicht aufhören damit, er raucht von morgens bis abends und noch länger. Er sagte, ich wäre überhaupt ein Angsthase, und das ärgerte mich. Schließlich steckte ich mir selber eine an.

Wir gingen quer über die Felder zum Bahndamm. Es war ein ekelhafter Nebel da, weil es so nahe am Wasser ist. Die Bahn ist eigentlich zweigleisig, aber wo die Brücke gesprengt war, ist erst ein Gleis wieder rübergelegt. Die Züge fahren hier ganz langsam, und das ist eine prima Stelle zum Aufspringen. Und weil ein paar Kilometer weiter wieder so eine langsame Stelle ist, kommt man auch gut wieder runter. Und das ist für uns natürlich wichtig. Ich habe nämlich gar keine Lust, irgendein Stück von mir auf die Schienen zu legen, wenn gerade was darüberrollt.

Übrigens stammt die ganze Idee von mir. Ich war drauf gekommen, als ich selber mal die Strecke fuhr und zum Fenster raussah. So eine Idee ist Gold wert, mein Lieber, aber mich kotzt sie jetzt an.

Wir saßen unten am Bahndamm auf einem Stapel Schwellen und froren jämmerlich. Der Nebel schien noch dicker geworden zu sein. Der einzige Vorteil war, daß man in der nassen Luft die Züge von weither hörte. Der erste kam aus der andern Richtung, den konnten wir nicht brauchen. Der zweite war ein Personenzug. Man hörte ihn noch lange, nachdem er über die Brücke gerumpelt war. Dann war es still. Stanislaus rauchte, und hin und wieder tat ich's auch. Wir gingen ein paar Schritte hin und her, um uns zu erwärmen. Stanislaus erzählte seine oberschlesischen Witze, die ich alle schon kannte. Dann sprachen wir von Gleiwitz und von der Schillerstraße, und das machte uns ein bißchen warm. Auf einmal pfiff in der Ferne eine Lokomotive, und wir machten uns wieder fertig.

Der Güterzug, der jetzt kam, fuhr ziemlich schnell. Ich wußte auch genau, daß da nichts für uns drin war. Ich habe das im Instinkt. Ich winkte Stanislaus ab, aber der war ganz versessen, er schwang sich auf einen Wagen und schrie: „Emil, nimm den nächsten!" oder so was Ähnliches, und dann war er im Nebel verschwunden. So was Dummes! Den Wagen kriegte er bestimmt nie auf. Aber er weiß immer alles besser. Ich ließ den Zug vorbeifahren und wartete weiter. Warten muß man können. Drei in der anderen Richtung, und ich ärgerte mich schon, daß heute gar nichts klappte. Die Kälte ging mir immer tiefer, und Stanislaus kam nicht zurück, obwohl mehr als zwei Stunden vergangen waren. Ich blieb auch sitzen, als es wieder pfiff, und erst als die Lokomotive vorbei war und ich sah, daß es ein guter Zug war, kletterte ich auf den Bahndamm. Das Unglück wollte es, daß er sogar hielt. Kann man da widerstehen, wenn man so direkt eingeladen wird? Ich hangelte mich hoch, löste die Plombe, und als wir abfuhren, wußte ich schon genau Bescheid, daß es Medikamente waren. Hier und da waren rote Kreuze drauf und so Apothekerwörter. Ein Paket, wo ich dachte, daß Morphium drin sein könnte, schmiß ich gleich raus. Das war natürlich dumm, weil wir nun auf beiden Flußseiten die Sachen auflesen mußten. Aber das hatte ich mir im Moment nicht überlegt, die Gelegenheit war zu günstig gewesen.

Das andere waren alles größere Kisten, die ich so nicht gebrauchen konnte. Als ich die erste auf hatte, fuhren wir gerade über die Brücke. Ich gebe zu, daß der Lokführer trödelte, vielleicht lag es auch an den Signalen, aber ich kann auch sagen, daß ich genau und schnell gearbeitet habe.

Die Kartons, die in der Kiste waren, sah ich mir nicht weiter an. Ich schmiß zwei und noch mal zwei raus, als wir drüben waren. Der Zug hielt schon wieder. Ich guckte raus und überlegte, ob ich absteigen sollte.

Da sehe ich etwas wie eine dunkle Gestalt neben dem Zug und seh den Lichtpunkt von der Zigarette. Ich rufe: „Stanislaus!“ und er kommt rauf, und ich helfe ihm noch. Er knipst gleich seine Taschenlampe an und guckt in die aufgebrochene Kiste, sagt aber keinen Ton. Verdammt noch mal, ich muß in dem Augenblick nicht ganz bei mir gewesen sein, sonst hätte ich doch was gemerkt.

„Nimm deine dämliche Taschenlampe weg!“ sag ich zu ihm, weil er mich von unten bis oben anleuchtet und direkt ins Gesicht.

„Ich glaube, wir hören auf“, sage ich noch, „mehr können wir gar nicht wegschaffen, bis es wieder hell ist.“ Und da merke ich auf einmal, was ich für ein Rindvieh bin und daß es einer von der Bahnpolizei ist.

Ich springe gleich raus und er hinterher. Als ich den Bahndamm runter will, stolpere ich. In dem Nebel wäre ich vielleicht trotzdem entwischt, aber da schrie er „Emil, Emil!“ hinter mir her, und das machte mich ganz irre. Es war also doch Stanislaus, wie? So was Verrücktes!

Jedenfalls hat er mich auf einmal gepackt, und ich fühlte etwas im Rücken, was bestimmt ein Pistolenlauf war. Ich nahm ganz mechanisch die Hände hoch. „Stanislaus?“ frage ich noch ganz dumm.

Er durchsuchte mich und nahm mir mein Werkzeug und die Lampe ab. Waffen fand er natürlich nicht, so was nehmen wir nicht mit, unser Handwerk ist friedlich. Dann zog er mir die Brieftasche raus.

„Emil Patoka“, sagte er.

„Woher wußten Sie vorher meinen Vornamen?“ fragte ich.

„Setz dich hierhin!“ Und er schubste mich auf einen Grenzstein. „Ich heiße Gustav Patoka.“

Er hätte mich nicht so zu schubsen brauchen, ich hätte mich von alleine hingesetzt, so erschlagen war ich.

„Gustav Patoka, so", sagte ich. Ich kannte nur einen Gustav Patoka, und das war mein Bruder.

„Wo sind die Pakete?" fragte er.

„Ich hab' sie rausgeschmissen."

„Wieviel?"

„Vier", log ich, denn so erschlagen wie ich war, eine Hintertür wollte ich mir doch noch aufhalten. Ich dachte an das erste Paket, und daß es drüben auf der andern Flußseite lag, und daß vielleicht Morphium drin war. Morphium ist immer ein gutes Geschäft. Es gibt Leute, von denen kannst du alles dafür kriegen.

Mir war ganz komisch zumute. Da saß ich und war offenbar festgenommen. Oder nicht? Und der Polizist hieß Gustav Patoka und war mein kleiner Bruder. Da ging er mit langen Schritten auf und ab. Das war so Gustavs Art, wenn er über was Schwieriges nachdachte. Klar, ich war ein schwieriger Fall.

„Der Zug fährt ab", sagte ich, weil ich dachte, er müßte vielleicht mitfahren. Aber er guckte bloß ganz flüchtig hoch, und dann ging er wieder hin und her, eine ganze Weile, daß es mir immer komischer wurde. Inzwischen rollte der Zug vorbei, das Schlußlicht verschwand auch, und man hörte das Geräusch immer leiser in der Ferne. Jetzt waren wir beide ganz allein mitten in dem Nebel. Wo war bloß Stanislaus hingekommen? Ich ärgerte mich, weil er doch eigentlich an allem schuld war. Dieser Idiot, wenn er nicht aufgesprungen wäre, wäre alles ganz anders gekommen.

„Gustav", sagte ich, „wenn du mein Bruder bist, könntest du mir wenigstens die Hand geben, anstatt mich wie einen Verbrecher zu behandeln."

„Was bist du denn sonst?"

„Hör mal, Gustav, ich mache dir einen Vorschlag. Wir arbeiten bisher bloß zu zweit. Wenn du jetzt mitmachen würdest, wie? Ist das keine Idee? Du, ich rede mit meinem Kumpel darüber. Gustav, mach mit! Es lohnt sich! Und du als Polizist, das wäre prima. – Mensch, Mensch –"

Ich wurde ganz aufgeregt, denn das war tatsächlich eine gute Idee. Ich sprang vor Eifer auf und wollte ihn beim Arm packen, aber er stieß mich zurück und sagte: „Halt's Maul!"

Nun ja, er war bei der Polizei, aber er war doch mein Bruder, und einen vernünftigen Vorschlag wird man doch noch machen dürfen. Ich werde ihn schon noch rumkriegen, dachte ich.

„Wie bist du bloß zur Polizei gekommen?"

„Ich fand keine andere Arbeit, und schließlich ist das doch ein anständiger Beruf. Jedenfalls besser als deiner."

Darüber hätte ich natürlich mit ihm streiten können, aber Reden ist Silber, Schweigen ist Gold.

„Weißt du was von Vater?" fragte ich.

„Ich habe jetzt Nachricht. Er ist im vorigen Jahr gestorben."

„Gestorben?"

„Er war bis zuletzt zu Hause. Ich wollte grade rüberfahren, ihn holen."

Ich mußte ein bißchen schlucken, denn ich hatte meinen Alten immer gern gehabt.

„Ich hab's mir gedacht", sagte ich, „ich habe mir gedacht, daß ich ihn nicht mehr sehe. Jetzt wäre er gerade sechzig. Das ist doch kein Alter zum Sterben. Was hat er denn gehabt?"

„Er ist verhungert."

Mein Alter, dem das Essen immer soviel Spaß machte, verhungert! Das waren ja schöne Nachrichten!

„Du bist ein Gemütsmensch", sagte ich.

Und er antwortete: „Das hab' ich vielleicht von dir so angenommen."

Ich muß dir das erklären, warum er das sagte. Er sagte das, weil ich ihn nämlich erzogen hatte. Da wunderst du dich, aber es ist tatsächlich so. Mutter starb bald nach seiner Geburt. Vater mußte jeden Tag in die Arbeit. Die Nachbarin half aus, aber weil ich schon acht Jahre alt war, mußte ich das meiste machen, wenn ich nicht gerade in der Schule war. Ich hab' ihm die Windeln gewaschen und hab' ihn gewickelt. Bloß an die Brust legen konnte ich ihn nicht. Ich hab' ein bißchen Mama bei ihm gespielt. Später paßte ich auf, daß er sich die Ohren wusch und daß er die Schularbeiten machte. Überhaupt, solange ich zu Hause war, hatte ich mir das so angewöhnt, immer auf ihn aufzupassen. Er lief mir nach wie an der Leine.

Ich sagte: „Ich habe auch nicht gedacht, daß ich dich noch mal sehe."

„Paßt dir wohl nicht?"

Das überhörte ich. „Wo warst du denn die letzten Jahre, wo ich nichts mehr von dir weiß?"

„In Frankreich, dann im Ruhrkessel, dann in Gefangenschaft."

„Da hätten wir uns überall begegnen können."

„Ist jetzt auch noch früh genug. Oder zu spät, wie man's nimmt."

„Red nicht so dusselig!"

„Und du bist also von Beruf Schwarzhändler?"

„Mein Gott, ich verkaufe die Sachen zu den Preisen, wie sie geboten werden. Wie du das nennst, ist mir egal. Außerdem bin ich arbeitslos. Ich bin tatsächlich arbeitslos, ganz ohne Schwindel."

Er glaubte mir das natürlich nicht.

„Und außerdem", sagte er, „bist du ein Räuber und Bandit."

„Ach", sagte ich, „darunter habe ich mir als Junge immer was Großartiges vorgestellt. Da hatten wir doch zu Hause ein Buch, weißt du, das dünne mit dem fettigen Deckel!"

„Ja", sagte er, „in der Schublade, wo die Gabeln lagen. Ich kenne doch das Buch. Der Held der Abruzzen heißt es."

„Siehst du, und das habe ich mindestens zwanzigmal gelesen. Aber daß ich jetzt auch so ein großartiger Räuber wäre, kann ich nicht sagen. Ich habe noch keine jungen Gräfinnen gerettet und keinen verjährten Mord gerächt. Und jetzt sagst du, ich wäre ein Räuber! Nee, Gustav, so großartig ist die Wirklichkeit nicht."

„Du bist ein Räuber und Bandit. Und mein Bruder", gab er mir eins drauf, „und das ist das Schlimmste."

„Das ist eine Gemeinheit von dir, zu sagen, daß das das Schlimmste wäre! Und sieh mal, jeder tut heute irgend etwas, was er nicht darf. Wer lebt denn bloß von der Lebensmittelkarte! Jeder schwindelt, jeder betrügt, bloß der eine ein bißchen mehr und der andere ein bißchen weniger."

„Hör mal!", sagte Gustav, „da gibt es also, wenn man die Welt richtig ansieht, gar keinen Unterschied zwischen gut und schlecht, zwischen richtig und falsch?"

„Siehst du, jetzt kommst du allmählich dahinter. Das sind alles bloß kleine Unterschiede."

Da kommt er ganz nahe an mich ran und guckt mich an, daß mir angst wird. „Ich will wissen, ob das dein Ernst ist!" Er faßte meine Hände und drückte mir die Knöchel, daß es mir weh tut. „Ich weiß nicht, ob dir noch irgendwas heilig ist und ob du schwören kannst. Aber sag mir beim Andenken unserer verstorbenen Eltern, hörst du, sag mir, daß das dein Ernst ist."

„Natürlich", sage ich, „natürlich ist es mein Ernst!" Er ließ mich los und ging wieder auf und ab, aber mir kam es vor, als sei er viel ruhiger. Vielleicht wird er jetzt vernünftig, dachte ich, aber ich weiß auch nicht, ich hatte einfach Angst, ganz entsetzliche Angst, und mir war es auch klar, daß noch irgendwas Furchtbares kommen würde.

„So", Gustav blieb plötzlich stehen, „jetzt will ich dir noch was von mir erzählen, was du bestimmt noch nicht gewußt hast. Oder doch? Hast du gewußt, daß du bis vor einer halben Stunde der einzige Mensch warst, auf den ich felsenfest vertraut habe? Bis vor einer halben Stunde, und ganz und gar weg ist es erst seit zwei Minuten."

Mir schlug das Herz bis zum Halse, sage ich dir. Jetzt war es da, das Furchtbare.

„Du warst mein großer Bruder, aber du warst noch viel mehr als das. Du hättest es vielleicht nie erfahren, und ich schäme mich auch schrecklich, lauter so große Worte in den Mund zu nehmen, aber alles, was rein und stark war und fest und sicher und treu und anständig und ehrlich, alles, was gut war, das warst du. Du kannst darüber lachen, jetzt ist es mir egal. In all den Jahren, wo du weg warst, waren die schönsten Tage die, wenn du auf Urlaub kamst. Ich habe immer geheult, wenn du wegfuhrst, ich hatte Angst um dich, wenn du draußen warst. So ein alberner Junge war ich, so ein Kind. Und später, als ich auf einmal selber erwachsen war und mich allein zurechtfinden mußte, da hab' ich mir immer vorgestellt, wie du alles machen würdest, und dann war es richtig. Was würde Emil dazu sagen, was würde Emil hier tun? So habe ich mich bestimmt alle Tage gefragt. Es ist zum Lachen, aber ich glaube, ich verdanke es dir, daß ich bisher ein ganz ordentlicher Mensch geblieben bin, so für meine Begriffe."

„Ach, Gustav", sagte ich, „das sind so die Jahre, der Kommiß, der Krieg, kein Zuhause, – ich bin so verwildert. Es ist alles Mist."

„Ja, ja, das kann schon sein", sagte er, aber ich merkte, daß er gar nicht hinhörte, es interessierte ihn nicht. Er reichte mir meine Brieftasche wieder hin. „Hier. Und jetzt mußt du gehen. Deine Schlosserwerkzeuge behalte ich. Die Pakete läßt du liegen!"

„Gustav, sag mir wenigstens deine Adresse!"

„In zehn Minuten schieße ich ein paarmal. Reg dich nicht weiter auf! Das ist, damit man mir glaubt, daß mir einer durch die Lappen gegangen ist. Aber dann mußt du schon weit sein. Hau ab!"

„Gustav –"

„Hau ab, sag ich dir!"

Er stampfte mit dem Fuß auf. Ich ging.

Der Regen war zu einem feinen Rieselregen geworden, und die nasse Erde klebte mir an den Schuhen. Ich kam schlecht vorwärts. Kurz bevor ich die Straße erreicht hatte, hörte ich ein paar Schüsse. Es muß drei oder vier Uhr morgens gewesen sein.

Als ich ins Dorf kam, war Stanislaus längst da und saß seit ein paar Stunden im Auto und wartete auf mich, – sagte er wenigstens. Er hatte mein erstes Paket gefunden, weil er später mit einem Gegenzug zurückgefahren war und an der alten Stelle abgesprungen. Es war Morphium drin. Stanislaus selber hatte gar nichts. Trotzdem schimpfte er, weil ich so lange geblieben war. Er behauptete, er wäre die Straße hin und her gefahren und hätte gehupt. Ich glaubte ihm das nicht. Aber Stanislaus hatte gar keinen Grund, sich aufzuspielen. Er hatte gar nichts geschafft, und ich hatte auch noch den Kopf hingehalten.

Ich erzählte ihm nichts, sagte nur so unbestimmt, ich wäre zu weit gefahren und hätte mich verlaufen. Er glaubte mir, daß ich müde wäre, und ich setzte mich auf den hinteren Sitz.

Stanislaus steuerte. Der Motor war so laut, daß er nicht hörte, daß ich heulte. Als Kind hatte ich mal Prügel bekommen, weil ich den Sonntagskuchen aufgegessen hatte; aber ich glaube, das war nicht so schlimm gewesen.

Jetzt sitze ich da und habe zu nichts Lust, kannst du das verstehen?

Stanislaus drängelt mich, aber ich habe keine Lust. Das Morphium war ein gutes Geschäft. Zuviel will ich auch nicht verdienen, es ist doch mal alles hin.

Aber Gustav, mein Bruder, mein kleiner Bruder! Ich habe nicht gewußt, daß ich für jemanden soviel wert war! Du, das ist schön, oder es muß schön sein, denn ich habe es ja nicht gewußt. Aber bestimmt ist es schrecklich, wenn man es verliert. Ich hab's verloren.

Aber Gustav hat noch mehr verloren. Nicht mich, ach, du lieber Gott, das meine ich nicht, ich bin ja nichts wert. Aber oft liege ich nachts wach und denke, er hält es nicht aus, es macht ihn kaputt. Und wer ist schuld, wenn er vor die Hunde geht? Ich, ich, ich, ich, ich. Ob ich wirklich mal so ein Mensch gewesen bin, wie er's gedacht hat? Ach, mein kleiner Bruder, mein kleiner Bruder. –

1. *Der zeitgeschichtliche Hintergrund*

Während die amerikanische „modern short story" in der Folge des amerikanischen Bürgerkrieges entstand und sich als eine neue Erzählgattung rasch entfaltete, erfährt in Deutschland die Kurzgeschichte nach der Katastrophe des zweiten Weltkrieges ihre eigentliche Entwicklung. Der soziologische Hintergrund dieser neuen Erzählform ist dabei in beiden Ländern fast der gleiche: tradierte und gesicherte Verhaltensweisen werden im Wirbel des Krieges plötzlich in Frage gestellt, langfristige Entwicklungen in den jähen Umbrüchen der Kriegs- und Nachkriegszeit entweder unüberschaubar oder widersinnig. Objektive Normen und moralische Wertungen erweisen sich im Hin und Wider der Ereignisse in einer eigentümlichen Relativität. Ungesichert und ganz auf sich gestellt, sieht sich der Mensch ständig wechselnden Situationen gegenüber, die, gefahrvoll und vielfach rätselhaft, den Einsatz des ganzen Menschen fordern oder aber über den passiv Erleidenden unerbittlich hinweggehen, ihn verwandelnd oder ihn zerstörend.

Diesem wilden, vom einzelnen nicht mehr sinnhaft zu deutenden Wirbel der Situationen und Ereignisse entspricht die Darstellungsform der Kurzgeschichte, die sich ganz auf den Höhepunkt, auf den Kern einer ungewöhnlichen oder unerwarteten Begebenheit konzentriert[1], in welche die Menschen einbezogen werden und aus der sie als Gewandelte zurückkehren, ohne daß ihnen dabei immer eine Sinndeutung ihres Schicksals gelänge.

Kennzeichnend für die Kurzgeschichte, darüber hinaus aber auch für die neuere Literatur überhaupt, ist dabei die Hinwendung zum einfachen, durchschnittlichen Menschentypus, an dem und durch den charakteristische Merkmale der Epoche sichtbar werden. Nicht mehr die große Staatsaktion, nicht mehr die historische Persönlichkeit stehen stellvertretend für menschliches Schicksal, in der anonymen und unüberschaubar gewordenen Welt des 20. Jahrhunderts wird der kleine Gauner, der untere Beamte zum Träger eines Vorganges, der – wenn überhaupt – nur in den kleinen Dimensionen des alltäglichen Daseins noch verstehbar ist. „Mit einem kleinen Schieber, mit einem Kanzlisten, mit einem Polizisten läßt sich die heutige Welt besser wiedergeben als mit einem Bundesrat, als mit einem Bundeskanzler. Die Kunst dringt nur noch bis zu den Opfern vor, dringt sie überhaupt zu Menschen, die Mächtigen erreicht sie nicht mehr. Kreons Sekretäre erledigen den Fall Antigone", so kennzeichnet Friedrich Dürrenmatt in den „Theaterproblemen" programmatisch sein eigenes Schaffen, doch ließe sich, Wort für Wort, diese prägnante Formulierung auch auf Günther Eichs Kurzgeschichte „Züge im Nebel" übertragen.

---

[1] Vgl. Helmut Motekat, Gedanken zur Kurzgeschichte, Deutschunterricht 1957/1, S. 26.

Der kleine Schwarzhändler und Dieb, der in Krieg und Gefangenschaft jede moralische Orientierung verloren hat, und der Bahnpolizist, der die über eine chaotische Zeit geretteten Normen sittlichen Verhaltens in der schicksalhaften Begegnung mit dem Bruder noch nachträglich zu verlieren scheint, das sind die Gestalten, die hier stellvertretend für eine ganze Generation junger Menschen der Kriegs- und Nachkriegszeit stehen. Bei der Darstellung eines punktuellen Ereignisses, das zugleich symptomatisch ist für die moralische Ungesichertheit und Richtungslosigkeit dieser Zeit, geht es Günther Eich freilich nicht nur darum, „das vom Urgrauen durchschütterte Leidensgesicht der den Zweiten Weltkrieg verkraftenden Generation"[2] sichtbar zu machen, sondern hinter der Darstellung ungeordneter Zustände und zerbrechender sittlicher Maßstäbe und Wertungen steht das Wissen um eine dennoch gültige und überdauernde Ordnung, die es neu zu erringen gilt.

Der entscheidende Mittelpunkt, Kernstück und Wendepunkt der Erzählung, das sich mehr und mehr zuspitzende Gespräch zwischen den beiden Brüdern, wird vom Erzähler bis ins Detail ausgeleuchtet, grell und deutlich tritt jede Einzelheit ins Bewußtsein des Lesers, während Anfang und Ende der Geschichte offen bleiben und von der Mitte der Erzählung her ihre Deutung erhalten. Die Konturen, die sich in der Mitte der Erzählung überscharf herausheben, verschwimmen zum Rande hin, das Vorher und Nachher bleibt unwichtig gegenüber dem Anspruchscharakter der in den Mittelpunkt gerückten Situation.

Ein zweites muß beachtet werden: die Kurzgeschichte verläuft nicht linear, sie zeigt nicht die Entwicklung eines Charakters auf einen bestimmten Punkt hin, sondern im Brennpunkt eines unerwarteten Ereignisses begegnen sich zwei Menschen, die, aus einer gemeinsamen Vergangenheit herkommend, in einem einzigen Augenblick füreinander zur schicksalhaften Entscheidung werden, wobei in der Einmaligkeit dieser Situation das sittliche Gefüge beider Personen von Grund auf sich wandelt und beide, ohne daß sie darüber reflektierten, von diesem Augenblick an einen neuen Weg beginnen müssen. Das zufällige Aufeinandertreffen der beiden Brüder wird für beide zu einer Begegnung von existentieller Bedeutung. Zutreffend hat Otto Friedrich Bollnow das Wesen solcher Begegnung umschrieben: „Begegnung

---

[2] Hermann Pongs, Die Anekdote als Kunstform zwischen Kalendergeschichte und Kurzgeschichte, Deutschunterricht 1957/1, S. 20.

heißt immer, daß der Mensch hier auf etwas stößt, das ihm unvorhergesehen und unvorhersehbar, vielmehr schicksalhaft entgegentritt und das ganz anders ist, als er es in seinen bisherigen Vorstellungen erwartet hatte, und das ihn so zwingt, sich neu zu orientieren. Begegnung ist also in diesem Sinne ein scharf herausgehobenes, ... ein betontermaßen unstetiges Ereignis, das den Menschen aus seiner bisherigen Entwicklungslinie herauswirft und zu einem neuen Anfang zwingt[3]."

Bei der Deutung der Kurzgeschichte wird man sich davor hüten müssen, allzu einseitig den Blick nur auf das Geschick des Erzählers zu lenken. Verstanden ist diese Erzählung erst dann, wenn die eigentümliche Wechselwirkung dieser Begegnung auf die weitere Lebenshaltung beider Brüder deutlich geworden ist und der Anspruchscharakter dieser Situation als ein Anspruch an beide, an den moralisch Verirrten und an den sittlich scheinbar Gefestigten, herausgearbeitet ist.

Freilich wirkt die Geschichte trotz der Zweischichtigkeit des Geschehens auf den Leser und Zuhörer relativ einfach und überschaubar, weil die Perspektive des Erzählers sich an keiner Stelle der Kurzgeschichte verändert, sondern der Leser jeweils aus dem Blickwinkel und dem Erlebnisbereich des erzählenden Emil Patoka das Geschehen erfährt.

Für die unterrichtliche Erschließung und Deutung der Kurzgeschichte bieten sich nach diesen Vorüberlegungen drei Stufen der Erarbeitung an:

1. Die Darstellungsweise und Sprache Emil Patokas
2. Die Begegnung der beiden Brüder
3. Das punktuelle Ereignis als Symptom der Zeit

2. *Sprache und Darstellungsweise*

Wie in Gerd Gaisers Kurzgeschichte „Der Mensch, den ich erlegt hatte" ist auch in dieser Erzählung zwischen das zu erzählende Geschehen und die betroffene Hauptperson nicht eine objektivierende und distanzierende Erzählergestalt gerückt, die abwägend und überschauend das Ganze der Erzählung in ruhiger Gelassenheit vermittelt, sondern Emil Patoka, der von seinem Erlebnis noch immer beunruhigte und betroffene Schwarzhändler

[3] Otto Friedrich Bollnow, Existenzphilosophie und Pädagogik, Stuttgart 1959, S. 9.

selbst, erzählt seine Geschichte, indem er den Leser unmittelbar anspricht und so in sein nacherlebendes und nachdenkendes Wiederholen des Vorfalles einbezieht: „Die Gegend kennst du bestimmt nicht, und ich will dir auch nicht so genau beschreiben, wo es ist." Gegen Ende der Erzählung heißt es: „Jetzt sitze ich da und habe zu nichts Lust, kannst du das verstehen?" Von Anfang an wird das Erlebnis aus der Perspektive und in der Sprache Patokas erzählt, der sich durch primitive umgangssprachliche Redewendungen, durch den Jargon der Schwarzhändler und einen schwerfälligen, umständlichen Satzbau indirekt charakterisiert.

„Mir hatte die Sache von Anfang an nicht gefallen ..." „... weil es zweimal gutgegangen war, würde es auch das dritte Mal klappen ..." „Schließlich ließ ich mich breitschlagen." Noch ehe der Name des Erzählers uns bekannt ist, wissen wir, daß wir es mit einem einfachen, primitiven Menschen zu tun haben, der sich einem fiktiven Gegenüber so äußert, wie er in seinem Alltag zu reden gewohnt ist.

„Jedenfalls stellten wir das Auto bei einem Bauern ab, der ist ein Geschäftsfreund von uns." Die sprachliche Kraft des erzählenden Schwarzhändlers reicht nicht einmal aus, einen Relativsatz richtig anzuschließen, parataktisch werden die Sätze einander zugeordnet: „Stanislaus ging noch schnell bei Paula vorbei, die ist Magd nebenan." Beliebig ließen sich die Beispiele umgangssprachlicher Wendungen und hilfloser Wiederholungen schon im Anfang der Erzählung häufen: „Dann stolperten wir los. Da muß man schon Bescheid wissen, wenn man sich da nachts zurechtfinden will", und ein wenig später heißt es: „Ich habe nämlich gar keine Lust, irgendein Stück von mir auf die Schienen zu legen, wenn grade was drüberrollt."

Um die Gestalt des Erzählers den Schülern recht plastisch werden zu lassen, scheint es geraten, möglichst viele solcher Redewendungen im Unterricht zusammenzutragen.

Ein zweites fällt auf, wenn wir die Darstellungsweise des Erzählers genauer betrachten: Günther Eich bedient sich wie Gerd Gaiser des technischen Kunstgriffs, zu Beginn der Erzählung in unklaren Andeutungen den Ausgang des Geschehens vorwegzunehmen, ohne daß dem Leser ganz klar würde, worum es sich denn nun eigentlich handelt, wodurch eine natürliche Spannung auf das Kommende hin erzeugt wird. „Mir hatte die Sache von

Anfang an nicht gefallen. Stanislaus meinte, weil es zweimal gutgegangen war, würde es auch das dritte Mal klappen ... Hätte ich nein gesagt, wäre mir jetzt wohler, und den Schnaps hier hätte ich verkauft, anstatt ihn selber zu trinken." Und ein wenig später heißt es, in der Widersprüchlichkeit der Formulierung dem Leser zunächst noch völlig unverständlich: „So eine Idee ist Gold wert, mein Lieber, aber mich kotzt sie jetzt an." Ebenso seltsam klingt es, wenn der auf einen Zug wartende Emil erzählt: „Das Unglück wollte es, daß er sogar hielt. Kann man da widerstehen, wenn man so direkt eingeladen wird?" In solchen antizipierenden Formulierungen wird der Ausgang als ein negatives Geschehen bereits vorweggenommen, lange bevor dem Leser bekannt ist, worum es sich eigentlich handelt.

Eine dritte Eigentümlichkeit in der Sprache Patokas fällt schon beim ersten Lesen auf: alles, was in irgendeiner Weise mit seinen dunklen Geschäften zu tun hat, wird in der Ausdrucksweise ehrbar-biederer Handwerker umschrieben: „Der ist ein Geschäftsfreund von uns", heißt es von dem Bauern, bei dem die beiden Schwarzhändler ihren Wagen einstellen, und von sich selbst sagt Emil mit dem Stolz und der Zufriedenheit des rechtschaffenen Meisters, daß er „genau und schnell gearbeitet habe."

„Waffen fand er nicht, so was nehmen wir nicht mit, unser Handwerk ist friedlich", heißt es ein wenig später, und selbst als Emil den Bahnpolizisten für sein dunkles „Gewerbe" zu gewinnen sucht, bedient er sich der Sprache rechtschaffener Berufstätigkeit: „Hör mal, Gustav, ich mache dir einen Vorschlag. Wir arbeiten bisher bloß zu zweit. Wenn du jetzt mitmachen würdest, wie? Ist das eine gute Idee?"

Vergleichen wir das bisher Beobachtete miteinander, so fällt eine eigentümliche Diskrepanz in der Sprache und Erzählweise Emil Patokas auf: einerseits spürt der Leser von den ersten Sätzen an, daß das Geschehnis, von dem erzählt wird, einen negativen Ausgang genommen hat, daß Emil selbst unsicher geworden ist und daß Wertungen und Verhaltensweisen, die er früher bedenkenlos bejahte, ihm nun plötzlich fragwürdig geworden sind; andererseits aber bedient er sich auch nach diesem Erlebnis noch eines Jargons, der das Amoralische und Unerlaubte seines Verhaltens zu beschönigen und sein „Handwerk" in die Reihe der übrigen Berufe einzuordnen versucht. „Ich wurde ganz aufgeregt, denn das war tatsächlich eine gute Idee", heißt es im Rückblick noch, die seit Jahren eingeübten Denkmodelle und Verhaltensnormen sind zwar durch die Begegnung mit dem Bruder unterhöhlt und in ihrer Fadenscheinigkeit entlarvt, aber das alles ist Emil Patoka, dem betroffenen und unsicher gewordenen Erzähler, noch zu wenig bewußt. Seine Wandlung vollzieht sich zu sehr noch im Bereich des Gefühlsmäßigen, als daß er den vertrauten Jargon schon ganz abstoßen könnte. Der innere Zwiespalt Patokas, sein moralischer Stand auf der Grenze einer bis dahin bejahten verbrecherischen Weise der Existenzsicherung und einer neuen, noch ganz und gar unklaren und nur geahnten Form seines Daseins drückt sich bis in die zwiespältige Darstellungsweise des Erzählers aus, die dessen seelischen Zustand unmittelbar nach dem Erlebten genauer charakterisiert, als es eine direkte Schilderung vermöchte.

3. *Die Begegnung der beiden Brüder*

Wir haben zunächst Sprache und Haltung des erzählenden Schwarzhändlers Emil Patoka zu erfassen versucht. Aufgabe des folgenden Unterrichtsabschnittes wird es sein, die Begegnung der beiden Brüder, die für beide „unvorhergesehen und unvorhersehbar" war, als das eigentliche Kernstück dieser Kurzgeschichte genauer herauszuarbeiten.

In welcher Weise werden beide Brüder in dieser Begegnung verwandelt? Das ist die Leitfrage, mit der wir diesen Teil der Erzählung zu erschließen versuchen.

Emil Patoka – das sahen wir bereits an der Art, wie er sein „Handwerk" zu umschreiben gewohnt war – sieht seinen „Beruf" und seine Art, moralisch zu werten und überkommene sittliche Maßstäbe als nicht mehr vorhanden zu betrachten, als durchaus in der Ordnung an. Der Unterschied zwischen Gut und Schlecht, zwischen Richtig und Falsch ist für ihn lediglich ein gradueller, nicht mehr ein Unterschied von objektiver Verbindlichkeit. In den Wirren des Krieges, „in Frankreich, dann im Ruhrkessel, dann in Gefangenschaft", die nicht nur Wirren und Wirbel seines äußeren Daseins waren, sondern notwendig einen Wirbel seiner sittlichen Maßstäbe im Gefolge hatten, ist für Emil Patoka jede Sittlichkeit relativ geworden:

„Jeder schwindelt, jeder betrügt, bloß der eine ein bißchen mehr und der andere ein bißchen weniger." Auf dem Hintergrund dieses allgemeinen ethischen Relativismus sieht er sein eigenes

Handeln, bedeuten Diebstahl und Schwarzhandel nur ein Weniger oder Mehr abseits von dem, was eigentlich sein sollte und doch von niemandem, nach Emils Meinung, realisiert wird. Diese Haltung ist freilich nur die Oberfläche Emil Patokas, die „Wirklichkeit", die der Krieg aus ihm gemacht hat. Früher, in seiner Kindheit, an die ihn die Begegnung mit dem Bruder jählings erinnert, war er ein anderer, war er, ohne daß ihm das damals oder auch später bewußtgeworden wäre, der selbstlose, uneigennützige Helfer des kleineren Bruders und dessen in das ganze spätere Leben hineinwirkendes Vorbild. „Er lief mir nach wie an der Leine", das gilt, wie sich schon bald zeigen wird, nicht nur für das räumliche Beieinander der beiden Jungen, sondern auch für die sittliche Orientierung des Jüngeren.

Diese urtümlichere Schicht im Wesen Emil Patokas ist überlagert durch einen ethischen Relativismus, der aus der „Wirklichkeit" des Krieges kommt und in die „Wirklichkeit" eines Schwarzhändler- und Gaunerdasein führt. Aber diese Schicht ist sekundär, und sie zerbricht, als in der Begegnung mit dem Bruder Emil Patoka bewußt wird, was er dem Bruder bedeutet, daß er Verantwortung für ihn trägt und daß dem Bruder eine Welt zusammenbricht, als er einsehen muß, daß er, Emil, nicht der ist, den der Jüngere in diesem Leitbild seines Handelns immer gesehen hatte. Diese Erfahrung ist furchtbar für Emil, und sie erschüttert ihn im Grunde seines Wesens. In der unerwarteten Begegnung mit dem ganz anders denkenden und urteilenden Bruder gerät Emil Patoka in eine Krise, die sein Leben verwandelt.

Ziehen wir an dieser Stelle noch einmal O. F. Bollnows Definition der Begegnung zu Rate, die genau das umschreibt, was in Emil Patoka jetzt vorgeht: „So sind es immer zwei Wirklichkeiten, die hier mit einem gleichen Realitätsgewicht aufeinanderstoßen. Von da her gewinnt die Begegnung ihre eigentümliche Härte, ihre Unerbittlichkeit und Unausweichlichkeit. Der Mensch wird im eigentlichsten Sinne des Wortes ‚erschüttert' in der Begegnung mit einer Wirklichkeit, auf die er trifft und die nicht vor ihm ausweicht. Rilke hat das Wesen einer solchen Begegnung sehr klar vor dem ‚Archaischen Torso Apollos' ausgesprochen. Betroffen von der Gewalt des Standbildes ruft er aus: ‚Denn da ist keine Stelle, die dich nicht sieht. Du mußt dein Leben ändern.' Das verdeutlicht zugleich ganz allgemein den Unbedingtheitsanspruch der in der Begegnung dem Menschen entgegentretenden Forderung. Er soll ‚sein Leben ändern'. Eine grundsätzliche Umkehr seines bisherigen, als unzulänglich erscheinenden Lebens wird von ihm verlangt. Dabei ist wichtig: Es wird ihm nicht gesagt, was er tun soll und in welcher Richtung er sein Leben ändern soll. Es ist das bloße ‚daß' dieser Begegnung, das den Menschen auf sich selber zurückwirft und ihn zwingt, sich aus sich heraus neu zu entscheiden. Gerade diese allen näheren inhaltlichen Angaben entzogene reine Tatsächlichkeit dieser Begegnung macht ihren existentiellen Charakter aus[4]."

Das Gespräch der beiden Brüder endet, rein äußerlich gesehen, ergebnislos. Nach diesem sie beide erschütternden Zusammentreffen trennen sie sich wie Fremde: „Hau ab, sag ich dir. Er stampfte mit dem Fuß auf. Ich ging." In der Stille aber wirkt diese Begegnung weiter, sie wird für Emil Patoka zur entscheidenden Probe, die erweisen wird, was echt an ihm ist. Nur der Beginn einer grundlegenden Veränderung ist in unserer Kurzgeschichte aufgezeigt, die sich am deutlichsten im Weinen dieses bis dahin so robust erscheinenden Mannes darstellt: „Stanislaus steuerte. Der Motor war so laut, daß er nicht hörte, wie ich heulte. Als Kind hatte ich mal Prügel bekommen, weil ich den Sonntagskuchen aufgegessen hatte, aber ich glaube, das war nicht so schlimm gewesen."

Deutlich wird die Veränderung seines Wesens auch im Schluß der Erzählung, in seinem plötzlichen und sicheren Wissen darum, daß der Bruder mehr verloren hat als er selbst. Indem er erkennt, daß der Bruder durch sein Versagen ein gültiges Vorbild und damit eine objektive Norm seines Handelns verloren hat, beginnt der Relativist Emil Patoka die Gültigkeit jener Ordnung erneut zu bejahen, die ihm bis dahin gleichgültig gewesen war. Mit der Erkenntnis der eigenen Nichtigkeit und mit dem Ausruf noch immer lebendiger Liebe, in dem Reue, Verantwortungsgefühl und die Sehnsucht nach einer heilen Welt mitschwingen: „Ach, mein kleiner Bruder, mein kleiner Bruder", endet die Erzählung Emil Patokas von der unerwarteten Begegnung mit seinem jüngeren Bruder, die für ihn selbst zu einem neuen Anfang wurde.

Das Folgende bleibt bewußt offen. Es entspricht nicht dem Wesen der Kurzgeschichte, Folgerungen auszumalen und zu einem Happy-end zu führen. Der eigentliche Brennpunkt der Begegnung ist grell ausgeleuchtet, alles Weitere bleibt dem Nachsinnen des Lesers überlassen. Aber auch im Wesen der Begegnung liegt es, daß sie zunächst für sich steht, daß sie als ein punktueller

[4] Otto Friedrich Bollnow, a. a. O., S. 99 f.

Vorgang, der wie ein Blitz das bisherige Leben durchleuchtet und es jäh verwandelt, erlebt wird. Erst in der Folge dieser Begegnung, von dieser zeitlich schon unterschieden, mag dann eine Neuorientierung des Lebens beginnen. „Die Begegnung fällt zunächst bedrängend über den Menschen her und verschlägt ihm den Atem. Erst auf ihrem Grunde, aber doch von dem eigentlichen Akt der Begegnung schon unterschieden, kann das beseligende Lebensverhältnis zum anderen Menschen erwachsen, das Buber in tiefer Dankbarkeit als Gnade bezeichnet hatte[5]."

Unsere eingangs gestellte Leitfrage lautete: „In welcher Weise werden beide Brüder in dieser Begegnung verwandelt?" Nachdem wir diese Frage für Emil Patoka zu beantworten versucht haben, wenden wir unsere Aufmerksamkeit nun dem jüngeren Bruder Gustav zu, dem im gleichen Augenblick, in dem seinem Bruder durch die Begegnung mit ihm eine neue Wertordnung aufzuscheinen beginnt, die eigene sittliche Welt, die im Vorbild des großen Bruders verkörpert war, zusammenbricht. Auch für ihn also wird diese Begegnung zu einer Probe, die zeigen muß, was echt ist an ihm. Bis zu dem Augenblick, da im Gespräch mit dem Bruder seine moralische Sicherheit bis in den Grund erschüttert wird, war sein sittliches Verhalten von einfachen und überschaubaren Maßstäben geregelt. Der Bruder, der als Kind die Fürsorge für sein leibliches Wohl so selbstlos und selbstverständlich übernommen hatte, war auch im moralischen Leben zum Kompaß seines Handelns geworden.

„Hast du gewußt, daß du bis vor einer halben Stunde der einzige Mensch warst, auf den ich felsenfest vertraut habe? ... Alles, was rein und stark war und fest und sicher und treu und anständig und ehrlich, alles, was gut war, das warst du ... Und später, als ich auf einmal selber erwachsen war und mich allein zurechtfinden mußte, da hab ich mir immer vorgestellt, wie du alles machen würdest, und dann war es richtig. Was würde Emil dazu sagen, was würde Emil hier tun? So habe ich mich bestimmt alle Tage gefragt. Es ist zum Lachen, aber ich glaube, ich verdanke es dir, daß ich bisher ein ganz ordentlicher Mensch geblieben bin, so für meine Begriffe."

Mit der erschütternden Erkenntnis, daß sein Bruder, das Vorbild und die Richtschnur seines Handelns, in den Jahren des Krieges zum Dieb und Schwarzhändler geworden ist, tritt in das Leben

5 Ebd. S. 101.

Gustav Patokas eine Krise, mit der er zunächst nicht fertig zu werden scheint. Die Entschuldigung des Bruders: „Das sind so die Jahre, der Kommiß, der Krieg, kein Zuhause" erreicht ihn nicht, sie sagt ihm nichts, weil er selbst ja, ohne es zu wissen, den gleichen Weg durch den Krieg gegangen ist wie sein Bruder, „in Frankreich, dann im Ruhrkessel, dann in Gefangenschaft." Auch die Erinnerung an die gemeinsam verlebte Kindheit, der Gedanke an den verstorbenen Vater vermögen nicht über die Kluft hinwegzuhelfen, die Gustav von seinem Bruder Emil nun trennt. In der Begegnung mit dem Bruder ist ewas irreparabel und endgültig in ihm zerbrochen, das keine noch so begründeten Entschuldigungen wieder zu kitten vermögen.

Wenn für Emil gilt, daß die Begegnung mit dem Bruder für ihn zur entscheidenden Krisis wird, die sein Leben verwandelt, so gilt das in gleicher Weise auch für Gustav Patoka, von dem wir nicht wissen, ob er die Krisis übersteht, ob er es aushält oder ob es ihn kaputtmacht. Auch für ihn hat die Begegnung mit dem Bruder Entscheidungscharakter, sie befindet über sein ganzes weiteres Leben. „Vor der Gewalt des Begegnenden entscheidet sich, was an ihm echt ist. In dieser Erschütterung muß der Mensch sich bewähren. Er kann bestehen oder nicht bestehen. So ist die Begegnung die Probe auf seine eigene Echtheit[6]."

Das heißt in unserem Falle: die Probe auf die Echtheit seiner moralischen Lebenshaltung. Denn ohne sich dessen bewußt zu sein, handelt Gustav Patoka bis zu diesem Augenblick wie ein Kind, das das Gute nicht um seiner selbst willen zu tun vermag, sondern weil ein bewundertes und verehrtes Vorbild den Weg vorzeichnet, den es zu gehen hat. Diese im Grunde infantile Lebenshaltung bricht in der Begegnung mit dem Bruder zusammen. Von diesem Augenblick an ist er gezwungen, die Verantwortung für sein sittliches Handeln voll und ganz selbst zu übernehmen, und das heißt, als Erwachsener in Freiheit sich für oder gegen das zu entscheiden, was rein und stark ist und treu und anständig und ehrlich und gut.

Auch hier zeigt unsere Kurzgeschichte nur den Brennpunkt der Krisis, den Zusammenbruch einer bis dahin gültigen Lebensordnung. Ob und in welcher Weise es Gustav Patoka gelingen wird, nach diesem Erlebnis eine neue Ordnung seines sittlichen Lebens zu finden, bleibt offen.

---

[6] a. a. O., S. 100.

4. *Das punktuelle Ereignis als Symptom der Zeit*

Der wesentliche Gehalt der Kurzgeschichte ist erarbeitet. Werfen wir abschließend noch einen kurzen Blick auf die Überschrift unserer Erzählung, die einerseits die Atmosphäre, in der das Geschehen spielt, einfängt, die darüber hinaus aber auch sinnbildliche Bedeutung bekommt für die Nachkriegszeit, für die der erzählte Vorgang stellvertretende Bedeutung hat.

„Züge im Nebel": Die Überschrift der Erzählung ist zunächst ganz korrekt auf den Ort des Geschehens zu beziehen, von dem wir zwar nicht ganz genau wissen, wo er ist, der uns aber einleitend recht anschaulich geschildert wird:

„Wir gingen quer über die Felder zum Bahndamm. Es war ein ekelhafter Nebel da, weil es so nahe am Wasser ist. Die Bahn ist eigentlich zweigleisig, aber wo die Brücke zersprengt war, ist erst ein Gleis wieder rübergelegt. Die Züge fahren hier ganz langsam ...

Wir saßen unten am Bahndamm auf einem Stapel Schwellen und froren jämmerlich. Der Nebel schien noch dicker geworden zu sein. Der einzige Vorteil war, daß man in der nassen Luft die Züge schon von weitem hörte. Der erste kam aus der andern Richtung, den konnten wir nicht brauchen. Der zweite war ein Personenzug. Man hörte ihn noch lange, nachdem er über die Brücke gerumpelt war. Dann war es still."

Rückblickend vergegenwärtigt der Erzähler Emil Patoka noch einmal den Ort seines Erlebnisses, zugleich aber schafft diese Schilderung auch die Atmosphäre des Nebulosen, Undurchsichtigen und Unklaren, die den dunklen Plänen der beiden Schwarzhändler entspricht. Später, als Emil Patoka in dem Bahnpolizisten seinen jüngeren Bruder erkennt, taucht das Motiv des Nebels noch einmal auf: „Jetzt waren wir beide ganz allein mitten in dem Nebel", heißt es da, aber der Leser spürt deutlich, daß jetzt nicht mehr nur der die Landschaft einhüllende, alle klaren Konturen verwischende Nebel einer Flußniederung gemeint ist, sondern daß dieses Wort hier symbolische Bedeutung erhält. Auch das Verhältnis der Brüder zueinander steht nun, nach dieser unerwarteten und erschreckenden Begegnung, „im Nebel", undurchsichtig, verschwommen und unklar ist ihre Beziehung zueinander, bis sie in dem nun folgenden Gespräch neu geklärt wird. Bezeichnenderweise ist denn auch am Ende der Erzählung, nach der wechselseitigen Erhellung ihrer menschlichen und moralischen Lage, vom Nebel nicht mehr die Rede. „Der Regen war zu einem feinen Rieselregen geworden, und die nasse Erde klebte mir an den Schuhen", heißt es, als Emil den Bruder verläßt.

Der Hintergrund des Geschehens – die Züge, die über die im Kriege zerstörte und nur notdürftig reparierte Brücke (auch das vielleicht ein Sinnbild gestörter zwischenmenschlicher Beziehungen) hin und wider fahren, der Nebel, der den Bahndamm einhüllt und Züge und Menschen undeutlich werden läßt – wird unmerklich zum Dingsymbol, das die in einer unklaren und zerstörten Seelenlandschaft sich abspielende menschliche Begegnung ins Bildhaft-Anschauliche verdichtet. Diese Begegnung aber, die blitzartig erhellt, wie ungesichert, ja falsch die Grundlagen sind, auf denen das Leben beider Brüder ruht, ist über den einzelnen Vorgang hinaus symptomatisch für die Umbrüche und Katastrophen der Kriegs- und Nachkriegszeit, in der scheinbar gesicherte Wertungen und Ordnungsformen zerbrachen und jeder einzelne sich gezwungen sah, sein Leben neu zu orientieren.

5. *Fragen und Hinweise zur Erschließung im Unterricht:*

1. Beobachte die Sprache und Darstellungsweise Emil Patokas!

a) Beispiele umgangssprachlicher Redewendungen

b) Vorausdeutungen und Vorwegnahme des Schlusses

c) Umschreibungen des Schwarzhändlerdaseins in der Sprache des Handwerks

2. In welcher Weise werden beide Brüder in dieser Begegnung verwandelt?

a) Emil Patoka: Anerkennung einer objektiven Wertordnung

b) Gustav Patoka: Zusammenbruch seiner infantilen Lebenshaltung

3. Deute die Überschrift „Züge im Nebel" als symbolische Verdichtung der geschilderten Begegnung und als Symptom der Zeit!

Hunger und Durst nach Gerechtigkeit

Gerechtigkeit der Erden

Heinrich Böll: Die Waage der Baleks

In der Heimat meines Großvaters lebten die meisten Menschen von der Arbeit in den Flachsbrechen. Seit fünf Generationen atmeten sie den Staub ein, der den zerbrochenen Stengeln entsteigt, ließen sich langsam dahinmorden, geduldige und fröhliche Geschlechter, die Ziegenkäse aßen, Kartoffeln, manchmal ein Kaninchen schlachteten; abends spannen und strickten sie in ihren Stuben, sangen, tranken Pfefferminztee und waren glücklich. Tagsüber brachen sie den Flachs in altertümlichen Maschinen, schutzlos dem Staub preisgegeben und der Hitze, die den Trockenöfen entströmte. In ihren Stuben stand ein einziges, schrankartiges Bett, das den Eltern vorbehalten war, und die Kinder schliefen ringsum auf Bänken. Morgens waren ihre Stuben vom Geruch der Brennsuppen erfüllt; an den Sonntagen gab es Sterz, und die Gesichter der Kinder röteten sich vor Freude, wenn an besonders festlichen Tagen sich der schwarze Eichelkaffee hell färbte, immer heller von der Milch, die die Mutter lächelnd in ihre Kaffeetöpfe goß.

Die Eltern gingen früh zur Arbeit, den Kindern war der Haushalt überlassen: sie fegten die Stube, räumten auf, wuschen das Geschirr und schälten Kartoffeln, kostbare gelbliche Früchte, deren dünne Schale sie vorweisen mußten, um den Verdacht möglicher Verschwendung oder Leichtfertigkeit zu zerstreuen.

Kamen die Kinder aus der Schule, mußten sie in die Wälder gehen und – je nach der Jahreszeit – Pilze sammeln und Kräuter: Waldmeister und Thymian, Kümmel und Pfefferminz, auch Fingerhut, und im Sommer, wenn sie das Heu von ihren mageren Wiesen geerntet hatten, sammelten sie die Heublumen. Einen Pfennig gab es fürs Kilo Heublumen, die in der Stadt in den Apotheken für zwanzig Pfennig das Kilo an nervöse Damen verkauft wurden. Kostbar waren die Pilze: Sie brachten zwanzig Pfennig das Kilo und wurden in der Stadt in den Geschäften für eine Mark zwanzig gehandelt. Weit in die grüne Dunkelheit der Wälder krochen die Kinder im Herbst, wenn die Feuchtigkeit die Pilze aus dem Boden treibt, und fast jede Familie hatte ihre Plätze, an denen sie Pilze pflückte, Pilze, die von Geschlecht zu Geschlecht weitergeflüstert wurden.

Die Wälder gehörten den Baleks, auch die Flachsbrechen, und die Baleks hatten im Heimatdorf meines Großvaters ein Schloß, und die Frau des Familienvorstandes jeweils hatte neben der Milchküche ein kleines Stübchen, in dem Pilze, Kräuter, Heublumen gewogen und bezahlt wurden.

Dort stand auf dem Tisch die große Waage der Baleks, ein altertümliches, verschnörkeltes, mit Goldbronze bemaltes Ding, vor dem die Großeltern meines Großvaters schon gestanden hatten, die Körbchen mit Pilzen, die Papiersäcke mit Heublumen in ihren schmutzigen Kinderhänden, gespannt zusehend, wieviel Gewichte Frau Balek auf die Waage werfen mußte, bis der pendelnde Zeiger genau auf dem schwarzen Strich stand, dieser dünnen Linie der Gerechtigkeit, die jedes Jahr neu gezogen werden mußte. Dann nahm Frau Balek das große Buch mit dem braunen Lederrücken, trug das Gewicht ein und zahlte das Geld aus, Pfennige oder Groschen und sehr, sehr selten einmal eine Mark. Und als mein Großvater ein Kind war, stand dort ein großes Glas mit sauren Bonbons, von denen, die das Kilo eine Mark kosteten, und wenn die Frau Balek, die damals über das Stübchen herrschte, gut gelaunt war, griff sie in dieses Glas und gab jedem der Kinder ein Bonbon, und die Gesichter der Kinder röteten sich vor Freude, so wie sie sich röteten, wenn die Mutter an besonders festlichen Tagen Milch in ihre Kaffeetöpfe goß, Milch, die den Kaffee hell färbte, immer heller, bis er so blond war wie die Zöpfe der Mädchen.

Eines der Gesetze, die die Baleks dem Dorf gegeben hatten, hieß: Keiner darf eine Waage im Hause haben. Das Gesetz war schon so alt, daß keiner mehr darüber nachdachte, wann und warum es entstanden war, und es mußte geachtet werden; denn wer es brach, wurde aus den Flachsbrechen entlassen, dem wurden keine Pilze, kein Thymian, keine Heublumen mehr abgenommen, und die Macht der Baleks reichte so weit, daß auch in den Nachbardörfern niemand ihm Arbeit gab, niemand ihm die Kräuter des Waldes abkaufte. Aber seitdem die Großeltern meines Großvaters als kleine Kinder Pilze gesammelt, sie abgeliefert hatten, damit sie in den Küchen der reichen Prager Leute den Braten würzten oder in Pasteten verbacken werden konnten, seitdem hatte niemand daran gedacht, dieses Gesetz zu brechen: fürs Mehl gab es Hohlmaße, die Eier konnte man zählen, das Gesponnene wurde nach Ellen gemessen, und im übrigen machte die altertümliche, mit Goldbronze verzierte Waage der Baleks nicht den Eindruck, als könne sie nicht stimmen, und fünf Geschlechter hatten dem auspendelnden schwarzen Zeiger anvertraut, was sie mit kindlichem Eifer im Walde gesammelt hatten.

Zwar gab es zwischen diesen stillen Menschen auch welche, die das Gesetz mißachteten, Wilderer, die begehrten, in einer Nacht mehr zu verdienen, als sie in einem ganzen Monat in der Flachsfabrik verdienen konnten, aber auch von diesen schien noch niemand den Gedanken gehabt zu haben, sich eine Waage zu kaufen oder sie zu basteln. Mein Großvater war der erste, der kühn genug war, die Gerechtigkeit der Baleks zu prüfen, die im Schloß wohnten, zwei Kutschen fuhren, die immer einem Jungen des Dorfes das Studium der Theologie im Prager Seminar bezahlten, bei denen der Pfarrer jeden Mittwoch zum Tarock war, denen der Bezirkshauptmann, das kaiserliche Wappen auf der Kutsche, zu Neujahr seinen Besuch abstattete und denen der Kaiser zu Neujahr des Jahres 1900 den Adel verlieh.

Mein Großvater war fleißig und klug: er kroch weiter in die Wälder hinein, als vor ihm die Kinder seiner Sippe gekrochen waren, er drang bis in das Dickicht vor, in dem der Sage nach Bilgan der Riese hausen sollte, der dort den Hort der Balderer bewacht. Aber mein Großvater hatte keine Furcht vor Bilgan: er drang weit in das Dickicht vor, schon als Knabe, brachte große Beute an Pilzen mit, fand sogar Trüffeln, die Frau Balek mit dreißig Pfennig das Pfund berechnete. Mein Großvater trug alles, was er den Baleks brachte, auf die Rückseite eines Kalenderblattes ein: jedes Pfund Pilze, jedes Gramm Thymian, und mit seiner Kinderschrift schrieb er rechts daneben, was er dafür bekommen hatte. Jeden Pfennig kritzelte er hin, von seinem siebten Jahr bis zu seinem zwölften Jahr, und als er zwölf war, kam das Jahr 1900, und die Baleks schenkten jeder Familie im Dorf, weil der Kaiser sie geadelt hatte, ein Viertelpfund echten Kaffee, von dem, der aus Brasilien kommt; es gab auch Freibier und Tabak für die Männer, und im Schloß fand ein großes Fest statt; viele Kutschen standen in der Pappelallee, die vom Dorf zum Schloß führt.

Aber am Tage vor dem Fest schon wurde der Kaffee ausgegeben in der kleinen Stube, in der seit fast hundert Jahren die Waage der Baleks stand, die jetzt Baleks von Bilgan hießen, weil der Sage nach Bilgan der Riese dort ein großes Schloß gehabt haben soll, wo die Gebäude der Baleks stehen.

Mein Großvater hat mir oft erzählt, wie er nach der Schule dorthin ging, um den Kaffee für vier Familien abzuholen: für die Cechs, die Weidlers, die Vohlas und für seine eigene, die Brüchers. Es war der Nachmittag von Silvester: die Stuben mußten geschmückt, es mußte gebacken werden, und man wollte nicht vier Jungen entbehren, jeden einzeln den Weg ins Schloß machen zu lassen, um ein Viertelpfund Kaffee zu holen.

Und so saß mein Großvater auf der kleinen, schmalen Holzbank im Stübchen, ließ sich von Gertrud, der Magd, die fertigen Achtelkilopakete Kaffee vorzählen, vier Stück, und blickte auf die Waage, auf deren linker Schale der Halbkilostein liegengeblieben war; Frau Balek von Bilgan war mit den Vorbereitungen fürs Fest beschäftigt. Und als Gertrud nun in das Glas mit den sauren Bonbons greifen wollte, um meinem Großvater eines zu geben, stellte sie fest, daß es leer war: es wurde jährlich einmal neu gefüllt, faßte ein Kilo von denen zu einer Mark.

Gertrud lachte, sagte: „Warte, ich hole die neuen", und mein Großvater blieb mit den vier Achtelkilopaketen, die in der Fabrik verpackt und verklebt waren, vor der Waage stehen, auf der jemand den Halbkilostein liegengelassen hatte, und mein Großvater nahm die vier Kaffeepaketchen, legte sie auf die leere Waagschale, und sein Herz klopfte heftig, als er sah, wie der schwarze Zeiger der Gerechtigkeit links neben dem Strich hängen blieb, die Schale mit dem Halbkilostein unten blieb und das halbe Kilo Kaffee ziemlich hoch in der Luft schwebte; sein Herz klopfte heftiger, als wenn er im Walde hinter einem Strauch gelegen, auf Bilgan den Riesen gewartet hätte, und er suchte aus seiner Tasche Kieselsteine, wie er sie immer bei sich trug, um mit der Schleuder nach Spatzen zu schießen, die an den Kohlpflanzen seiner Mutter herumpickten – drei, vier, fünf Kieselsteine mußte er neben die vier Kaffeepakete legen, bis die Schale mit dem Halbkilostein sich hob und der Zeiger endlich scharf über dem schwarzen Strich lag. Mein Großvater nahm den Kaffee von der Waage, wickelte die fünf Kieselsteine in sein Sacktuch, und als Gertrud mit der großen Kilotüte voll saurer Bonbons kam, die wieder für ein Jahr reichen mußten, um die Röte der Freude in die Gesichter der Kinder zu treiben, als Gertrud die Bonbons rasselnd ins Glas schüttete, stand der kleine blasse Bursche da, und nichts schien sich verändert zu haben. Mein Großvater nahm nur drei von den Paketen, und Gertrud blickte erstaunt und erschreckt auf den blassen Jungen, der den sauren Bonbon auf die Erde warf, ihn zertrat und sagte: „Ich will Frau Balek sprechen." – „Balek von Bilgan, bitte", sagte Gertrud.

„Gut, Frau Balek von Bilgan", aber Gertrud lachte ihn aus, und er ging im Dunkeln ins Dorf zurück, brachte den Cechs, den Weidlers, den Vohlas ihren Kaffee und gab vor, er müsse noch zum Pfarrer.

Aber er ging mit seinen fünf Kieselsteinen im Sacktuch in die dunkle Nacht. Er mußte weit gehen, bis er jemand fand, der eine Waage hatte, eine haben durfte; in den Dörfern Blaugrau und Bernau hatte niemand eine, das wußte er, und er schritt durch sie hindurch, bis er nach zweistündigem Marsch in das kleine Städtchen Dielheim kam, wo der Apotheker Honig wohnte. Aus Honigs Haus kam der Geruch frischgebackener Pfannkuchen, und Honigs Atem, als er dem verfrorenen Jungen öffnete, roch schon nach Punsch, und er hatte die nasse Zigarre zwischen den schmalen Lippen, hielt die kalten Hände des Jungen einen Augenblick fest und sagte: „Na, ist es schlimmer geworden mit der Lunge deines Vaters?"

„Nein, ich komme nicht um Medizin, ich wollte . . ." Mein Großvater nestelte sein Sacktuch auf, nahm die fünf Kieselsteine heraus, hielt sie Honig hin und sagte: „Ich wollte das gewogen haben." Er blickte ängstlich in Honigs Gesicht, aber als Honig nichts sagte, nicht zornig wurde, auch nicht fragte, sagte mein Großvater: „Es ist das, was an der Gerechtigkeit fehlt", und mein Großvater spürte jetzt, als er in die warme Stube kam, wie naß seine Füße waren. Der Schnee war durch die schlechten Schuhe gedrungen, und im Wald hatten die Zweige den Schnee über ihn geschüttelt, der jetzt schmolz, und er war müde und hungrig und fing plötzlich an zu weinen, weil ihm die vielen Pilze einfielen, die Kräuter, die Blumen, die auf der Waage gewogen worden waren, an der das Gewicht von fünf Kieselsteinen an der Gerechtigkeit fehlte. Und als Honig, den Kopf schüttelnd, die fünf Kieselsteine in der Hand, seine Frau rief, fielen meinem Großvater die Geschlechter seiner Eltern, seiner Großeltern ein, die alle ihre Pilze, ihre Blumen auf der Waage hatten wiegen lassen müssen, und es kam über ihn wie eine große Woge von Ungerechtigkeit, und er fing noch heftiger an zu weinen, setzte sich, ohne dazu aufgefordert zu sein, auf einen der Stühle in Honigs Stube, übersah den Pfannkuchen, die heiße Tasse Kaffee, die die gute und dicke Frau Honig ihm vorsetzte, und hörte erst auf zu weinen, als Honig selbst aus dem Laden vorn zurückkam und, die Kieselsteine in der Hand schüttelnd, leise zu seiner Frau sagte: „Fünfeinhalb Deka, genau."

Mein Großvater ging die zwei Stunden durch den Wald zurück, ließ sich prügeln zu Hause, schwieg, als er nach dem Kaffee gefragt wurde, sagte kein Wort, rechnete den ganzen Abend an seinem Zettel herum, auf dem er alles notiert hatte, was er der jetzigen Frau Balek von Bilgan geliefert hatte. Und als es Mitternacht schlug, vom Schloß die Böller zu hören waren, im ganzen Dorf das Geschrei, das Klappern der Rasseln erklang, als die Familie sich geküßt, sich umarmt hatte, sagte er in das folgende Schweigen des neuen Jahres hinein: „Baleks schulden mir achtzehn Mark und zweiunddreißig Pfennig." Und wieder dachte er an die vielen Kinder, die es im Dorf gab, dachte an seinen Bruder Fritz, der viele Pilze gesammelt hatte, an seine Schwester Ludmilla, dachte an die vielen hundert Kinder, die alle für die Baleks gesammelt hatten, Kräuter und Blumen, und er weinte diesmal nicht, sondern erzählte seinen Eltern, seinen Geschwistern von seiner Entdeckung.

Als die Baleks von Bilgan am Neujahrstage zum Hochamt in die Kirche kamen, das neue Wappen – einen Riesen, der unter einer Fichte kauert – schon in Blau und Gold auf ihrem Wagen, blickten sie in die harten und blassen Gesichter der Leute, die alle auf sie starrten. Sie hatten im Dorf

Girlanden erwartet, am Morgen ein Ständchen, Hochrufe und Heilrufe. Aber das Dorf war wie ausgestorben gewesen, als sie hindurchfuhren, und in der Kirche wandten sich die Gesichter der blassen Leute ihnen zu, stumm und feindlich, und als der Pfarrer auf die Kanzel stieg, um die Festpredigt zu halten, spürte er die Kälte der sonst so friedlichen Gesichter, und er stoppelte mühsam seine Predigt herunter und ging schweißtriefend zum Altar zurück. Und als die Baleks von Bilgan nach der Messe die Kirche wieder verließen, gingen sie durch ein Spalier stummer, blasser Gesichter. Die junge Frau Balek von Bilgan aber blieb vorn bei den Kinderbänken stehen, suchte das Gesicht meines Großvaters, des kleinen blassen Franz Brücher, und fragte ihn in der Kirche: „Warum hast du den Kaffee für deine Mutter nicht mitgenommen?", und mein Großvater stand auf und sagte: „Weil Sie mir noch so viel Geld schulden, wie fünf Kilo Kaffee kosten", und er zog die fünf Kieselsteine aus seiner Tasche, hielt sie der jungen Frau hin und sagte: „Soviel, fünfeinhalb Deka, fehlen auf ein halbes Kilo an Ihrer Gerechtigkeit"; und noch ehe die Frau etwas sagen konnte, stimmten die Männer und Frauen in der Kirche das Lied an: „Gerechtigkeit der Erden, o Herr, hat Dich getötet . . ."

Während die Baleks in der Kirche waren, war Wilhelm Vohla, der Wilderer, in das kleine Stübchen eingedrungen, hatte die Waage gestohlen und das große, dicke, in Leder eingebundene Buch, in dem jedes Kilo Pilze, jedes Kilo Heublumen, alles eingetragen war, was von den Baleks im Dorf gekauft worden war, und den ganzen Nachmittag des Neujahrtages saßen die Männer des Dorfes in der Stube meiner Urgroßeltern und rechneten, rechneten ein Zehntel von allem, was gekauft worden – aber als sie schon viele tausend Taler errechnet hatten und noch immer nicht zu Ende waren, kamen die Gendarmen des Bezirkshauptmanns, drangen schießend und stechend in die Stube meines Urgroßvaters ein und holten mit Gewalt die Waage und das Buch heraus. Die Schwester meines Großvaters wurde getötet dabei, die kleine Ludmilla, ein paar Männer verletzt, und einer der Gendarmen wurde von Wilhelm Vohla, dem Wilderer, erstochen.

Es gab Aufruhr, nicht nur in unserem Dorf, auch in Blaugau und Bernau, und fast eine Woche ruhte die Arbeit in den Flachsfabriken. Aber es kamen sehr viele Gendarmen, und die Männer und Frauen wurden mit Gefängnis bedroht, und die Baleks zwangen den Pfarrer, öffentlich in der Schule die Waage vorzuführen und zu beweisen, daß der Zeiger der Gerechtigkeit richtig auspendelte. Und die Männer und Frauen gingen wieder in die Flachsbrechen – aber niemand ging in die Schule, um dem Pfarrer zuzusehen: er stand allein da, hilflos und traurig mit seinen Gewichtsteinen, der Waage und den Kaffeetüten.

Und die Kinder sammelten wieder Pilze, sammelten wieder Thymian, Blumen und Fingerhut, aber jeden Sonntag wurde in der Kirche, sobald die Baleks sie betraten, das Lied angestimmt: „Gerechtigkeit der Erden, o Herr, hat Dich getötet", bis der Bezirkshauptmann in allen Dörfern austrommeln ließ, das Singen dieses Liedes sei verboten.

Die Eltern meines Großvaters mußten das Dorf verlassen, das frische Grab ihrer kleinen Tochter; sie wurden Korbflechter, blieben an keinem Ort lange, weil es sie schmerzte, zuzusehen, wie in allen Orten das Pendel der Gerechtigkeit falsch ausschlug. Sie zogen hinter dem Wagen, der langsam über die Landstraße kroch, ihre magere Ziege mit, und wer an dem Wagen vorbeikam, konnte manchmal hören, wie drinnen gesungen wurde: „Gerechtigkeit der Erden, o Herr, hat Dich getötet.“ Und wer ihnen zuhören wollte, konnte die Geschichte hören von den Baleks von Bilgan, an deren Gerechtigkeit ein Zehntel fehlte. Aber es hörte ihnen fast niemand zu.

1. *Die formgebenden Kräfte*

Ein sprachliches Kunstwerk muß – so bemerkt Robert Ulshöfer in seiner „Methodik des Deutschunterrichts“[1] –, wenn es richtig verstanden werden soll, und das heißt, wenn es über das vordergründige Erfassen des dargestellten Vorganges in seiner Gestaltung und in seinem Gehalt dem Leser transparent werden soll, aus den Erlebnis- und Formkräften verstanden und nachgeschaffen werden, aus denen es entstanden ist.

Für die 1952 entstandene Erzählung „Die Waage der Baleks“ gibt uns der Verfasser selbst auf die Frage, aus welchen Kräften diese Erzählung entstanden sei, einen ersten Hinweis: Nachdem ein Kritiker nach dem Erscheinen eines seiner Bücher lobend feststellte, daß Böll „nun das Armeleutemilieu verlassen habe, seine Bücher vom Waschküchengeruch frei und der sozialen Anklage bar seien“, verficht dieser in einem kleinen Aufsatz „Zur Verteidigung der Waschküchen“[2] die Welt der Armen, der Erniedrigten, der Kleinen und Unbedeutenden als legitimen Gegenstand seines dichterischen Schaffens und bekennt sich, weil er seiner Herkunft wie seiner inneren Einstellung nach sich ihr verbunden fühlt, zur Welt der „kleinen Leute“: „Ich bin größenblind, so wie man farbenblind ist, ich bin milieublind und versuche, Vorurteilslosigkeit zu üben, die gar oft mit Urteilslosigkeit verwechselt wird. Größe ist eine Vokabel, die nicht vom sozialen Ort abhängt, so wie Schmerz und Freude unabhängig vom Sozialen sind.“

Neben dieser Verbundenheit mit allen, denen „Waschküchengeruch“ in irgendeiner Form anhaftet, die in irgendeiner Weise im Leben zu kurz gekommen sind, kennzeichnet eine zweite Grundhaltung, aus der ersten vielleicht erwachsend, den Erzähler

[1] Robert Ulshöfer, Methodik des Deutschunterrichts, Band 2, S. 15 (Klett-Verlag, 4. Auflage 1960).

[2] Heinrich Böll, Erzählungen, Hörspiele, Aufsätze (Kiepenheuer und Witsch), Köln 1961, S. 412.

Heinrich Böll: In seinem Roman „Billard um halb zehn" charakterisiert das Hotelfaktotum Jochen die Hauptgestalt des Romans, den Architekten Robert Fähmel, mit der lapidaren Feststellung: „Der konnte Unrecht nicht ertragen", ein Wesensmerkmal wohl nicht nur dieser Romangestalt, sondern auch ihres geistigen Vaters.

Hinter diesen beiden Erlebnis- und Charakterkräften, die bei der Konzeption unserer Erzählung eine entscheidende Rolle spielten, müssen wir, wenn wir die Erzählung in ihrer sprachlichen Gestaltung richtig sehen wollen, eine dritte formgebende Kraft beachten, die uns bewußter wird, wenn wir überlegen, für welche Möglichkeiten einer nicht gedanklichen, sondern mittelbaren Interpretation die vorliegende Erzählung sich eigne. Robert Ulshöfer schlägt in seiner bereits erwähnten Methodik (S. 102–106) als solche Möglichkeiten mittelbarer, nicht nur vom Verstand, sondern auch von den Gestaltungskräften des Schülers getragener Erschließung einer Erzählung die Buchillustration, die Dramatisierung des Textes, die Anfertigung eines Drehbuches oder eines Hörspieltextes vor. Schon nach dem ersten Lesen wird deutlich sein, daß für unsere Erzählung die dramatisierenden, auf das Hin- und Wider von Rede und Gegenrede, von Angriff und Gegenschlag angelegten Umformungen der Erzählung zum Hörspieltext etwa oder zur dramatischen Szene weniger geeignet erscheinen als die auf das Bildhafte, Gegenständlich-Anschauliche ausgerichtete Gestaltung der Erzählung in einzelnen einprägsamen Illustrationen oder im Bildmedium des Films. Von dieser Überlegung her wird deutlich, daß die formale Kraft dieser Erzählung im Bild, im Anschaubar-Konkreten liegt, daß hier nicht abstrakte Maximen und moralische Ansprüche logisch deduziert werden, sondern daß die Aussage des Erzählers unmittelbar bildhaft uns ansprechen will.

Wenn die vorliegende Erzählung aus diesen drei Grundkräften, aus der unmittelbaren Verbundenheit des Autors mit den einfachen, kleinen und unbedeutenden Menschen, aus seinem Gespür für Gerechtigkeit und seiner Auflehnung gegen jede Form der Ungerechtigkeit und drittens aus der Fähigkeit, diese Auflehnung bildhaft-anschaulich zu gestalten, entstanden ist, so wird die unterrichtliche Erschließung der Erzählung versuchen müssen, diese Kräfte im Schüler – und sei es in noch so bescheidener Form – lebendig werden zu lassen.

Das stärkste Movens der Erzählung ist zweifellos die Forderung des Verfassers nach Gerechtigkeit und sein Wissen darum, „daß in allen Orten das Pendel der Gerechtigkeit falsch" ausschlägt. Dieses „Hungern und Dürsten nach der Gerechtigkeit" muß dem Schüler verstandes- und gefühlsmäßig bewußtwerden, wenn er die Erzählung richtig verstehen will.

Aristoteles hat in seiner „Nikomachischen Ethik" am Typus des gerechten Menschen eine klare Definition von Gerechtigkeit und Ungerechtigkeit zu erarbeiten versucht:

„Die Gerechtigkeit ist eine Grundhaltung, die über den gerechten Mann folgende Aussage gestattet: er verwirklicht grundsätzlich aus freier Entscheidung das Gerechte, und gilt es eine Verteilung, wo seine eigene Person und eine zweite oder zwei andere Personen in Frage stehen, so verfährt er grundsätzlich nicht so, daß er von dem fraglichen Wert sich selbst den Hauptanteil und anderen die kleinere Menge – und bei nachteiligen Dingen umgekehrt – zuteilt, sondern er gibt im Sinne der Proportion gleiche Anteile. Die Ungerechtigkeit aber ist im Gegensatz dazu auf das Unrecht gerichtet, d. h. auf das Zuviel und das Zuwenig, eben weil sie die Ursache des Zuviel und des Zuwenig ist, und zwar, wenn es sich um die eigene Person handelt, des Zuviel an schlechthin Vorteilhaftem und des Zuwenig an Nachteiligem. ... Die ungerechte Tat hat zwei Folgen: wo das Zuwenig ist, haben wir das Unrecht-Erleiden, wo das Zuviel ist, das Unrecht-Tun[3]."

Diese Definition umschreibt zwar in gedanklicher Präzision die Begriffe „Gerechtigkeit" und Ungerechtigkeit", sie enthält sich aber jeder gefühlsmäßigen Anteilnahme. Der moralische Anspruch, der sich aus dieser Definition ergibt, muß zu einem inneren Betroffensein werden, das nicht nur die Ratio, sondern den ganzen Menschen erfaßt. Betroffen aber wird der Schüler dann, wenn es um ihn selbst, um sein eigenes Ich, um seine eigenen Vor- und Nachteile geht. Abstrakte Deduktionen und moralische Ansprüche aus einer Zeit, da die Großeltern unserer Großeltern noch Kinder waren, berühren ihn zunächst nicht. Es erscheint deshalb vorteilhaft, vor der Lektüre der Erzählung innerhalb der Aufsatzerziehung das Thema „Wie mir einmal Unrecht geschah" zu behandeln und von den Schülern als Hausaufgabe ausführen

---

[3] Aristoteles, Nikomachische Ethik, herausgegeben und eingeleitet von Franz Dirlmeier, Fischer-Taschenbuch Bd. 151, S. 116 f.

zu lassen. Damit verlagert sich für den Schüler die Frage nach Gerechtigkeit und Ungerechtigkeit in ein emotionales Geschehen, bei dem er selbst beteiligt ist. In dem sich aus der Besprechung der Hausaufgabe ergebenden Unterrichtsgespräch müßten sich – in der Sprache und gemäß dem Fassungsvermögen der Schüler – die Begriffe „Gerechtigkeit" und „Ungerechtigkeit" im Sinne der aristotelischen Definition wie von selbst ergeben, darüber hinaus aber würden die Schüler an Hand der erzählten Beispiele das bittere Gefühl der Ohnmacht gegenüber einem Mächtigeren, der Unrecht tut, erfahren und, sozusagen am eigenen Leibe, empfinden, daß jedes Unrecht für den Zuschauenden und Miterlebenden den Anspruch auf Korrektur erhebt.

2. *Das „Armeleutemilieu" und sein soziales Gegenüber*

Nach dieser vorbereitenden Erörterung werden die Schüler nach der Lektüre der Erzählung bei der ersten Aussprache wahrscheinlich zu einer Diskussion über die Gestalt des Großvaters drängen, mit der sich das früher Besprochene leicht verbinden läßt. Doch erscheint es, um eine voreilige Identifikation zu vermeiden und den detailliert geschilderten Hintergrund des Geschehens nicht aus dem Blick zu verlieren, sinnvoller, das Armeleutemilieu und sein Gegenüber, die Welt der Feudalherren, zunächst zu betrachten und die Frage nach der Gerechtigkeit der Baleks dann anzuschließen. Den Schülern wird die Arbeit erleichtert, wenn eine gezielte Aufgabe mit der häuslichen Lektüre verbunden wird (Schildere, wie die Menschen in den Flachsbrechen leben müssen! / Wie erleben die Dorfbewohner die Macht und den Reichtum der Baleks?).

Erste Aufgabe der Erarbeitung wird es sein, das Armeleutemilieu so plastisch und bildhaft wie möglich vor und mit den Schülern aufzubauen. Dabei zeigt sich, daß vor allem einzelne Bilder uns die trostlose Armut der Menschen in den Flachsbrechen miterleben lassen. Da sind der Ziegenkäse und die Kartoffeln, der Pfefferminztee und die Brennsuppe, die das kärgliche Mahl ausmachen, manchmal ein Kaninchen und Sterz an den Sonntagen. Böll versteht es, dieses Bild allereinfachster Mahlzeiten gelegentlich durch einen winzigen Vorgang zu beleben und die bittere Armut dieser Menschen dadurch schlagartig zu beleuchten: der schwarze Eichelkaffee, das tägliche, wahrscheinlich nicht sonderlich schmackhafte Getränk der Arbeiterkinder, wird für den Leser dadurch besonders einprägsam, daß ganz selten, „an besonders festlichen Tagen", die Milch, die ausnahmsweise hinzugegeben wird, die Gesichter der Kinder vor Freude sich röten läßt, so wie das Bonbon, das sie ebenso selten von Frau Balek erhalten, die Röte der Freude in ihre kindlichen Gesichter treibt. Die dünne Kartoffelschale, die die Kinder „vorweisen mußten, um den Verdacht möglicher Verschwendung oder Leichtfertigkeit zu zerstreuen", läßt uns mehr als eine lange Schilderung die materielle Not dieser Menschen erkennen. Zwei Substantive genügen, um die Wohnverhältnisse vieler Familien in vielen Generationen zu zeichnen: ein einziges, schrankartiges Bett, Bänke ringsum für die Kinder – unvorstellbare Armut, zu der sich Not und Mühe des Berufes gesellen; auch hier wiederum die Mühsal überlanger Arbeitstage, die zermürbende Arbeitslast vieler Jahre verdichtet in den beiden Substantiven „Hitze" und „Staub", die in Verbindung mit dem „langsam dahinmorden" des zweiten Satzes eine zeitlose und tödliche Übermacht über die Menschen gewinnen. Mit wenigen Strichen ist hier das Bild der Unterdrückten, der Zukurzgekommenen in einer feudalen Gesellschaftsordnung gezeichnet, wir sind mitten darin im „Armeleutemilieu"; „Waschküchengeruch" im Sinne einer der ästhetischen Betrachtungsweise unangenehmen Erbärmlichkeit und Niedrigkeit der äußeren Lebensverhältnisse liegt über dem Eingangsbild.

Aber diese Menschen lehnen sich nicht auf gegen ihr Schicksal, es sind „geduldige und fröhliche Geschlechter", die eine andere Ordnung der Besitzverhältnisse nie kannten, Menschen mit „friedlichen und stillen Gesichtern", die sich, stumm und ergeben, Generation um Generation in ihr Schicksal fügen.

Die bedrückende Armut der Häusler wird noch deutlicher vor dem Hintergrund der Großgrundbesitzerfamilie, die in dieser feudalen Gesellschaftsordnung Macht und Reichtum in einer Ausschließlichkeit besitzt, die für die ihnen untergebenen Menschen jede Änderung ihrer Lebensverhältnisse von vornherein als unmöglich erscheinen läßt. Das Bild üppiger Wohlhabenheit wird vom Erzähler aus der Perspektive der Dorfbewohner gezeichnet, die nie weiter als bis zur Milchküche in das Innere dieser unerreichbaren und ihnen im Grunde fremden Welt vordringen. Das Schloß, zu dessen Exklusivität eine Pappelallee führt, Kutschen, Dorfjungen, denen das Studium der Theologie ermöglicht wird, der Pfarrer, der zum Kartenspiel kommt und hilflos-williges Werkzeug in der Hand der Baleks ist, der Bezirkshauptmann, dessen Macht das kaiserliche Wappen auf der Kutsche andeutet – das alles ist Kontrastmittel zum Armeleutemilieu und soziale Anklage zugleich. Die Kirche, die in der Botschaft der Bergpredigt die Armen seligpreist, findet sich hier ebenso auf der Seite der Reichen und Besitzenden wie die staatliche Macht, die mit Polizeigewalt die scheinbaren Rechte der Baleks schützt.

Freilich wird dieses Mißverhältnis zwischen Reichtum und notvoller Armut durchaus nicht aus der Dynamik klassenkämpferischer Ideologien gesehen, sondern das Nebeneinander dieser so verschiedenen Welten hat etwas durchaus Statisches. Das geschichtlich gewordene Verhältnis zwischen Arbeitenden und Besitzenden wird als solches auch von den Benachteiligten akzeptiert, eine andere Verteilung der sozialen Rollen ist ihnen aus der Enge ihrer sozialen Perspektive gar nicht denkbar. Die Kraft, die diese so ungleich begünstigten Gesellschaftsgruppen zusammenhält und das soziale Gleichgewicht sichert, ist die Gerechtigkeit, die jeder Seite Recht und Verpflichtung – freilich in unterschiedlichem Maße – zuweist und von Heinrich Böll im Dingsymbol der altertümlichen, verschnörkelten, mit Goldbronze bemalten Waage anschaubar gemacht wird. Das durchaus statische Nebeneinander der beiden Gesellschaftsformen ist dadurch gekennzeichnet, daß auf der einen Seite Ausnahmegestalten wie Vohla, der Wilderer, „die begehrten, in einer Nacht mehr zu verdienen, als sie in einem ganzen Monat in der Flachsfabrik verdienen konnten", vom moralischen Empfinden dieser einfachen Menschen als Störer des sozialen Gleichgewichts abgelehnt wurden, wie man andererseits auch von den Feudalherren eine Beeinträchtigung der seit alters her überkommenen „Gerechtigkeit" nicht erwartete: „Im übrigen machte die altertümliche, mit Goldbronze verzierte Waage der Baleks nicht den Eindruck, als könne sie nicht stimmen."

3. *Die Ungerechtigkeit der Baleks*

Das Beharrende, Statische, Zeitlose der dargestellten Sozialstruktur wird in vielerlei Wendungen deutlich gemacht: „Seit fünf Generationen atmeten sie den Staub ein ..." heißt es zu Beginn der Erzählung, und ein wenig weiter: „... und die Frau des Familienvorstandes jeweils hatte neben der Milchküche ein kleines Stübchen" – die Individuen wechseln im Wandel der Zeiten, die soziale Rolle, die sie zu spielen haben, bleibt je und je die gleiche. Das gilt für die Baleks wie für die Armen des Dorfes: die Kinder stehen vor der goldverzierten Waage, vor der – wie der Erzähler sagt – „die Großeltern meines Großvaters schon gestanden hatten". Der nachfolgende Partizipialsatz bezieht sich zwar grammatisch eindeutig auf die Großeltern des Großvaters, aber das Bild der gespannt auf die Waage starrenden Kinder löst sich für den Leser von seiner grammatischen Beziehung, es wird zeitlos und gilt für alle Kindergenerationen, die im Zeitraum der Erzählung denkbar sind. Der gleiche sprachliche Vorgang zeigt sich noch einmal an einer anderen Stelle: „Dann nahm Frau Balek das große, braune Buch ..." Dieses „dann" bezieht sich zunächst auf einen ganz bestimmten, zugleich aber auch auf einen immer wiederkehrenden Vorgang, indem über ein Jahrhundert hinweg die Gestalt der „Frau Balek" ebenso gleichbleibt wie der Vorgang des Auswiegens und Auszahlens. Der Blick geht über eine gleichbleibende Szenerie zurück in eine längst vergangene, weit zurückliegende Zeit: „als mein Großvater ein Kind war ...", heißt es, doch ebenso gut könnte man lesen: „als die Großeltern meines Großvaters noch Kinder waren ..."

Erst die Gestalt des zwölfjährigen Franz Brücher, des Erzählers Großvater, bringt Bewegung in die bis dahin statischen Verhältnisse. Er ist fleißig wie die übrigen Kinder des Dorfes, darüber hinaus aber klug und kühn. „Klug ist, wer sich im Leben zurechtzufinden, wer sich in gegebenen Situationen geschickt zu verhalten vermag, wer die Umstände richtig übersieht und für sich auszunutzen versteht", so beschreibt Otto Friedrich Bollnow die lebenspraktische Tugend der Klugheit[4], die dem kleinen, blassen Franz Brücher trotz seiner zwölf Jahre mehr als dem Durchschnitt der Dorfkinder zukommt. Diese praktische Klugheit zeigt sich darin, daß er – zunächst durchaus ohne ein bestimmtes Ziel, wohl aber sicherlich voller Mißtrauen gegen alles, was von den Baleks kommt – jedes Pfund Pilze, jedes Gramm Thymian, das er in fünf Jahren abgeliefert hat, mit Preis und Datum notiert; sie zeigt sich darin, daß er die versteckten Trüffelplätze zu finden

[4] Otto Friedrich Bollnow, Wesen und Wechsel der Tugenden, Ullstein-Taschenbuch Nr. 209, S. 100.

weiß und daß er nicht wie die übrigen Dorfbewohner das Gegebene und Althergebrachte von vornherein als richtig ansieht. Er ist der erste, der überhaupt auf den Gedanken verfällt, „die Gerechtigkeit der Baleks zu prüfen".

Dieser Klugheit des Zwölfjährigen entspricht die zweite Charakterhaltung, von der wir erfahren: die Kühnheit. Holen wir auch hier O. F. Bollnows Definition zur Hilfe: „Kühnheit (ist) etwas anderes als Mut. Sich in Lebensgefahr zu begeben und dort durchzuhalten, erfordert Mut, aber nicht eigentlich Kühnheit. Kühnheit liegt sozusagen schon in einer geistigeren Ebene. Sie gehört zur Planung, nicht zur Durchführung des Unternehmens. In diesem Sinne faßt der Mensch etwa einen kühnen Entschluß. Das ist ein Entschluß, der weit über das Naheliegende und Erprobte hinausgeht und in noch unbekannte Bereiche vorstößt... Kühn ist also nicht das gedankenlose Spiel mit dem Schicksal, sondern das vom Vertrauen zur eigenen Planung getragene Vorstoßen in eine noch unbekannte Zukunft[5]."

War für die anderen Kinder das Dickicht, „in dem der Sage nach Bilgan der Riese hausen sollte", eine mythische Grenze, die zu überschreiten sie nicht gewagt hätten, so schiebt Franz Brücher diesen Mythos ebenso beiseite wie das naive Vertrauen in die Gerechtigkeit der Baleks und die Furcht vor ihrer Macht.

Die anschauliche Szene, in der das zwölfjährige Bürschlein es wagt, die Gerechtigkeit der übermächtigen Schloßherren zu prüfen, ist der Mittelpunkt der Erzählung. In zwei ungemein einprägsamen Bildern wird die Ungerechtigkeit der Baleks, die ja, wie der Leser am Schluß der Erzählung erfährt, nur Hinweis ist für eine „in allen Orten" waltende Ungerechtigkeit unter den Menschen, anschaubar gemacht. „Sein Herz klopfte heftig, als er sah, wie der schwarze Zeiger der Gerechtigkeit links neben dem Strich hängenblieb, die Schale mit dem Halbkilostein unten blieb und das halbe Kilo Kaffee ziemlich hoch in der Luft schwebte." Das Zuwenig, das nach der aristotelischen Definition das Wesen der Ungerechtigkeit ausmacht, ist hier in der mangelnden „Proportion" der Waage und der Unfähigkeit des Zeigers, „die dünne Linie der Gerechtigkeit" zu erreichen, aus der Sprache des Philosophen ins Bild übersetzt. Etwas Ähnliches gilt für den folgenden Satz: „Drei, vier, fünf Kieselsteine mußte er

---

[5] Ebd. S. 82.

neben die vier Kaffeepakete legen, bis die Schale mit dem Halbkilostein sich hob und der Zeiger endlich scharf über dem schwarzen Strich lag." Das Mißverhältnis zwischen Gerechtigkeit und Ungerechtigkeit beläuft sich, wie wir erst später erfahren, auf genau 55 Gramm, aber diese abstrakte Gewichtsangabe wird zum anschaubaren Bild, zum konkreten Vorgang umgewandelt: „drei – vier – fünf Kieselsteine" – man sieht die Steine geradezu vor sich, sieht den Jungen einen nach dem anderen auf die Waage legen, sieht endlich den Zeiger sich einpendeln auf die dünne Linie der Gerechtigkeit, die sich als falsch erwiesen hatte.

Das Statische, Zeitlose, Generationen Überdauernde in der Sozialstruktur dieses Dorfes erhält hier neben der bloßen Zeitschilderung eine zweite Funktion. Eine „Ungenauigkeit" von nur 55 Gramm – wie geringfügig muß diese Abweichung auf den ersten Blick erscheinen und wie gewichtig wird sie, wenn sie mit der Unendlichkeit ungezählter Kinderscharen multipliziert wird, die von jener Zeit an, als die Großeltern des Großvaters noch Kinder waren, bis zum Neujahrstag des Jahres 1900 die Erträge ihres Fleißes den Baleks anvertrauten. Diese wenigen Gramm werden aber auch dadurch zu einem unendlichen Gewicht, daß die gewogenen Dinge – Heublumen, Kräuter und Pilze – so gut wie nichts wiegen und so hinter der scheinbar geringfügigen Zahl ein vielfaches Sichmühen der Kinder steht, das umsonst war. Unendlich viele Kinder in einer unendlich langen Zeit wurden um den Ertrag unendlicher Mühen geprellt; die geringfügige Ungenauigkeit vervielfältigt sich vor diesem Hintergrund zu einer „großen Woge der Ungerechtigkeit", die über dem kleinen, blassen Burschen zusammenschlägt.

An jenem Neujahrsmorgen des Jahres 1900, an dem vielleicht eine neue Epoche sozialen Verhaltens sich ankündigt, werden die Baleks, die vom Kaiser geadelt wurden, in ihrem inneren Un-Adel jedermann offenbar. Die Waage, das Symbol der Gerechtigkeit, Sinnbild auch für die in sich ruhende, im Gleichgewicht verharrende Sozialstruktur einer vergangenen Zeit, erweist sich als gefälscht, die Gerechtigkeit ist zerstört und damit die Möglichkeit eines geordneten sozialen Zusammenlebens. Die Ungerechtigkeit der sozialen Kräfteverteilung hatten die Menschen jahrhundertelang geduldig ertragen, die bewußte Täuschung, deren sich die Baleks schuldig machen, die das Übergewicht ihrer sozialen „Waagschale" über das ohnehin fast unerträgliche

Maß noch steigern wollten, führt zur Revolte, die sich freilich eher in stummer Verbitterung als in stürmischem Aufruhr zeigt.

4. *Die religiöse Deutung*

Verbitterung, Empörung und Auflehnung der Betrogenen finden ihren spontanen Ausdruck in jenem Lied, das die Gemeinde anstimmt. Diese Szene erinnert an Gerhart Hauptmanns bekanntes sozialkritisches Drama „Die Weber", in dem der Aufstand der verzweifelten Weber auch von einem Lied begleitet wird, das die Leidensgenossen unmittelbar anspricht und mitreißt:

„Hier im Ort ist ein Gericht,
noch schlimmer als die Vehmen,
wo man nicht erst ein Urteil spricht,
das Leben schnell zu nehmen.

Hier wird der Mensch langsam gequält,
hier ist die Folterkammer,
hier werden Seufzer viel gezählt
als Zeugen von dem Jammer.

Die Herren Dreißiger die Henker sind,
die Diener ihre Schergen . . . ,

Ihr Schurken all', ihr Satansbrut,
ihr höllischen Kujone,
ihr freßt der Armen Hab' und Gut,
und Fluch wird euch zum Lohne."

Ein anonymer Verfasser schrieb in simpler Sprache diese Verse, die bald von Dorf zu Dorf weitergetragen werden, Verzweiflung, Schmerz, Haß und Rachedurst der Zuhörer erregend. Auffallend ist, daß der Text selbst an keiner Stelle Aufruf zum revolutionären Handeln ist; bei den Zuhörern aber erregt die unverblümte Darstellung der eigenen Not blinde Wut, die unmittelbar zur Tat drängt. Nachdem das Lied verklungen ist, heißt es in der Regie-Anweisung: Ansorge erhebt sich, am ganzen Leibe zitternd vor Wut, stammelt hervor: „Und das muß anderscher wern, sprech ich, jitzt uf der Stelle. Mir leiden's nimehr! Mir leiden's nimehr, mag kommen, was will!"

Auch die Dorfbewohner in Bölls Erzählung stimmen, nachdem der kleine Franz Brücher das Unrecht der Baleks vor aller Öffentlichkeit bekanntgemacht hat, ein Lied an, das freilich nicht eigens zu diesem Zweck gedichtet wurde, sondern dem Überlieferungsschatz der Kirche entnommen ist. Das Lied bekommt, anders als das Dreißiger-Lied, das den Namen der Ausbeuter deutlich nennt, erst aus der Situation seine Beziehung zur Schuld der Baleks, es ist nur mittelbare, passiv erscheinende Anklage, die aber durch die angedeutete Parallele des Vorgangs mit der Verurteilung Christi ein besonderes Gewicht erhält. Zweimal sah sich Jesus von Nazareth in einem förmlichen Gerichtsverfahren der „Gerechtigkeit der Erden" gegenübergestellt – in einem Religionsprozeß vor der höchsten richterlichen Instanz des Judentums, dem Synedrium, und in einem politischen Verfahren vor dem Forum des römischen Statthalters Pontius Pilatus – und zweimal erwies sich diese irdische Gerechtigkeit als Scheingerechtigkeit, die zwar nach außen alle formalen Mittel juristischer Sauberkeit in Anspruch nahm, der inneren Motivation nach aber alles andere als Gerechtigkeit war[6].

Wenn auch die Einzelheiten dieses juristisch ungemein komplizierten Verfahrens den Menschen in Bölls Erzählung wohl kaum geläufig waren, so entnahmen sie doch einer jahrtausendealten christlichen Tradition das Wissen darum, daß „Gerechtigkeit der Erden", die Gerechtigkeit der Mächtigen, Klugen und Besitzenden, sich im Prozeß Jesu in ein ungeheuerliches Unrecht verwandelt

---

[6] Josef Blinzler, der sich in einer eingehenden Untersuchung (Der Prozeß Jesu, Regensburg 1960) mit dem Gerichtsverfahren gegen Jesus von Nazareth beschäftigt hat, kommt zu der Feststellung, daß die Verhandlung vor dem Synedrium durchaus ein legales Verfahren war, daß aber die Mitglieder des höchsten jüdischen Gerichtshofes, „wenigstens die Mehrheit von ihnen, nicht zum Zweck der Rechtsfindung zusammentraten, sondern offenbar in der festen Absicht, Jesus eines todeswürdigen Verbrechens zu überführen. Und das wiegt wohl schwerer als das gelegentliche Außerachtlassen einer äußeren Form" (S. 149). Der Prozeß, der wegen erwiesener Blasphemie mit einem offiziellen Todesurteil endete, wurde aber vor dem Forum des Pontius Pilatus unter einer bewußten und planvollen Änderung der Anklage, die nun auf Hochverrat lautete, ein zweites Mal geführt. Obwohl sich der jüdische Gerichtshof der Fadenscheinigkeit dieses Anklagepunktes durchaus bewußt war, „konnten die Synedristen die Erbarmungslosigkeit, mit der sie vor Pontius Pilatus die Anklage gegen Jesus betrieben, sozusagen vor ihrem eigenen Gewissen damit rechtfertigen, daß dieser auf alle Fälle ein todeswürdiger Verbrecher sei" (S. 179). Die gleiche Art der Scheingerechtigkeit wiederholt sich dann noch einmal bei der Verhandlung vor Pilatus, dem am Ende seiner ungeschickt geführten Verhandlung nichts anderes übrigbleibt, als vor dem entfesselten Willen der fanatisierten Menge zu kapitulieren. „Daß er diesmal seine Position Stück um Stück preisgab, könnte immerhin noch als ein sympathischer Zug erscheinen, wenn nicht gerade dadurch das peinliche Bild eines aus Mangel an Mut, Umsicht und Charakterstärke rechtsbrüchig werdenden römischen Richters noch deutlicher hervortreten würde" (S. 229).

hatte. Zwar fehlt ihnen, anders als den Webern in Gerhart Hauptmanns Drama, die Kraft zur offenen Revolte, zu der sie erst später getrieben werden (Heinrich Böll spricht bezeichnenderweise nur in einem einzigen Satz davon), aber sie reihen, als sie spontan das alte Lied anstimmen, die Baleks ein in die Reihe der schuldigen Synedristen und des rechtsbrüchigen römischen Statthalters, die vor dem Urteil der Geschichte bereits entlarvt sind. Darüber hinaus aber erscheinen die Baleks durch diese Zuordnung auch vor dem Forum einer höheren, göttlichen Gerechtigkeit verworfen.

Das Lied, das die Menschen in der Kirche anstimmen, predigt nicht den Aufstand, am Ende steht nicht das „Mir leiden's nimehr, mag kommen, was will!" Gerhart Hauptmanns, sondern Resignation. Die Eltern des Großvaters verlassen nach dem Tode ihres Kindes das Dorf. Die Erfahrung der Ungerechtigkeit, der Bedrückung der Schwachen und Ohnmächtigen wird vom Verfasser ins Allgemeine ausgeweitet, weil deutlich wird, „daß in allen Orten (und es ließe sich ergänzen: und zu allen Zeiten) das Pendel der Gerechtigkeit falsch ausschlug."

Indem aber die verarmten, leidenden Eltern in ihrem erbärmlichen Planwagen das Lied von der „Gerechtigkeit der Erden" singen, rücken sie selbst in unmittelbare Nähe des verfolgten und getöteten Herrn. Ihnen, denen die Gerechtigkeit der Mächtigen sich als Unrecht offenbarte, sind nicht Revolution und Aufruhr das befreiende Mittel, sondern das Wissen um die innere Verwandtschaft ihres Geschicks mit dem des Herrn, der der „Gerechtigkeit auf Erden" eine neue Wertordnung entgegenhielt: „Selig sind, die Verfolgung leiden um der Gerechtigkeit willen, denn ihrer ist das Himmelreich" (Mt 5,10).

Am Ende der Erzählung steht zweifellos eine gewisse Resignation („aber fast niemand hörte ihnen zu"), aber auch das Wissen des Verfassers um eine Gerechtigkeit, die der „Gerechtigkeit der Erden" übergeordnet ist.

Der Christ Heinrich Böll verweist auf die Sinngebung, welche die Bergpredigt dem Armeleute-Dasein im weitesten Sinne zu geben versucht. In den Bildern, die er vor uns aufbaut, ergeht aber auch der moralische Anspruch an den Leser, dafür Sorge zu tragen, daß das Pendel der Gerechtigkeit, das zu allen Zeiten und in allen Orten falsch ausschlägt, sich durch das Wirken eines jeden einzelnen mehr und mehr der „dünnen Linie der Gerechtigkeit“ nähere. „Selig, die nach der Gerechtigkeit hungern und dürsten“ (Mt 5,6) – diese Verheißung des Evangeliums steht als die den Erzähler bewegende Kraft hinter dieser Erzählung. Wenn bei der Lektüre etwas von diesem „Hunger und Durst nach der Gerechtigkeit“ in unseren Schülern lebendig geworden ist, hat sie sicherlich ihren guten Sinn gehabt.

5. *Fragen und Hinweise zur Erschließung im Unterricht:*

1. Vorbesinnung: Wie mir einmal Unrecht geschah!

2. Das „Armeleutemilieu“ und sein soziales Gegenüber:

a) Schildere, wie die Menschen in den Flachsbrechen leben müssen!

b) Wie erleben die Dorfbewohner die Macht und den Reichtum der Baleks?

c) Deute die Waage der Baleks als symbolisches Zeichen!

3. Die Ungerechtigkeit der Baleks:

a) Welche Formulierungen in unserer Erzählung verdeutlichen das Zeitlose der dargestellten sozialen Verhältnisse?

b) Charakterisiere den zwölfjährigen Franz Brücher!

c) Wie könnte man die Szene, in der Franz Brücher die Gerechtigkeit der Baleks auf die Probe stellt, illustrieren?

4. Die religiöse Deutung der Erzählung:

a) Vergleiche die Wirkungen des Liedes „Gerechtigkeit der Erden“ mit den Folgen des „Dreißiger-Liedes“ aus Gerhart Hauptmanns Drama „Die Weber“!

b) Was meint der Erzähler, wenn er von der „Gerechtigkeit der Erden“ spricht?

Die neue Gerechtigkeit in einer verwandelten Gesellschaft

Bertolt Brecht: Der Augsburger Kreidekreis

Zu der Zeit des Dreißigjährigen Krieges besaß ein Schweizer Protestant namens Zingli eine große Gerberei mit einer Lederhandlung in der Freien Reichsstadt Augsburg am Lech. Er war mit einer Augsburgerin verheiratet und hatte ein Kind von ihr. Als die Katholischen auf die Stadt zumarschierten, rieten ihm seine Freunde dringend zur Flucht, aber, sei es, daß seine kleine Familie ihn hielt, sei es, daß er seine Gerberei nicht im Stich lassen wollte, er konnte sich jedenfalls nicht entschließen, beizeiten wegzureisen.

So war er noch in der Stadt, als die kaiserlichen Truppen sie stürmten, und als am Abend geplündert wurde, versteckte er sich in einer Grube im Hof, wo die Farben aufbewahrt wurden. Seine Frau sollte mit dem Kind zu ihren Verwandten in die Vorstadt ziehen, aber sie hielt sich zu lange damit auf, ihre Sachen, Kleider, Schmuck und Betten zu packen, und so sah sie plötzlich, von einem Fenster des ersten Stockes aus, eine Rotte kaiserlicher Soldaten in den Hof dringen. Außer sich vor Schrecken ließ sie alles stehen und liegen und rannte durch eine Hintertür aus dem Anwesen.

So blieb das Kind im Hause zurück. Es lag in der großen Diele in seiner Wiege und spielte mit einem Holzball, der an einer Schnur von der Decke hing.

Nur eine junge Magd war noch im Hause. Sie hantierte in der Küche mit dem Kupferzeug, als sie Lärm von der Gasse her hörte. Ans Fenster stürzend, sah sie, wie aus dem ersten Stock des Hauses gegenüber von Soldaten allerhand Beutestücke auf die Gasse geworfen wurden. Sie lief in die Diele und wollte eben das Kind aus der Wiege nehmen, als sie das Geräusch schwerer Schläge gegen die eichene Haustür hörte. Sie wurde von Panik ergriffen und flog die Treppe hinauf.

Die Diele füllte sich mit betrunkenen Soldaten, die alles kurz und klein schlugen. Sie wußten, daß sie sich im Haus eines Protestanten befanden. Wie durch ein Wunder blieb bei der Durchsuchung und Plünderung Anna, die Magd, unentdeckt. Die Rotte verzog sich, und aus dem Schrank herauskletternd, in dem sie gestanden war, fand Anna auch das Kind in der Diele unversehrt. Sie nahm es hastig an sich und schlich mit ihm auf den Hof hinaus. Es war inzwischen Nacht geworden, aber der rote Schein eines in der Nähe brennenden Hauses erhellte den Hof, und entsetzt erblickte sie die übel zugerichtete Leiche des Hausherrn. Die Soldaten hatten ihn aus seiner Grube gezogen und erschlagen.

Erst jetzt wurde der Magd klar, welche Gefahr sie lief, wenn sie mit dem Kind des Protestanten auf der Straße aufgegriffen wurde. Sie legte es schweren Herzens in die Wiege zurück, gab ihm etwas Milch zu trinken, wiegte es in Schlaf und machte sich auf den Weg in den Stadtteil, wo ihre verheiratete Schwester wohnte. Gegen zehn Uhr nachts drängte sie sich, begleitet vom Mann ihrer Schwester, durch das Getümmel der ihren Sieg feiernden Soldaten, um in der Vorstadt Frau Zingli, die Mutter des Kindes, aufzusuchen.

Sie klopften an die Tür eines mächtigen Hauses, die sich nach geraumer Zeit auch ein wenig öffnete. Ein kleiner alter Mann, Frau Zinglis Onkel, steckte den Kopf heraus. Anna berichtete atemlos, daß Herr Zingli tot, das Kind aber unversehrt im Hause sei. Der Alte sah sie kalt aus fischigen Augen an und sagte, seine Nichte sei nicht mehr da, und er selber habe mit dem Protestantenbankert nichts zu schaffen. Damit machte er die Tür wieder zu. Im Weggehen sah Annas Schwager, wie sich ein Vorhang in einem der Fenster bewegte, und gewann die Überzeugung, daß Frau Zingli da war. Sie schämte sich anscheinend nicht, ihr Kind zu verleugnen.

Eine Zeitlang gingen Anna und ihr Schwager schweigend nebeneinander her. Dann erklärte sie ihm, daß sie in die Gerberei zurück und das Kind holen wolle. Der Schwager, ein ruhiger, ordentlicher Mann, hörte sie erschrocken an und suchte ihr die gefährliche Idee auszureden. Was hatte sie mit diesen Leuten zu tun? Sie war nicht einmal anständig behandelt worden.

Anna hörte ihm still zu und versprach ihm, nichts Unvernünftiges zu tun. Jedoch wollte sie unbedingt noch schnell in die Gerberei schauen, ob dem Kind nichts fehle. Und sie wollte allein gehen.

Sie setzte ihren Willen durch. Mitten in der zerstörten Halle lag das Kind ruhig in seiner Wiege und schlief. Anna setzte sich müde zu ihm und betrachtete es. Sie hatte nicht gewagt, ein Licht anzuzünden, aber das Haus in der Nähe brannte immer noch, und bei diesem Licht konnte sie das Kind ganz gut sehen. Es hatte einen winzigen Leberfleck am Hälschen.

Als die Magd einige Zeit, vielleicht eine Stunde, zugesehen hatte, wie das Kind atmete und an seiner kleinen Faust saugte, erkannte sie, daß sie zu lange gesessen und zu viel gesehen hatte, um noch ohne das Kind weggehen zu können. Sie stand schwerfällig auf, und mit langsamen Bewegungen hüllte sie es in die Leinendecke, hob es auf den Arm und verließ mit ihm den Hof, sich scheu umschauend, wie eine Person mit schlechtem Gewissen, eine Diebin.

Sie brachte das Kind, nach langen Beratungen mit Schwester und Schwager, zwei Wochen darauf aufs Land in das Dorf Großaitingen, wo ihr ältester Bruder Bauer war. Der Bauernhof gehörte der Frau, er hatte nur geheiratet. Es war ausgemacht worden, daß sie vielleicht nur dem Bruder sagen sollte, wer das Kind war, denn sie hatten die junge Bäuerin nie zu Gesicht bekommen und wußten nicht, wie sie einen so gefährlichen kleinen Gast aufnehmen würde.

Anna kam gegen Mittag im Dorf an. Ihr Bruder, seine Frau und das Gesinde saßen beim Mittagessen. Sie wurde nicht schlecht empfangen, aber ein Blick auf ihre neue Schwägerin veranlaßte sie, das Kind sogleich als ihr eigenes vorzustellen. Erst nachdem sie erzählt hatte, daß ihr Mann in einem entfernten Dorf eine Stellung in einer Mühle hatte und sie dort mit dem Kind in ein paar Wochen erwartete, taute die Bäurin auf, und das Kind wurde gebührend bewundert.

Nachmittags begleitete sie ihren Bruder ins Gehölz, Holz sammeln. Sie setzten sich auf Baumstümpfe, und Anna schenkte ihm reinen Wein ein. Sie konnte sehen, daß ihm nicht wohl in seiner Haut war. Seine Stellung auf dem Hof war noch nicht gefestigt, und er lobte Anna sehr, daß sie seiner Frau gegenüber den Mund gehalten hatte. Es war klar, daß er seiner jungen

Frau keine besonders großzügige Haltung gegenüber dem Protestantenkind zutraute. Er wollte, daß die Täuschung aufrechterhalten wurde.

Das war nun auf die Länge nicht leicht.

Anna arbeitete bei der Ernte mit und pflegte „ihr" Kind zwischendurch, immer wieder vom Feld nach Hause laufend, wenn die andern ausruhten. Der Kleine gedieh und wurde sogar dick, lachte, so oft er Anna sah, und suchte kräftig den Kopf zu heben. Aber dann kam der Winter, und die Schwägerin begann sich nach Annas Mann zu erkundigen.

Es sprach nichts dagegen, daß Anna auf dem Hof blieb, sie konnte sich nützlich machen. Das Schlimme war, daß die Nachbarn sich über den Vater von Annas Jungen wunderten, weil der nie kam, nach ihm zu sehen. Wenn sie keinen Vater für ihr Kind zeigen konnte, mußte der Hof bald ins Gerede kommen.

An einem Sonntagmorgen spannte der Bauer an und hieß Anna laut mitzukommen, ein Kalb in einem Nachbardorf abzuholen. Auf dem ratternden Fahrweg teilte er ihr mit, daß er für sie einen Mann gesucht und gefunden hätte. Es war ein todkranker Häusler, der kaum den ausgemergelten Kopf vom schmierigen Laken heben konnte, als die beiden in seiner niedrigen Hütte standen.

Er war willig, Anna zu ehelichen. Am Kopfende des Lagers stand eine gelbhäutige Alte, seine Mutter. Sie sollte ein Entgelt für den Dienst, der Anna erwiesen wurde, bekommen.

Das Geschäft war in zehn Minuten ausgehandelt, und Anna und ihr Bruder konnten weiterfahren und ihr Kalb erstehen. Die Verehelichung fand Ende derselben Woche statt. Während der Pfarrer die Trauungsformel murmelte, wandte der Kranke nicht ein einziges Mal den glasigen Blick auf Anna. Ihr Bruder zweifelte nicht, daß sie den Totenschein in wenigen Tagen haben würden. Dann war Annas Mann und Kindesvater auf dem Weg zu ihr in einem Dorf bei Augsburg irgendwo gestorben, und niemand würde sich wundern, wenn die Witwe im Haus ihres Bruders bleiben würde.

Anna kam froh von ihrer seltsamen Hochzeit zurück, auf der es weder Kirchenglocken noch Blechmusik, weder Jungfern noch Gäste gegeben hatte. Sie verzehrte als Hochzeitsschmaus ein Stück Brot mit einer Scheibe Speck in der Speisekammer und trat mit ihrem Bruder dann vor die Kiste, in der das Kind lag, das jetzt einen Namen hatte. Sie stopfte das Laken fester und lachte ihren Bruder an.

Der Totenschein ließ allerdings auf sich warten.

Es kam weder die nächste noch die übernächste Woche Bescheid von der Alten. Anna hatte auf dem Hof erzählt, daß ihr Mann nun auf dem Weg zu ihr sei. Sie sagte nunmehr, wenn man sie fragte, wo er bliebe, der tiefe Schnee mache wohl die Reise beschwerlich. Aber nachdem weitere drei Wochen vergangen waren, fuhr ihr Bruder doch, ernstlich beunruhigt, in das Dorf bei Augsburg.

Er kam spät in der Nacht zurück. Anna war noch auf und lief zur Tür, als sie das Fuhrwerk auf dem Hof knarren hörte. Sie sah, wie langsam der Bauer ausspannte, und ihr Herz krampfte sich zusammen.

Er brachte üble Nachricht. In die Hütte tretend hatte er den Todgeweihten beim Abendessen am Tisch sitzend vorgefunden, in Hemdsärmeln, mit beiden Backen kauend. Er war wieder völlig gesund.

Der Bauer sah Anna nicht ins Gesicht, als er weiter berichtete. Der Häusler, er hieß übrigens Otterer, und seine Mutter schienen über die Wendung ebenfalls überrascht und waren wohl noch zu keinem Entschluß gekommen, was zu geschehen hätte. Otterer habe keinen unangenehmen Eindruck gemacht. Er hatte wenig gesprochen, jedoch einmal seine Mutter, als sie darüber jammern wollte, daß er nun ein ungewünschtes Weib und ein fremdes Kind auf dem Halse habe, zum Schweigen verwiesen. Er aß bedächtig seine Käsespeise weiter während der Unterhaltung und aß noch, als der Bauer wegging.

Die nächsten Tage war Anna natürlich sehr bekümmert. Zwischen ihrer Hausarbeit lehrte sie den Jungen gehen. Wenn er den Spinnrocken losließ und mit ausgestreckten Ärmchen auf sie zugewackelt kam, unterdrückte sie ein trockenes Schluchzen und umklammerte ihn fest, wenn sie ihn auffing.

Einmal fragte sie ihren Bruder: Was ist er für einer? Sie hatte ihn nur auf dem Sterbebett gesehen und nur abends, beim Schein einer schwachen Kerze. Jetzt erfuhr sie, daß ihr Mann ein abgearbeiteter Fünfziger sei, halt so, wie ein Häusler ist.

Bald darauf sah sie ihn. Ein Hausierer hatte ihr mit einem großen Aufwand an Heimlichkeit ausgerichtet, daß „ein gewisser Bekannter" sie an dem und dem Tag zu der und der Stunde bei dem und dem Dorf, da wo der Fußweg nach Landsberg abgeht, treffen wolle. So begegneten die Verehelichten sich zwischen ihren Dörfern wie die antiken Feldherren zwischen ihren Schlachtreihen, im offenen Gelände, das von Schnee bedeckt war.

Der Mann gefiel Anna nicht.

Er hatte kleine graue Zähne, sah sie von oben bis unten an, obwohl sie in einem dicken Schafspelz steckte und nicht viel zu sehen war, und gebrauchte dann die Wörter „Sakrament der Ehe". Sie sagte ihm kurz, sie müsse sich alles noch überlegen und er möchte ihr durch irgendeinen Händler oder Schlächter, der durch Großaitingen kam, vor ihrer Schwägerin ausrichten lassen, er werde jetzt bald kommen und sei nur auf dem Weg erkrankt.

Otterer nickte in seiner bedächtigen Weise. Er war über einen Kopf größer als sie und blickte immer auf ihre linke Halsseite beim Reden, was sie aufbrachte.

Die Botschaft kam aber nicht, und Anna ging mit dem Gedanken um, mit dem Kind einfach vom Hof zu gehen und weiter südwärts, etwa in Kempten oder Sonthofen, eine Stellung zu suchen. Nur die Unsicherheit der Landstraßen, über die viel geredet wurde, und daß es mitten im Winter war, hielt sie zurück.

Der Aufenthalt auf dem Hof aber wurde jetzt schwierig. Die Schwägerin stellte am Mittagstisch vor allem Gesinde mißtrauische Fragen nach ihrem Mann. Als sie einmal sogar, mit falschem Mitleid auf das Kind sehend, laut „armes Wurm" sagte, beschloß Anna, doch zu gehen, aber da wurde das Kind krank.

Es lag unruhig mit hochrotem Kopf und trüben Augen in seiner Kiste, und Anna wachte ganze Nächte über ihm in Angst und Hoffnung. Als es sich wieder auf dem Weg zur Besserung befand und sein Lächeln zurückgefunden hatte, klopfte es eines Vormittags an die Tür, und herein trat Otterer.

Es war niemand außer Anna und dem Kind in der Stube, so daß sie sich nicht verstellen mußte, was ihr bei ihrem Schrecken auch wohl unmöglich gewesen wäre. Sie standen eine gute Weile wortlos, dann äußerte Otterer, er habe die Sache seinerseits überlegt und sei gekommen, sie zu holen. Er erwähnte wieder das Sakrament der Ehe.

Anna wurde böse. Mit fester, wenn auch unterdrückter Stimme sagte sie dem Mann, sie denke nicht daran, mit ihm zu leben, sie sei die Ehe nur eingegangen ihres Kindes wegen und wolle von ihm nichts, als daß er ihr und dem Kind seinen Namen gebe.

Otterer blickte, als sie von dem Kind sprach, flüchtig nach der Richtung der Kiste, in der es lag und brabbelte, trat aber nicht hinzu. Das nahm Anna noch mehr gegen ihn ein.

Er ließ ein paar Redensarten fallen; sie solle sich alles noch einmal überlegen, bei ihm sei Schmalhans Küchenmeister, und seine Mutter könne in der Küche schlafen. Dann kam die Bäuerin herein, begrüßte ihn neugierig und lud ihn zum Mittagessen. Den Bauern begrüßte er, schon am Teller sitzend, mit einem nachlässigen Kopfnicken, weder vortäuschend, er kenne ihn nicht, noch verratend, daß er ihn kannte. Auf die Fragen der Bäuerin antwortete er einsilbig, seine Blicke nicht vom Teller hebend, er habe in Mering eine Stelle gefunden, und Anna könne zu ihm ziehen. Jedoch sagte er nichts mehr davon, daß dies gleich sein müsse.

Am Nachmittag vermied er die Gesellschaft des Bauern und hackte hinter dem Haus Holz, wozu ihn niemand aufgefordert hatte. Nach dem Abendessen, an dem er wieder schweigend teilnahm, trug die Bäuerin selber ein Deckbett in Annas Kammer, damit er dort übernachten konnte, aber da stand er merkwürdigerweise schwerfällig auf und murmelte, daß er noch am selben Abend zurück müsse. Bevor er ging, starrte er mit abwesendem Blick in die Kiste mit dem Kind, sagte aber nichts und rührte es nicht an.

In der Nacht wurde Anna krank und verfiel in ein Fieber, das wochenlang dauerte. Die meiste Zeit lag sie teilnahmslos, nur ein paarmal gegen Mittag, wenn das Fieber etwas nachließ, kroch sie zu der Kiste mit dem Kind und stopfte die Decke zurecht.

In der vierten Woche ihrer Krankheit fuhr Otterer mit einem Leiterwagen auf dem Hof vor und holte sie und das Kind ab. Sie ließ es wortlos geschehen.

Nur sehr langsam kam sie wieder zu Kräften, kein Wunder bei den dünnen Suppen der Häuslerhütte. Aber eines Morgens sah sie, wie schmutzig das Kind gehalten war, und stand entschlossen auf.

Der Kleine empfing sie mit einem freundlichen Lächeln, von dem ihr Bruder behauptet hatte, er habe es von ihr. Er war gewachsen und kroch mit unglaublicher Geschwindigkeit in der Kammer herum, mit den Händen aufpatschend und kleine Schreie ausstoßend, wenn er auf das Gesicht niederfiel. Sie wusch ihn in einem Holzzuber und gewann ihre Zuversicht zurück.

Wenige Tage später freilich konnte sie das Leben in der Hütte nicht mehr aushalten. Sie wickelte den Kleinen in ein paar Decken, steckte ein Brot und etwas Käse ein und lief weg.

Sie hatte vor, nach Sonthofen zu kommen, kam aber nicht weit. Sie war noch recht schwach auf den Beinen, die Landstraße lag unter der Schneeschmelze, und die Leute in den Dörfern waren durch den Krieg sehr mißtrauisch und geizig geworden. Am dritten Tag ihrer Wanderung verstauchte sie sich den Fuß in einem Straßengraben und wurde nach vielen Stunden, in denen sie um das Kind bangte, auf einen Hof gebracht, wo sie im Stall liegen mußte. Der Kleine kroch zwischen den Beinen der Kühe herum und lachte nur, wenn sie ängstlich aufschrie. Am Ende mußte sie den Leuten des Hofs den Namen ihres Mannes sagen, und er holte sie wieder nach Mering.

Von nun an machte sie keinen Fluchtversuch mehr und nahm ihr Los hin. Sie arbeitete hart. Es war schwer, aus dem kleinen Acker etwas herauszuholen und die winzige Wirtschaft in Gang zu halten, jedoch war der Mann nicht unfreundlich zu ihr, und der Kleine wurde satt. Auch kam ihr Bruder mitunter herüber und brachte dies und jenes als Präsent, und einmal konnte sie dem Kleinen sogar ein Röcklein rot einfärben lassen. Das, dachte sie, mußte dem Kind eines Färbers gut stehen.

Mit der Zeit wurde sie ganz zufrieden gestimmt und erlebte viele Freude bei der Erziehung des Kleinen. So vergingen mehrere Jahre.

Aber eines Tages ging sie ins Dorf Sirup holen, und als sie zurückkehrte, war das Kind nicht in der Hütte, und ihr Mann berichtete ihr, daß eine feingekleidete Frau in einer Kutsche vorgefahren sei und das Kind geholt habe. Sie taumelte an die Wand vor Entsetzen, und am selben Abend noch machte sie sich, nur ein Bündel mit Eßbarem tragend, auf den Weg nach Augsburg.

Ihr erster Gang in der Reichsstadt war zur Gerberei. Sie wurde nicht vorgelassen und bekam das Kind nicht zu sehen.

Schwester und Schwager versuchten vergebens, ihr Trost zuzureden. Sie lief zu den Behörden und schrie außer sich, man habe ihr Kind gestohlen. Sie ging so weit, anzudeuten, daß Protestanten ihr Kind gestohlen hätten. Sie erfuhr daraufhin, daß jetzt andere Zeiten herrschten und zwischen Katholiken und Protestanten Friede geschlossen worden sei.

Sie hätte kaum etwas ausgerichtet, wenn ihr nicht ein besonderer Glücksumstand zur Hilfe gekommen wäre. Ihre Rechtssache wurde an einen Richter verwiesen, der ein ganz besonderer Mann war.

Es war das der Richter Ignaz Dollinger, in ganz Schwaben berühmt wegen seiner Grobheit und Gelehrsamkeit, vom Kurfürsten von Bayern, mit dem er einen Rechtsstreit der Freien Reichsstadt ausgetragen hatte, „dieser lateinische Mistbauer“ getauft, vom niedrigen Volk aber in einer langen Moritat löblich besungen.

Von Schwester und Schwager begleitet kam Anna vor ihn. Der kurze, aber ungemein fleischige alte Mann saß in einer winzigen kahlen Stube zwischen Stößen von Pergamenten und hörte sie nur ganz kurz an. Dann schrieb er etwas auf ein Blatt, brummte: „Tritt dorthin, aber mach schnell!“ und dirigierte sie mit seiner kleinen plumpen Hand an eine Stelle des Raums, auf die durch das schmale Fenster das Licht fiel. Für einige Minuten sah er genau ihr Gesicht an, dann winkte er sie mit einem Stoßseufzer weg.

Am nächsten Tag ließ er sie durch einen Gerichtsdiener holen und schrie sie, als sie noch auf der Schwelle stand, an: „Warum hast du keinen Ton davon gesagt, daß es um eine Gerberei mit einem pfundigen Anwesen geht?"

Anna sagte verstockt, daß es ihr um das Kind gehe.

„Bild dir nicht ein, daß du die Gerberei schnappen kannst", schrie der Richter. „Wenn der Bankert wirklich deiner ist, fällt das Anwesen an die Verwandten von dem Zingli."

Anna nickte, ohne ihn anzuschauen. Dann sagte sie: „Er braucht die Gerberei nicht."

„Ist er deiner?" bellte der Richter.

„Ja", sagte sie leise. „Wenn ich ihn nur so lange behalten dürfte, bis er alle Wörter kann. Er weiß erst sieben."

Der Richter hustete und ordnete die Pergamente auf seinem Tisch. Dann sagte er ruhiger, aber immer noch in ärgerlichem Ton:

„Du willst den Knirps, und die Ziege da mit ihren fünf Seidenröcken will ihn. Aber er braucht die rechte Mutter."

„Ja", sagte Anna und sah den Richter an.

„Verschwind", brummte er. „Am Samstag halt ich Gericht."

An diesem Samstag war die Hauptstraße und der Platz vor dem Rathaus am Perlachturm schwarz von Menschen, die dem Prozeß um das Protestantenkind beiwohnen wollten. Der sonderbare Fall hatte von Anfang an viel Aufsehen erregt, und in Wohnungen und Wirtschaften wurde darüber gestritten, wer die echte und wer die falsche Mutter war. Auch war der alte Dollinger weit und breit berühmt wegen seiner volkstümlichen Prozesse mit ihren bissigen Redensarten und Weisheitssprüchen. Seine Verhandlungen waren beliebter als Plärrer und Kirchweih.

So stauten sich vor dem Rathaus nicht nur viele Augsburger; auch nicht wenige Bauersleute der Umgegend waren da. Freitag war Markttag, und sie hatten in Erwartung des Prozesses in der Stadt übernachtet.

Der Saal, in dem der Richter Dollinger verhandelte, war der sogenannte Goldene Saal. Er war berühmt als einziger Saal von dieser Größe in ganz Deutschland, der keine Säulen hatte; die Decke war an Ketten im Dachfirst aufgehängt.

Der Richter Dollinger saß, ein kleiner runder Fleischberg, vor dem geschlossenen Erztor der einen Längswand. Ein gewöhnliches Seil trennte die Zuhörer ab. Aber der Richter saß auf ebenem Boden und hatte keinen Tisch vor sich. Er hatte selber vor Jahren diese Anordung getroffen; er hielt viel von Aufmachung.

Anwesend innerhalb des abgeseilten Raums waren Frau Zingli mit ihren Eltern, die zugereisten Schweizer Verwandten des verstorbenen Herrn Zingli, zwei gutgekleidete würdige Männer, aussehend wie wohlbestallte Kaufleute, und Anna Otterer mit ihrer Schwester. Neben Frau Zingli sah man eine Amme mit dem Kind.

Alle, Parteien und Zeugen, standen. Der Richter Dollinger pflegte zu sagen, daß die Verhandlungen kürzer ausfielen, wenn die Beteiligten stehen mußten. Aber vielleicht ließ er sie auch nur stehen, damit sie ihn vor dem Publikum verdeckten, so daß man ihn nur sah, wenn man sich auf die Fußzehen stellte und den Hals ausrenkte.

Zu Beginn der Verhandlung kam es zu einem Zwischenfall. Als Anna das Kind erblickte, stieß sie einen Schrei aus und trat vor, und das Kind wollte zu ihr, strampelte heftig in den Armen der Amme und fing an zu brüllen. Der Richter ließ es aus dem Saal bringen.

Dann rief er Frau Zingli auf.

Sie kam vorgerauscht und schilderte, ab und zu ein Sacktüchlein an die Augen lüftend, wie bei der Plünderung die kaiserlichen Soldaten ihr das Kind entrissen hätten. Noch in derselben Nacht war die Magd in das Haus ihres Vaters gekommen und hatte berichtet, das Kind sei noch im Haus, wahrscheinlich in Erwartung eines Trinkgelds. Eine Köchin ihres Vaters habe jedoch das Kind, in die Gerberei geschickt, nicht vorgefunden, und sie nehme an, die Person (sie deutete auf Anna) habe sich seiner bemächtigt, um irgendwie Geld erpressen zu können. Sie wäre auch wohl über kurz oder lang mit solchen Forderungen hervorgekommen, wenn man ihr nicht zuvor das Kind abgenommen hätte.

Der Richter Dollinger rief die beiden Verwandten des Herrn Zingli auf und fragte sie, ob sie sich damals nach Herrn Zingli erkundigt hätten und was ihnen von Frau Zingli erzählt worden sei.

Sie sagten aus, Frau Zingli habe sie wissen lassen, ihr Mann sei erschlagen worden, und das Kind habe sie einer Magd anvertraut, bei der es in guter Hut sei. Sie sprachen sehr unfreundlich von ihr, was allerdings kein Wunder war, denn das Anwesen fiel an sie, wenn der Prozeß für Frau Zingli verlorenging.

Nach ihrer Aussage wandte sich der Richter wieder an Frau Zingli und wollte von ihr wissen, ob sie nicht einfach bei dem Überfall damals den Kopf verloren und das Kind im Stich gelassen habe.

Frau Zingli sah ihn mit blassen blauen Augen wie verwundert an und sagte gekränkt, sie habe ihr Kind nicht im Stich gelassen.

Der Richter Dollinger räusperte sich und fragte sie interessiert, ob sie glaube, daß keine Mutter ihr Kind im Stich lassen könnte.

Ja, das glaube sie, sagte sie fest.

Ob sie dann glaube, fragte der Richter weiter, daß einer Mutter, die es doch tue, der Hintern verhauen werden müßte, gleichgültig, wie viele Röcke sie darüber trage?

Frau Zingli gab keine Antwort, und der Richter rief die frühere Magd Anna auf. Sie trat schnell vor und sagte mit leiser Stimme, was sie schon bei der Voruntersuchung gesagt hatte. Sie redete aber, als ob sie zugleich horchte, und ab und zu blickte sie nach der großen Tür, hinter die man das Kind gebracht hatte, als fürchtete sie, daß es immer noch schreie.

Sie sagte aus, sie sei zwar in jener Nacht zum Haus von Frau Zinglis Onkel gegangen, dann aber nicht in die Gerberei zurückgekehrt, aus Furcht vor den Kaiserlichen und weil sie Sorgen um ihr eigenes, lediges Kind gehabt habe, das bei guten Leuten im Nachbarort Lechhausen untergebracht gewesen sei.

Der alte Dollinger unterbrach sie grob und schnappte, es habe also zumindest eine Person in der Stadt gegeben, die so etwas wie Furcht verspürt habe. Er freue sich, das feststellen zu können, denn es beweise, daß eben zumindest eine Person damals einige Vernunft besessen habe. Schön sei es allerdings von der Zeugin nicht gewesen, daß sie sich nur um ihr eigenes Kind gekümmert habe, andererseits aber heiße es ja im Volksmund, Blut sei dicker als Wasser, und was eine rechte Mutter sei, die gehe auch stehlen für ihr Kind, das sei aber vom Gesetz streng verboten, denn Eigentum sei Eigentum, und wer stehle, der lüge auch, und lügen sei ebenfalls vom Gesetz verboten. Und dann hielt er eine seiner weisen und derben Lektionen über die Abgefeimtheit der Menschen, die das Gericht anschwindelten, bis sie blau im Gesicht seien, und nach einem kleinen Abstecher über die Bauern, die die Milch unschuldiger Kühe mit Wasser verpantschten, und den Magistrat der Stadt, der zu hohe Marktsteuern von den Bauern nehme, der überhaupt nichts mit dem Prozeß zu tun hatte, verkündigte er, daß die Zeugenaussage geschlossen sei und nichts ergeben habe.

Dann machte er eine lange Pause und zeigte alle Anzeichen der Ratlosigkeit, sich umblickend, als erwarte er von irgendeiner Seite her einen Vorschlag, wie man zu einem Schluß kommen könnte.

Die Leute sahen sich verblüfft an, und einige reckten die Hälse, um einen Blick auf den hilflosen Richter zu erwischen. Es blieb aber sehr still im Saal, nur von der Straße herauf konnte man die Menge hören.

Dann ergriff der Richter wieder seufzend das Wort.

„Es ist nicht festgestellt worden, wer die rechte Mutter ist", sagte er. „Das Kind ist zu bedauern. Man hat schon gehört, daß die Väter sich oft drücken und nicht die Väter sein wollen, die Schufte, aber hier melden sich gleich zwei Mütter. Der Gerichtshof hat ihnen so lange zugehört, wie sie es verdienen, nämlich einer jeden geschlagene fünf Minuten, und der Gerichtshof ist zu der Überzeugung gelangt, daß beide wie gedruckt lügen. Nun ist aber, wie gesagt, auch noch das Kind zu bedenken, das eine Mutter haben muß. Man muß also, ohne auf bloßes Geschwätz einzugehen, feststellen, wer die rechte Mutter des Kindes ist."

Und mit ärgerlicher Stimme rief er den Gerichtsdiener und befahl ihm, eine Kreide zu holen.

Der Gerichtsdiener ging und brachte ein Stück Kreide.

„Zieh mit der Kreide da auf dem Fußboden einen Kreis, in dem drei Personen stehen können", wies ihn der Richter an.

Der Gerichtsdiener kniete nieder und zog mit der Kreide den gewünschten Kreis.

„Jetzt bring das Kind", befahl der Richter.

Das Kind wurde hereingebracht. Es fing wieder an zu heulen und wollte zu Anna. Der alte Dollinger kümmerte sich nicht um das Geplärr und hielt seine Ansprache nur in etwas lauterem Ton.

„Diese Probe, die jetzt vorgenommen werden wird", verkündete er, „habe ich in einem alten Buch gefunden, und sie gilt als recht gut. Der einfache

Grundgedanke der Probe mit dem Kreidekreis ist, daß die echte Mutter an ihrer Liebe zum Kind erkannt wird. Also muß die Stärke dieser Liebe erprobt werden. Gerichtsdiener, stell das Kind in diesen Kreidekreis."

Der Gerichtsdiener nahm das plärrende Kind von der Hand der Amme und führte es in den Kreis. Der Richter fuhr fort, sich an Frau Zingli und Anna wendend:

„Stellt auch ihr euch in den Kreidekreis, faßt jede eine Hand des Kindes, und wenn ich ‚los' sage, dann bemüht euch, das Kind aus dem Kreis zu ziehen. Die von euch die stärkere Liebe hat, wird auch mit der größeren Kraft ziehen und so das Kind auf ihre Seite bringen."

Im Saal war es unruhig geworden. Die Zuschauer stellten sich auf die Fußspitzen und stritten sich mit den vor ihnen Stehenden.

Es wurde aber wieder totenstill, als die beiden Frauen in den Kreis traten und jede eine Hand des Kindes faßte. Auch das Kind war verstummt, als ahnte es, um was es ging. Es hielt sein tränenüberströmtes Gesichtchen zu Anna emporgewendet. Dann kommandierte der Richter „los".

Und mit einem einzigen heftigen Ruck riß Frau Zingli das Kind aus dem Kreidekreis. Verstört und ungläubig sah Anna ihm nach. Aus Furcht, es könne Schaden erleiden, wenn es an beiden Ärmchen zugleich in zwei Richtungen gezogen würde, hatte sie es sogleich losgelassen.

Der alte Dollinger stand auf.

„Und somit wissen wir", sagte er laut, „wer die rechte Mutter ist. Nehmt der Schlampe das Kind weg. Sie würde es kalten Herzens in Stücke reißen." Und er nickte Anna zu und ging schnell aus dem Saal, zu seinem Frühstück.

Und in den nächsten Wochen erzählten sich die Bauern der Umgebung, die nicht auf den Kopf gefallen waren, daß der Richter, als er der Frau aus Mering das Kind zusprach, mit den Augen gezwinkert habe.

1. *Der Stoff*

Es gehört zum unverkennbaren Stil der Formgebung und Gestaltungsweise Bertolt Brechts, daß er überkommenes Kulturgut – Sprachformen, literarische Motive und Quellen – sehr oft in pointierter Weise verwandelt und geschichtlich vorliegendes Material zu einer neuen, häufig aggressiven Wirkungsweise umfunktioniert. So verweist seine Erzählung „Der Augsburger Kreidekreis" deutlich auf eine biblische Quelle, und zwar auf den im ersten Buch der Könige erzählten Streit zweier Frauen um ein Kind, den der König durch sein sprichwörtlich gewordenes „salomonisches Urteil" auf eine ebenso ungewöhnliche wie erfolgreiche Weise schlichtet. „Die Probe, die jetzt vorgenommen wird", so erklärt der Richter Ignaz Dollinger in unserer Erzählung, „habe ich in einem alten Buch gefunden, und sie gilt als recht gut." Hier wie an anderen Stellen seines Werkes bedient sich Brecht biblischer Motive und Sprechweisen, die er häufig parodistisch verwertet, die aber auch – wie in der vorliegenden Erzählung – gelegentlich nur verwandelt, in ihrem Aussagekern dagegen unmittelbar und ungebrochen genutzt werden[1]. Weiterhin ist zu beachten, daß ähnliche Erzählungen vom Streit um die Echtheit eines Kindes, in dem die Wahrheit dadurch erkannt wird, daß die wirkliche Mutter bereit ist, auf ihre Rechte am Kind zu verzichten, in der Weltliteratur verschiedentlich und in jeweils abgewandelter Form vorkommen[2].

Bert Brecht hat den ihm vorliegenden Stoff zweimal genutzt, einmal in der Kalendergeschichte „Der Augsburger Kreidekreis", zum anderen in der dramatischen Fassung „Der Kaukasische Kreidekreis", die der vorführende Sänger selbst freilich auf eine andere Quelle zurückführt[3]. Entscheidend ist allerdings nicht so sehr die Herkunft des Stoffes – Brecht hat offensichtlich aus zwei Kulturkreisen geschöpft – als vielmehr die Tatsache, daß der Dichter sein Material bewußt verwandelt, um es seiner Aussage nutzbar zu machen. Auf die Frage eines Bauern im „Kaukasischen Kreidekreis", ob das geplante Stück eine Sage sei, antwortet der Sänger bezeichnenderweise: „Eine sehr alte. Sie heißt ‚Der Kreidekreis' und stammt aus dem Chinesischen. Wir tragen sie freilich in geänderter Form vor." Im Hinblick auf dieses verwandelnde und ummontierende Verfahren des Dichters heißt es dann ausdrücklich: „Verschiedene Weine zu mischen mag falsch sein, aber alte und neue Weisheit mischen sich ausgezeichnet."

Da Brechts chinesische Quelle für die Unterrichtsarbeit nicht greifbar ist, empfiehlt es sich, der unterrichtlichen Erschließung der Brechtschen Erzählung die biblische Geschichte vom Weisheitsspruch Salomons zugrunde zu legen. Im Vergleich beider Texte werden die Schüler selbsttätig die entscheidenden Veränderungen herausarbeiten können, die Brecht an seinem

---

[1] Vgl. Walter Hinck, Bertolt Brecht; in: Deutsche Literatur im 20. Jahrhundert, hrsg. von H. Friedmann und O. Mann, Heidelberg 1961, Bd. II, S. 331.

[2] Vgl. auch: Klabund, Der Kreidekreis; Spiel in fünf Akten nach dem Chinesischen. (Die Vorlage dieses märchenhaften Stückes, das Brecht bekannt war, ist ein chinesisches Singspiel.)

[3] Die Tatsache, daß in dieser Fassung des Stoffes der Sänger die Handlung interpretierend begleitet, gibt uns die Möglichkeit, im folgenden gelegentlich diese Deutungen, die Brecht selbst gibt, für die Erklärung der Erzählung nutzbar zu machen.

„Material“ vorgenommen hat. Der Aufweis dieser Veränderungen führt dann zwangsläufig und wie von selbst zur Deutung der Erzählung.

Im dritten Kapitel des ersten Königsbuches heißt es:

„Damals kamen zwei Dirnen zum König und traten zu ihm. Die eine Frau sagte: ‚Ach, mein Herr, ich und diese Frau wohnen im gleichen Hause. Am dritten Tage, nachdem ich geboren hatte, gebar auch diese Frau. Wir waren beisammen. Kein Fremder war bei uns im Hause. Nur wir beide waren im Hause. Nun starb der Sohn dieser Frau während der Nacht, denn sie hatte sich auf ihn gelegt. Mitten in der Nacht stand sie auf, nahm mein Kind von meiner Seite weg, während deine Magd schlief, und legte es in ihren Schoß. Als ich am Morgen aufstand, um mein Kind zu stillen, war es tot. Als ich es aber am Morgen genauer ansah, war es nicht mein Kind, das ich geboren hatte.‘ Die andere Frau entgegnete: ‚Nein, mein Kind lebt und dein Kind ist tot.‘ Und die erste sprach: ‚Nein, mein Kind lebt und dein Kind ist tot.‘ Und die erste sprach: ‚Nein, dein Kind ist tot und mein Kind lebt.‘ So stritten sie vor dem König.

Nun begann der König: ‚Diese sagt: Mein Kind lebt und dein Kind ist tot. Und jene sagt: Nein, dein Kind ist tot und mein Kind lebt.‘ Und der König fuhr fort: ‚Holt mir ein Schwert!‘ Man brachte das Schwert vor den König und er befahl: ‚Schneidet das lebende Kind entzwei und gebt eine Hälfte der einen und eine Hälfte der anderen!‘ Doch nun bat die Frau, deren Kind lebte, den König: – es regte sich ihre Liebe zu ihrem Kinde – ‚Ach, mein Herr, gebt ihr das lebende Kind und tötet es nicht!‘ Doch jene sagte: ‚Es soll weder dir noch mir gehören. Teilt es!‘

Da entschied der König: ‚Gebt dieser das lebende Kind und tötet es nicht. Sie ist seine Mutter!‘ Ganz Israel vernahm das Urteil, das der König gesprochen hatte, und sie fürchteten ihn; denn sie sahen, daß göttliche Weisheit in ihm war, um Recht zu sprechen.“ (3, 16–28)

Der letzte Vers der Erzählung verweist diese deutlich in die literarische Gattung der Königsanekdote[4], die im Zusammenhang des Bibeltextes die Aufgabe hat, Salomons herrscherliche und richterliche Fähigkeiten an einem Beispiel anschaulich zu demonstrieren. Das Interesse des biblischen Erzählers richtet sich dabei ausschließlich auf die Gestalt des königlichen Richters,

---

[4] Vgl. Hermann Pongs, Die Anekdote als Kunstform zwischen Kalendergeschichte und Kurzgeschichte; in: Der Deutschunterricht 1957/1, S. 6 ff.

das Schicksal der beiden Frauen ist ihm nur Anlaß, die geniale Weisheit seines Herrn ins rechte Licht zu rücken und dem erzählten Vorfall stellvertretende Bedeutung für Salomons gesamtes Herrschertum zu geben.

Wichtiger, als daß die Probe in ihrer Form ein wenig abgewandelt ist (Kreidekreis statt Schwertprobe, was wohl auf den Einfluß der chinesischen Quelle zurückzuführen ist), erscheint die Verlagerung des Interesses auf die Gestalt der mütterlichen Frau und die daraus resultierende Zweischichtigkeit der Erzählung. So heißt es denn auch im Vorspiel zum „Kaukasischen Kreidekreis": „Es sind eigentlich zwei Geschichten." Auf unsere Erzählung übertragen, heißt das: wir erfahren hier sowohl die Geschichte von der selbstlosen Liebe der Magd Anna, die unter Opfer und Verzicht das Kind einer Fremden rettet, als auch die Geschichte des Richters Ignaz Dollinger, der mit Hilfe jener alten Probe in paradoxer Weise dem Recht durch eine recht fragwürdige und „ungerechte" Entscheidung zum Siege verhilft.

Auffallend ist ferner, daß in der biblischen Erzählung beide Frauen der gleichen sozialen Schicht angehören („Damals kamen zwei Dirnen zum König"), während in Brechts Erzählung ein deutlicher Standesunterschied zwischen der reichen Augsburger Bürgersfrau und der Magd besteht, von der es heißt, daß sie „nicht einmal anständig behandelt worden" sei. Hier klingt zweifellos ein klassenkämpferisches Thema an, das aber nicht weiter ausgeführt und vom menschlichen Gehalt der Erzählung überspielt wird. Wenn Hermann Pongs meint[5], die wirkliche Mutter, die reiche Augsburgerin, vertrete den entarteten Kapitalismus, während die Dienstmagd und Proletarierin Anna als Vertreterin der Arbeiterklasse echtes Menschentum verwirkliche, so mögen Brecht bei der Gestaltung der Erzählung solche Motivationen wohl vorgeschwebt haben, aber es ist doch wohl mit Werner Zimmermann[6] anzunehmen, daß der unbefangene Leser dergleichen marxistische Themenstellungen aus der Erzählung unmittelbar nicht zu entnehmen vermag. Der deutlich herausgearbeitete Standesunterschied zwischen den beiden Frauen hat auf den Leser vielmehr eine stark emotionale Wirkung: „Unsere Sympathie für die opferbereite Pflegemutter wird dadurch nicht unerheblich gesteigert, daß sie zu den Ärmsten der Armen zählt,

[5] a. a. O., S. 18.
[6] Werner Zimmermann, Deutsche Prosadichtungen der Gegenwart, Düsseldorf 1960, Teil III, S. 76 f.

wie umgekehrt unsere Abneigung gegen die echte Mutter dadurch noch zunimmt, daß sie als wohlhabende Bürgersfrau um die Erhaltung ihrer materiellen Güter mehr besorgt ist als um das Wohl ihres Kindes. Damit aber hat der soziale Gegensatz lediglich dienende Funktion: Er intensiviert die emotionale Wirkung des primären menschlichen Gegensatzes, aber er gewinnt keinen eigenen Ausdruckswert, etwa im Sinne eines Appells an die Vernunft, die kapitalistische Gesellschaftsordnung durch die sozialistische zu ersetzen[7]."

Die entscheidende Verwandlung aber, die Brecht mit seiner Quelle vornimmt, liegt darin, daß nicht mehr die leibliche Mutter sich rückhaltlos und unter Aufopferung ihres persönlichen Lebensglücks für das Kind einsetzt und es gerade durch diese Haltung mütterlicher Selbstlosigkeit in der richterlichen Entscheidung zurückgewinnt, sondern daß es hier die Fremde ist, die mütterlicher als die leibliche Mutter handelt. In den Schlußversen des „Kaukasischen Kreidekreises", die der negativen Formulierung des Vorspiels: „Niemandem gehört nichts seither" eine positiv-marxistische Antwort geben, erhält diese einschneidende Veränderung ihre ideologische Deutung:

„Ihr aber, ihr Zuhörer der Geschichte vom Kreidekreis,
Nehmt zur Kenntnis die Meinung der Alten:
Daß da gehören soll, was da ist, denen, die für es gut sind, also
Die Kinder den Mütterlichen, damit sie gedeihen,
Die Wagen den guten Fahrern, damit gut gefahren wird,
und das Tal den Bewässerern, damit es Frucht bringt."

Nicht mehr das biologisch bedingte Verhältnis zwischen Mutter und Kind, sondern das sozial richtige und produktive Verhalten wird für den Ideologen Brecht zum Kriterium wahrer Menschlichkeit und echter Mütterlichkeit.

In diesen Zusammenhang gehört eine weitere, freilich weniger auffällige Veränderung der biblischen Quelle. Im biblischen Bericht wird unmittelbar vor den Erzählungen von Salomons Weisheit (3,2–28) seine Heirat mit einer ägyptischen Pharaonentochter erwähnt, die erst möglich ist, „als das Königtum in Salomons Hand sich gefestigt hatte" (2,46). Die salomonische Erzählung spielt also in einem sozial und politisch gesicherten Milieu, während Brecht sowohl die Erzählung vom „Augsburger Kreidekreis" als auch die dramatische Darstellung in Zeiten chaotischer

[7] Ebd. S. 77.

Umbrüche verlegt, die sich freilich – und gerade das möchte Brecht zeigen – im „Kaukasischen Kreidekreis" als eine „kurze goldene Zeit beinah der Gerechtigkeit" erweisen, wie ja auch in unserer Erzählung nicht in den gesicherten Ordnungen einer bürgerlich-satten Welt, sondern in den Wirren und Katastrophen des Dreißigjährigen Krieges in der Gestalt der Magd Anna reine Menschlichkeit sich inmitten einer anarchistischen Zeit verwirklicht. „Seit seinem Erstling ‚Baal' zeigt Brecht immer wieder eine verräterische Vorliebe für Augenblicke der turbulenten Unordnung innerhalb des Geschichtsablaufes. Hier vermag sich das rein Menschliche in seinem vollen Glanz zu entfalten, in seiner ursprünglichen, noch naturhaften Wirklichkeit, die im Grunde durch jede geschichtliche Gesellschaftsordnung immer wieder nivelliert oder ganz ausgelöscht wird. Die maskierte Welt der Klassen und ihres Profits ist für Brecht der eigentliche gehaßte Gegner; dort gibt es keine Menschen mehr, sondern nur Masken, Masken jedoch, hinter denen sich nichts Menschliches mehr verbirgt[8]."

Mögen diese von einer marxistischen Ideologie bestimmten und von Brecht mit revolutionärem Elan verfochtenen Vorstellungen dem Erzähler bei der Darstellung der Geschichte von der Dienstmagd Anna und dem Richter Ignaz Dollinger durchaus bewußt gewesen sein, ja im Vorspiel und in den Schlußversen des „Kaukasischen Kreidekreises" programmatischen Ausdruck gefunden haben, in der künstlerischen Gestaltung des Dramas treten diese politisch-pragmatischen Zielsetzungen hinter der künstlerischen Geschlossenheit und Plastik der Gestalten zurück, während sich in unserer Erzählung überhaupt nur noch Andeutungen solcher klassenkämpferischen Thesen finden.

Es mag richtig sein, bei der Erarbeitung der Erzählung die Schüler auf solche hinter dem Werk stehenden Absichten des Autors hinzuweisen. Erst durch die Kenntnis dieser Motivationen werden ja auch die planvollen Veränderungen der Quelle voll verständlich. Entscheidend für unsere unterrichtliche Arbeit kann jedoch nicht der Aufweis marxistisch-ideologischer Absichten in der Erzählung sein, sondern wir werden uns bemühen müssen, die tapfere Verwirklichung reiner Menschlichkeit, wie sie durch die Dienstmagd Anna und in ganz anderer Weise auch durch den „lateinischen Mistbauer" Ignaz Dollinger vorgelebt wird, unseren Schülern nahezubringen.

---

[8] Benno von Wiese, Zwischen Utopie und Wirklichkeit, Studien zur deutschen Literatur, Düsseldorf 1963, S. 268.

2. *Die Dienstmagd Anna*

Nachdem wir im Vergleich mit der salomonischen Erzählung die entscheidenden Veränderungen herausgearbeitet haben, die Brecht mit seiner Quelle vorgenommen hat, betrachten wir nun die Gestalt der Dienstmagd Anna genauer, die Brecht gegenüber seiner Vorlage deutlich in den Mittelpunkt des Interesses gerückt hat. Wir konzentrieren uns dabei zunächst auf die wichtigste Szene des ersten Teils der Erzählung, auf die Entscheidung Annas, das fremde Kind trotz aller damit verbundenen Gefährdung zu sich zu nehmen.

Während Frau Zingli, die Kontrastfigur Annas, vor deren kaltherzigem Egoismus sich das Handeln der Magd um so heller abhebt, nur auf die Rettung ihrer Wertsachen bedacht ist und in hellem Entsetzen „alles" – und das heißt auch das hilflose Kind – „stehen und liegen läßt", kümmert sich Anna in der plötzlich auftretenden Gefahr spontan und unreflektiert zunächst um das Kind. Dieses unmittelbare Gefühl, für das verlassene und gefährdete Kind einstehen zu müssen, wird jedoch dreimal entweder durch äußere Umstände oder durch die erst nachträglich einsetzende Reflektion zurückgedrängt. Noch ehe sie das Kind aus der Wiege nehmen kann, dringen kaiserliche Soldaten ins Haus. Anna, „von Panik ergriffen", verläßt das Kind, um sich zu verstecken. Damit aber ist das Kind unmittelbarer Lebensgefahr ausgesetzt; nur „wie durch ein Wunder" bleibt es unversehrt. Spontan und unreflektiert wie beim ersten Versuch bemüht sich Anna ein zweites Mal um den Kleinen, dieses Mal aber rät ihr der nüchtern abwägende Verstand, das begonnene Rettungswerk nicht fortzusetzen: „Erst jetzt wurde der Magd klar, welche Gefahr sie lief, wenn sie mit dem Kind des Protestanten auf der Straße aufgegriffen wurde. Sie legte es schweren Herzens in die Wiege zurück." Als sie nach dem vergeblichen Versuch, die Mutter des Kindes aufzufinden, zum dritten Mal sich entscheidet, das Kind zu holen, vertritt ihr Schwager, von dem es heißt, daß er ein „ruhiger, ordentlicher Mann" war, die Argumente bürgerlicher Vorsicht, die sie sich vor kurzem selbst hatte durch den Kopf gehen lassen. Annas spontaner Wille zur Hilfsbereitschaft, durch verstandesmäßiges Kalkül und nüchternen Willen zur Selbstbewahrung mehrfach zurückgedrängt, erscheint jetzt als „gefährliche Idee", und Anna, durchaus auf die Vorstellungen ihres Schwagers eingehend, verspricht denn auch, „nichts Unvernünftiges" zu tun.

An dieser Stelle klingt deutlich Brechts Kritik an einer Umwelt und an einer Gesellschaftsordnung an, in der das Gute, die so selbstverständlich erscheinende menschliche Fürsorge um ein hilflos-schwaches Kind, zur „gefährlichen Idee" und zur Unvernunft werden muß. „Die üblen Zeiten machen Menschlichkeit zu einer Gefährdung für die Menschlichen", bemerkte Brecht nach einer Aufführung des „Kaukasischen Kreidekreises", und folgerichtig nennt er das Zögern der Magd durchaus vernünftig: „In der Magd . . . gibt es das Interesse für das Kind und ihr eigenes Interesse im Widerstreit miteinander. Sie muß beide Interessen erkennen und beiden zu folgen versuchen[9]."

Das Verhalten Annas hat denn auch zunächst wenig Heroisches an sich, wie Brecht überhaupt bei den weiblichen Gestalten seines Werkes, die ins Große und Vorbildliche aufragen, den Nimbus des Heiligenscheins dadurch abzuschwächen versucht, daß er ihnen – mit Ausnahme der stummen Kattrin in „Mutter Courage und ihre Kinder" – einen ausgeprägten Willen zur Selbsterhaltung und Selbstbewahrung mit auf den Weg gibt. Hinzu kommt, daß die endgültige Entscheidung Annas für das Kind weniger von ihr selbst ausgeht als von jener „Verführung zur Güte", die das Kind in seiner Hilflosigkeit und reinen Menschennatur auf Anna ausübt:

„Als die Magd einige Zeit, vielleicht eine Stunde, zugesehen hatte, wie das Kind atmete und an seiner kleinen Faust saugte, erkannte sie, daß sie zulange gesessen und zuviel gesehen hatte, um noch ohne das Kind weggehen zu können. Sie stand schwerfällig auf, und mit langsamen Bewegungen hüllte sie es in die Leinendecke, hob es auf den Arm und verließ mit ihm den Hof, sich scheu umschauend, wie eine Person mit schlechtem Gewissen, eine Diebin."

Das Unheroische und fast Passive dieser ihr Leben verwandelnden Entscheidung kommt auch in der Parallelstelle des „Kaukasischen Kreidekreises" zum Ausdruck, die wir hier zur Verdeutlichung anführen möchten:

„Lange saß sie bei dem Kinde
Bis der Abend kam, bis die Nacht kam
Bis die Frühdämmerung kam. Zu lange saß sie.
Zu lange sah sie
Das stille Atmen, die kleinen Fäuste

[9] Zitiert nach Walter Hinck, a. a. O., S. 341.

Bis die Verführung zu stark wurde gegen Morgen zu
Und sie aufstand, sich bückte und seufzend das Kind nahm
Und es wegtrug."

In einer paradoxen Sprache wird hier die Paradoxie einer Welt widergespiegelt, in der nicht die Verführung zum Bösen, sondern die Entscheidung zur Güte bedenklich und gefährlich ist und der gute Mensch seine Entscheidung damit bezahlt, daß er fortan als fragwürdige, gefährdete und zwielichtige Existenz sein Leben fristen muß, „wie eine Person mit schlechtem Gewissen, eine Diebin."

„Müde" saß Anna bei dem Kind, „schwerfällig" und „mit langsamen Bewegungen" nahm sie es auf, und dennoch steht hinter dieser scheinbar so passiven Haltung die starke Aktivität eines zur Hilfsbereitschaft entschlossenen Menschen. Bloßes Mitleid mit der leidenden Kreatur, wie es im naturalistischen Drama vorgezeichnet war, ist Brecht nicht genug, in seinen Gestalten wandelt sich das Mitleiden zur helfenden Tat.

„Doch ihr, ich bitte euch, wollt nicht in Zorn verfallen,
Denn alle Kreatur braucht Hilf von allen",

so lautet der neunmal wiederkehrende Refrain in Brechts Ballade „Von der Kindesmörderin Marie Farrar", der für die Dienstmagd Anna zum unausgesprochenen Leitmotiv ihres Handelns wird. Kreatürliche Hilflosigkeit aber wird nirgends deutlicher als in der Hilflosigkeit des Säuglings, der seinem ganzen Wesen nach auf mitmenschliche Hilfe angewiesen ist. So opfert die stumme Kattrin in „Mutter Courage" ihr Leben, um die gefährdeten Bewohner der Stadt, vor allem aber, um die vier Kinder, von denen sie hört, vor dem feindlichen Überfall zu retten („Sie sind unschuldig und wissen von nix" – „ein ist unter zwei, das älteste sieben"). Ebenso setzt Anna ihr Lebensglück ein, um das Kind einer egozentrischen Mutter zu retten, das in seiner Hilflosigkeit und Unschuld inmitten einer chaotischen Welt unmittelbar an die Menschlichkeit seiner Umwelt appelliert. Der tapfere und entschiedene Einsatz Annas für das in seiner Not sie fordernde Kind wird so zum Paradigma menschlichen Verhaltens überhaupt.

„Das Mutter-Kind-Verhältnis bietet sich als die einfachste und elementarste Konstellation an, in die das Motiv der Hilfsbereitschaft eintreten kann. Das hilflose Kind und die freundliche, gütige Mutter, sie ergeben das Urbild der Wechselbeziehung von Hilfsbedürftigkeit und Hilfsbereitschaft. Auf diese Konstellation zurückgreifen heißt also zugleich: die mythische Kraft des Urbildes nutzen. Freilich sucht Brecht das Mütterliche aus seiner biologischen Determination nach Möglichkeit zu lösen... Grusche, die Parallelfigur der Anna in Brechts Erzählung ‚Der Augsburger Kreidekreis', und Kattrin wenden ihre Mütterlichkeit an ein fremdes Kind. (Kattrin läßt sich erst nach ‚stundenlangem Kampf' mit der Courage die aus Trümmern oder vor dem Verhungern geretteten Säuglinge wieder entreißen.) Der Begriff des Mütterlichen muß also von einer allgemeinen, von seiner sozialen Verbindlichkeit her verstanden werden. In solchem Sinne hat Brecht mit den Figuren der Shen Te, Kattrin, Grusche und Anna die biologischen und mythischen Fundamente des Mütterlichen humanisiert für eine Ethik der allgemeinen Hilfsbereitschaft[10]."

Wir haben die Verführung Annas zur Güte, die tapfere und selbstlose Entscheidung der Dienstmagd für das Kind ihrer Herrin als grundsätzliche und selbstverständliche Hilfsbereitschaft gegenüber der leidenden und hilfsbedürftigen Kreatur herauszuarbeiten versucht. Es ergibt sich von selbst, daß wir nun mit unseren Schülern die Folgen dieser „unvernünftigen" Tat erörtern. „Schrecklich ist die Verführung zur Güte", so kommentiert der Sänger im „Kaukasischen Kreidekreis" die Entscheidung der Magd, und sehr bald schon muß Anna erfahren, daß ihr in der chaotischen Welt des Krieges, aber auch in der scheinmoralischen Welt des Bürgertums ihre Güte zum Verhängnis wird. Zwingt das „gefährliche" Kind sie zunächst zur Flucht aus der Stadt, so muß sie bald nachher zu recht fragwürdigen Mitteln greifen, um das Protestantenkind überhaupt durchbringen zu können. Es zeigt sich jetzt, daß der Schwager in Augsburg so unrecht nicht hatte: reine menschliche Güte erweist sich in unserer Welt, so wie sie nun einmal ist, als durchaus unvernünftig, und der gute Mensch sieht sich sehr bald schon gezwungen, seine reinen Zwecke mit Härte und List, das heißt also mit unguten Mitteln, zu verwirklichen. So gibt Anna das Kind als ihr eigenes aus, so erfindet sie die Geschichte von ihrem Mann, der in ein paar Wochen nachkomme, so muß sie schließlich, um die Täuschung „auf die Länge" aufrechtzuerhalten, sogar in die Scheinehe mit dem sterbenden Häusler einwilligen, um „ihr" Kind vor einer feindseligen Umwelt zu legitimieren. Die unvorhersehbare, aber durchaus nicht unwahrscheinliche Gesundung des fünfzigjährigen Häus-

[10] Ebd. S. 343.

lers, der auf der sakramentalen Bindung dieser unfreiwilligen Ehe besteht, führt Anna schließlich in völliges Elend. Sie verzichtet auf jedes eigene Lebensglück um des Kindes willen und trägt – nach einem vergeblichen Fluchtversuch – ihr trostloses Schicksal in stiller Resignation. Dieser Elendsweg, Folge einer ebenso guten wie „unvernünftigen" Tat, gewinnt aber auch eine durchaus positive Bedeutung für sie und ihr Verhältnis zu dem Kind, das sie als Fremdes an sich genommen hatte. In den Vedächtigungen einer ebenso moralischen wie harten Umwelt, in dem alsbald erfolgenden sozialen Abstieg, in den Sorgen und Entbehrungen, die Anna um des Kindes willen auf sich nimmt, und nicht zuletzt in der täglichen Pflege und Mühe um das Kind wächst und entfaltet sich zugleich ihre Liebe, Anna wird mehr und mehr zur wirklichen Mutter des Kleinen.

Über alle ideologische Absicht des Erzählers hinaus erweist sich hier eine tiefe anthropologische Wahrheit: daß der Mensch nämlich seinem Wesen nach nicht nur der ersten biologischen Geburt bedarf, um Mensch zu werden, sondern daß darüber hinaus mitmenschliche Fürsorge und behütende Liebe nötig sind, um den hilflosen Säugling in einer „zweiten Geburt" zu dem gelangen zu lassen, was im Vollsinne Menschsein heißt. Es gehört geradezu zur arttypischen Eigenheit des Menschen, daß er biologisch zwingend der Pflege und der Erziehung bedarf. Indem aber Anna über Jahre hin diese selbstlose Aufgabe der Erziehung und Pflege des Kindes übernimmt, wird sie in einem tieferen Sinne zur wahren Mutter des Kindes. Am deutlichsten zeigt sich dies in unserer Erzählung vielleicht darin, daß Anna den Jungen so lange wenigstens behalten möchte, „bis er alle Wörter kann". Mit der „Mutter"-Sprache übernimmt das Kind der Augsburger Gerbersfrau von Anna zugleich auch die naturhafte Bindung an diese mütterliche Frau.

Nachdem die aus Annas Liebestat sich ergebenden Folgen deutlich herausgearbeitet sind, führt die Erzählung mit der Entführung des Kindes durch seine leibliche Mutter auf die eigentliche Pointe, auf die Probe im Kreidekreis zu. Wie in der biblischen Darstellung, so zielt auch in unserer Erzählung alles auf dieses pointierte Ende hin, nur dient hier diese Pointe nicht mehr dazu, die vorbildliche Weisheit eines begnadeten Richters zu erweisen, sondern Annas wahre Mütterlichkeit offenkundig zu machen. Da in Brechts Version des Stoffes die rechte Mutter nicht zugleich auch die leibliche Mutter des Kindes ist, muß der „juristische

Trick" (Pongs) Ignaz Dollingers eine hinter der biologischen Wirklichkeit verborgene tiefere menschliche Wahrheit aufdecken, jene Wahrheit nämlich, daß die urtümliche Bindung zwischen Mutter und Kind nicht nur und vor allem eine blutsmäßige Bindung ist, sondern ihren primären Ausdruck in fürsorgender Liebe findet. Wenn Werner Zimmermann in seiner Deutung der Erzählung[11] allerdings schreibt: „Wohl liegt beiden Fassungen, der biblischen wie der Brechtschen, die Überzeugung zugrunde, daß das mütterliche Ethos sich erst in der selbstlosen Form der Liebe, eben dem Verzicht auf das geliebte Wesen selbst, verwirklicht", so stimmt das, genau betrachtet, nur für die biblische Erzählung. Anna verzichtet ja nicht willentlich auf das von ihr aufgezogene Kind, ja sie ist grundsätzlich auch nicht bereit dazu. Vielmehr deckt die Probe im Kreidekreis analytisch ihre schon vorher vorhandene mütterliche Fürsorge auf, ohne daß sie selbst auch nur sekundenlang reflektiert oder sich zu einer Haltung selbstlosen Verzichts durchgerungen hätte. Aus mütterlicher Angst, das geliebte Kind zu verletzen, einer Angst, die aus viel unbewußteren Tiefen aufsteigt als der heroische Verzicht auf das geliebte Kind, hatte sie sekundenlang sogar vergessen, was bei diesem Zweikampf auf dem Spiele stand, und das Kind spontan losgelassen. Nur so erklärt sich, daß sie „verstört und ungläubig" Frau Zingli nachstarrt, von der sie glaubt, daß sie den Prozeß nun gewonnen habe. Während Anna, solange sie sich rational verhält, wiederum zu List und Täuschung ihre Zuflucht nimmt und eine lügenhafte Geschichte erfindet, um den Richter von der Rechtmäßigkeit ihres Anspruchs zu überzeugen, wird gerade in ihrem unbewußten, unreflektierten und habituell gewordenen Verhalten während der Probe die exakt juristisch nicht mehr faßbare Wahrheit offenbar, daß sie die „stärkere Liebe" hat und gerade darum auch die „rechte" Mutter ist.

In ihrer Schlichtheit und Herzensgüte erhält die Gestalt der Dienstmagd Anna eine menschliche Größe, die über den Gegensatz von kapitalistischer und sozialistischer Gesellschaftsordnung weit hinausreicht. Als eine ebenso lebensvolle wie vorbildliche Frau steht sie neben ähnlichen Gestalten der Brechtschen Dramatik, neben der stumm sich opfernden Kattrin in „Mutter Courage und ihre Kinder", der Magd Grusche im „Kaukasischen Kreidekreis", der Johanna der Schlachthöfe und neben Shen Te, „dem guten Menschen von Sezuan", wie diese eine ergreifende

[11] a. a. O., S. 76.

Verkörperung der „Hilflosigkeit des guten Menschen in einer unguten Welt, in der ‚die Verführung zur Güte' schrecklich geworden ist"[12].

3. *Der Richter Ignaz Dollinger*

Gegenüber der biblischen Königsanekdote, deren Interesse sich ganz auf die Weisheitsentscheidung Salomons konzentriert, aber auch gegenüber der dramatischen Gestaltung der Fabel im „Kaukasischen Kreidekreis", in der wir während vieler Szenen die Magd Grusche aus dem Auge verlieren, weil der Armeleuterichter Azdak unsere Aufmerksamkeit ganz in Anspruch nimmt, tritt die Gestalt des Richters Ignaz Dollinger in unserer Erzählung deutlich zurück. Wohl gilt auch hier, daß es sich eigentlich um zwei Geschichten handelt, weil die aus der Quelle übernommene Schlußpointe, auf welche die ganze Erzählung eindeutig hinstrebt, der Richtergestalt notwendig ein eigenes Gewicht gibt und wenigstens eine kurze Skizzierung dieses ungewöhnlichen Mannes erforderlich macht. Aber diese „Geschichte in der Geschichte" hat mehr dienende Funktion, Annas subjektiv gelebte und durchlittene Mütterlichkeit soll in der richterlichen Analysis ihre objektive Bestätigung erhalten. Diese objektive Bestätigung bezieht ihre Gültigkeit freilich nicht aus der Objektivität überkommener Gesetze und Rechtsnormen, die ja nach marxistischer Auffassung als „Überbau" wirtschaftlicher Produktionsverhältnisse ohnehin Ausdruck einer institutionalisierten Ungerechtigkeit sind, welche die Besitzenden begünstigt und die Niedrigen und Gemeinen vollends entrechtet.

Bezeichnenderweise tritt also an die Stelle tradierter Gesetzeskasuistik der Typus jener altorientalischen „Kadi-Justiz", die nicht bloß dienend und auslegend das vorgegebene Gesetz auf den konkreten Einzelfall anwendet, sondern den charismatisch begabten Richter das Recht aus der schöpferischen Eingebung des Augenblicks je und je neu finden läßt. Kennzeichnend für diese Form der Kadi-Justiz und für die tendenziöse Absicht, die Brecht mit der Übernahme dieser Form der Rechtsprechung in seiner Erzählung verfolgt, ist die ironische Bemerkung des Armeleuterichters Azdak im „Kaukasischen Kreidekreis", daß er das Gesetzbuch immer benutzt habe, – um sich darauf zu setzen, wie spöttisch hinzugefügt wird. Das formal fixierte und – nach Brechts

---

[12] Vgl. Benno von Wiese, a. a. O., S. 274.

Auffassung – durch gesellschaftliche Bindungen bereits vor-urteilende Gesetz wird lächelnd beiseite geschoben, um ein hinter diesem bürgerlichen Recht stehendes wertvolleres menschliches Recht aufzudecken.

„Und so brach er die Gesetze

Wie ein Brot, daß es sie letze,

Bracht das Volk ans Ufer auf des Rechtes Wrack",

heißt es im „Kaukasischen Kreidekreis" vom Volksrichter Azdak, und die gleiche Grundhaltung, weniger deutlich ausgesprochen freilich, bestimmt auch den gelehrten, aber dennoch dem Volk und seinen Nöten zugewandten Richter Ignaz Dollinger. Am deutlichsten kommt das wohl in dem eigenartigen „Plädoyer" zum Ausdruck, das der Richter vor Abschluß der Zeugenvernehmung hält. Jedes Wort ist hier anders gemeint, als es gesagt ist, und jede Bemerkung des Richters zielt schon jetzt darauf, das formale Recht der Familie Zingli in das menschliche Recht Annas zu verwandeln.

Blut ist dicker als Wasser – mit dieser sprichwörtlichen Redewendung kommentiert Dollinger Annas Behauptung, sich in jener fraglichen Nacht um ihr eigenes, lediges Kind gekümmert zu haben. Aber offenbar durchschaut der Richter bereits hier die dürftige Lüge Annas, und so richtet sich die volkstümliche Formulierung eigentlich gar nicht an die Beklagte, sondern an jene Mutter, auf die die Volksweisheit, daß die blutsmäßige Bindung an das eigene Kind grundsätzlich und immer die stärkere Bindung sei, gar nicht zutrifft. Durch dieses Sprichwort wird schon jetzt, noch ehe die Probe im Kreidekreis den Beweis erbracht hat, die Klägerin zur Angeschuldigten, während sich Dollingers Sympathie hinter seinen groben Formulierungen deutlich Anna zuwendet.

In ähnlicher Weise wird auch das Sprichwort „Wer lügt, der stiehlt", durch eine einfache Umdrehung der beiden Sätze in seinem Bedeutungsinhalt verwandelt und zugunsten Annas ausgelegt. Der Satz geht aus von der Überlegung, daß eine rechte Mutter für ihr Kind auch stehlen gehe. Aus der Sicht Dollingers muß der unbedingte Einsatz einer Mutter für ihr Kind, selbst wenn dieser gegen das herkömmliche Gesetz verstößt, etwas durchaus Positives haben. Während die richtige – das heißt die leibliche – Mutter des Kindes nicht nur diesen Einsatz nicht geleistet hat, sondern in der Not ihr Kind völlig im Stich ließ, hat Anna als rechte Mutter in selbstloser Liebe das gefährdete Kind einer Fremden an sich genommen, um es zu retten. Das heißt aber in juristischer Terminologie, sie hat das Kind gestohlen. Vor dem bürgerlichen Gesetz ist Annas Verhalten als Diebstahl zu verurteilen, vor dem Gesetz reiner Menschlichkeit erweist sich Annas „Diebstahl" als vorbildliche Tat. Die den Diebstahl verurteilende Formulierung Dollingers „Eigentum ist Eigentum" kann auf dem Hintergrund nicht mehr ausschließlich biologisch, sondern primär menschlich, erzieherisch und sozial verstandener Mütterlichkeit nur ironisch gemeint sein. Die ganze Erzählung läuft ja deutlich darauf hinaus, zu erweisen, daß die rein blutsmäßige Bindung zwischen Mutter und Kind nicht von ausschlaggebender Bedeutung ist, ebensowenig wie Eigentum – im „Kaukasischen Kreidekreis" wird es expressiv verbis ausgesprochen – nicht schon durch langjährigen Besitz, sondern jeweils nur durch eine sachgerechte Leistung legitimiert werden kann. Wer also – so folgert der Richter – als rechte Mutter für das geliebte Kind die Schande des Diebstahls auf sich nimmt (wir erinnern an die Eingangsszene: „wie eine Person mit schlechtem Gewissen, eine Diebin"), der lügt auch, um zum Wohl des Kindes das Mutter-Kind-Verhältnis zu bewahren.

Auch der folgende Abstecher über die Bauern und den Magistrat, der nach den Worten des Erzählers „nichts mit dem Prozeß zu tun hatte", erhärtet noch einmal die Grundanschauung des Richters, die bereits in den auf den Kopf gestellten Sprichwörtern zum Ausdruck gekommen ist. Die Schuld der sozial Niedrigen, der Bauern, die unrechterweise die Milch verpantschen, ist sekundäre und deshalb entschuldbare Schuld, weil sie durch das Unrecht der Großen, des Magistrats, „der zu hohe Marktsteuern von den Bauern nehme", in solche Verschuldung gezwungen werden. Ebenso ist die „Schuld" Annas, die ja nur eine juristische, nicht aber eine menschliche Schuld sein kann, bedingt und notwendig geworden durch die viel größere Schuld der richtigen Mutter, die ihr Kind dem sicheren Tode überließ und erst jetzt, im Zusammenhang einer Erbstreitigkeit, ihr Interesse für das Kind entdeckt.

Es fällt auf, wie leicht Brecht die tradierten Gehalte sprichwörtlicher Redensarten auf den Kopf zu stellen oder mit einem neuen Sinn zu füllen vermag[13].
Gerade weil hier Formulierungen wie „Blut ist dicker als Wasser", „Eigentum ist Eigentum" oder „Wer lügt, der stiehlt" nicht in ihrer ursprünglichen Bedeutung gemeint sein können, stutzt der Leser. Das Allzuvertraute, Tagtägliche und Selbstverständliche erscheint mit eins in einem neuen Licht und läßt die Frage wach werden, ob die im Sprichwort verdichteten gesellschaftlichen Gewohnheiten und Wertungen überhaupt zu Recht bestehen und einer kritischen Überprüfung standhalten.
Bert Brecht hat diese in allen seinen Stücken und Erzählungen begegnende Technik dramaturgisch als „Verfremdungs-Effekt" bezeichnet, wobei schon in der Definition die gesellschaftskritische und sozialrevolutionäre Tendenz dieses literarischen Mittels zum Ausdruck kommt:
„Die neuen Verfremdungen sollten nur den gesellschaftlich beeinflußbaren Vorgängen den Stempel des Vertrauten wegnehmen, der sie heute vor dem Eingriff bewahrt. ... Das lange nicht Geänderte nämlich scheint unänderbar. Allenthalben treffen wir auf etwas, das zu selbstverständlich ist, als daß wir uns bemühen müßten, es zu verstehen[14]."
Indem aber der Dichter das Vertraute nur um ein weniges verändert, erscheint es plötzlich in einer neuen Beleuchtung, werden Unvollkommenheiten und Ungerechtigkeiten, an die man sich längst gewöhnt hat, grell hervorgehoben und in ihrer Unzulänglichkeit erkannt.
Um diese Intention seines Dichters zu erreichen, muß der Richter Ignaz Dollinger „sein Publikum wundern machen, und dies geschieht vermittels einer Technik der Verfremdungen des Vertrauten[15]." Dabei kommt es schließlich wenig darauf an, ob die Prozeßbeteiligten oder die verblüfften Zuschauer von der Ansprache Dollingers etwas verstehen oder nicht, denn nicht diese, sondern die Leser der Erzählung sollen durch die Verfremdungs-Effekte des Richters und durch das an ihnen sich entzündende eigene Nachdenken belehrt werden.

---

[13] In ähnlicher Weise wird in Brechts Drama „Mutter Courage und ihre Kinder" das volkstümliche Sprichwort „Der Mensch denkt, Gott lenkt" nur durch eine Änderung der Interpunktion und einen knappen ironischen Zusatz in das Credo einer atheistischen Lebenshaltung verkehrt: „Der Mensch denkt: Gott lenkt. Keine Red davon!"
[14] Bert Brecht, Kleines Organon für das Theater, Nr. 43 und 44.
[15] ebd.

Mit diesem seltsamen „Plädoyer" endet die Zeugenvernehmung ergebnislos. Sie hatte nichts ergeben, weil sie nichts zu ergeben brauchte: für Dollinger, der weder an Gesetzbücher noch an Zeugenaussagen gebunden ist, weil er selbstmächtig und schöpferisch das Recht je neu findet, steht das Urteil bereits fest. Nicht die richtige, sondern die rechte und das heißt die mütterliche Mutter muß gefunden werden, weil nur so eine sachgerechte Lösung des Problems möglich ist. Die rechte Mutter aber erweist sich weder durch Zeugenaussagen, denn Dollinger billigt ihr ja zu, um des Kindes willen zu lügen, noch durch Paragraphen, die zweifellos für die Familie Zingli sprächen, sondern einzig durch die Liebe. Diese schon immer vorhandene, in Leid und Not bewährte Liebe Annas offenkundig zu machen, ist Aufgabe der Probe im Kreidekreis.

Der rechten Mutter, die um des Kindes willen Opfer und Verzicht, ja die Schande der Lüge und des Diebstahls auf sich nimmt, entspricht in unserer Erzählung die Gestalt des rechten Richters, des derben, volksnahen und menschlichen Kadis, der das Gesetz um des Rechtes willen beugt und so als „guter schlechter Richter" das Volk auf des Rechtes Wrack ans Ufer bringt.

Hier liegt zweifellos die entscheidende Schwierigkeit für die Erschließung dieser „Kalendergeschichte" im Unterricht der Mittelstufe. Denn während die Geschichte von der selbstlosen Liebe der Dienstmagd Anna durchaus im Sinne der Kalendergeschichten von Jeremias Gotthelf und Johann Peter Hebel vorbildhaft gemeint ist, so ist schon die Umwelt, in welcher die Verführung zur Güte schrecklich geworden ist, alles andere als erbaulich. Mit der Geschichte des Richters Ignaz Dollinger aber wird der Typus der Kalendergeschichte vollends auf den Kopf gestellt[16]. Denn vorbildhaft in der einfachen und schlichten Weise der Hebelschen Erzählungen kann das Verhalten Dollingers, der in einer unguten Welt erst durch die bewußte Verkehrung des Rechts Recht schaffen kann, nicht mehr genannt werden. Erscheint bei Hebel die bäuerliche Welt grundsätzlich als eine Welt der Ordnung, zu welcher „der Rheinische Hausfreund" den „geneigten Leser" an Hand beispielhafter Erzählungen hinführen möchte, so betrachtet Brecht die Welt, in der seine Gestalten handeln und leiden, mit tiefer Skepsis. Neben dem unüberhörbaren Aufruf zu mitmenschlicher Liebe, zu Güte und selbstlosem Einsatz, wie er in der Gestalt der Anna verkörpert ist, steht mit der Gestalt des Richters

[16] Vgl. Hermann Pongs, a. a. O., S. 18.

ebenso deutlich der Appell, verändernd in eine Welt- und Gesellschaftsordnung einzugreifen, in der das Gute zur Hilflosigkeit verurteilt ist und nur durch das ebenso kluge wie illegale Eingreifen eines dieser Gesellschaftsordnung nicht mehr verpflichteten Richters vor einer Tragik bewahrt wird, auf welche die ganze Erzählung hinzusteuern scheint.

4. *Fragen und Hinweise zur Erschließung im Unterricht:*

1. Vergleiche die biblische Erzählung vom „salomonischen Urteil" mit Brechts Kalendergeschichte! Welche Unterschiede fallen auf?

a) Verlagerung des Interesses vom Richter auf die mütterliche Frau

b) Sozialer Unterschied zwischen den beiden Frauen

c) Die „rechte" Mutter ist nicht die leibliche Mutter des Kindes

d) Der turbulente Augenblick im Geschichtsablauf

2. Die Dienstmagd Anna

a) Betrachte die Szene, in der Anna sich für das Kind entscheidet!

b) Welche Folgen ergeben sich aus dieser Entscheidung für Annas weiteres Leben?

c) In welcher Weise wird Annas bisheriges Verhalten in der Probe bestätigt?

3. Der Richter Ignaz Dollinger

a) Worin unterscheidet sich Dollingers Rechtsprechung von der bei uns üblichen Form der Justiz?

b) Versuche, Dollingers Ansprache nach der Zeugenvernehmung zu erklären!

c) Kann der Richter Ignaz Dollinger als Vorbild gelten?

Die Gerechtigkeit Gottes – das Problem der Theodizee

Heinz Risse: Das Gottesurteil

In der Nähe von F., einer kleinen Bergstadt Kalabriens, wurde an einem Junimorgen des Jahres 1412 die Leiche eines Mannes aufgefunden, der offenbar während der Nacht beraubt und ermordet worden war. Da der Tote nichts mehr bei sich trug, woraus man hätte entnehmen können, um wen es sich handelte, schaffte man ihn in die Stadt und stellte ihn im Leichenhaus zur Schau. Einige Leute, die ihn dort sahen, erklärten sofort mit Bestimmtheit, dem Mann am Abend vor seiner Ermordung begegnet zu sein: im Gasthof, sagten sie, er habe erzählt, daß er Kaufmann und seiner Geschäfte halber unterwegs sei. Der Wirt, den der Richter darauf herbeiholen ließ, bestätigte das: der Fremde, fügte er hinzu, habe nach einer ausgiebigen Mahlzeit den Gasthof erst am späten Abend mit der Bemerkung verlassen, er wolle nun weiterreisen. Zusammen mit ihm seien zwei junge Leute aufgebrochen, die während des Essens am Tisch des Gastes gesessen und ihn unterhalten hätten; deren Zeche habe übrigens der Fremde bezahlt.

Ob die beiden jungen Leute in F. wohnten? fragte der Richter.

Ja, versicherte der Wirt und nannte die Namen; Urbini hieß der eine, Vigilio der andere.

Der Richter ließ beide vorführen; obwohl sie erklärten, sich von dem Kaufmann schon am Tor des Gasthofs getrennt zu haben und obwohl auch eine sogleich vorgenommene Durchsuchung der von ihnen bewohnten Häuser nichts Belastendes ergab, ordnete der Richter an, daß sie in Haft zu bleiben hätten. An den folgenden Tagen vernahm er sie mehrfach, doch gelang es ihm nicht, wie geschickt er auch seine Fragen stellen mochte, nur den Schatten eines Schuldbeweises zu entdecken; schließlich gelangte er selbst zu der Überzeugung, daß weder Vigilio noch Urbini der Mörder des Kaufmanns sei. Trotzdem konnte er sich nicht entschließen, die über sie verhängte Haft aufzuheben. Da kam ihm eines Nachts aus dem Zwiespalt seiner Überlegungen der Gedanke, Gott die Entscheidung zu überlassen. Am nächsten Tage befahl er, zunächst Urbini zu holen; diesen fragte er, ob ihm in einer der Nächte während seines Aufenthaltes im Gefängnis etwas geträumt habe? Urbini blickte den Richter erstaunt an: Ja, erwiderte er, etwas sehr Absonderliches sogar. Er habe sich nämlich in diesem Traum auf einer Straße liegen gesehen, regungslos und auch ohne die Fähigkeit, sich zu rühren. Es sei dunkel gewesen, und die Furcht, von einem zufällig des Weges kommenden Wagen überfahren zu werden, habe ihn sehr gepeinigt, zumal er in der Ferne das Rollen von Fahrzeugen habe hören können; doch sei keines in seine Nähe gekommen. Beim Erwachen sei er naß gewesen vom Schweiß der Angst, die er im Traum empfunden habe.

Der Richter überlegte einen Augenblick, dann befahl er, Urbini solle in der Morgendämmerung des nächsten Tages an Händen und Füßen gefesselt vor der Stadt auf der Straße niedergelegt werden, auf der um diese Zeit die Bauern aus der Umgegend ihre Waren zum Markt bringen würden. Dort solle er zwei Stunden liegen; die Bauern seien bei Strafe anzuhalten, ihre Fahrzeuge so zu lenken, als ob die Straße frei wäre. Überstehe Urbini die Probe, sei ihm die Freiheit wiederzugeben.

Der Richter erschien selbst am nächsten Tage dort, wo Urbini niedergelegt wurde; mit den Schergen wartete er, bis die Zeit, die er für die Entscheidung bestimmt hatte, verstrichen war. Sie verging zu seiner Verwunderung, ohne daß irgendein Wagen gekommen wäre; nachdem er endlich dem Verhafteten selbst die Fesseln abgenommen hatte, befahl er zweien seiner Leute, die Straße hinabzugehen und in den Dörfern am Fuß des Berges zu erkunden, warum die Bauern an diesem Tage dem Markt in der Stadt fernbleiben würden. Die Boten kehrten bald zurück: nicht weit unterhalb jener Stelle, an der man Urbini niedergelegt habe, so meldeten sie, sei in der Nacht ein Felssturz erfolgt; Steine und Erdmassen versperrten die Straße.

Der Richter, der in dem Vorgang einen Beweis dafür sah, daß ihm tatsächlich jemand die Last der Entscheidung abgenommen habe, ließ sogleich Vigilio holen und stellte auch ihm die Frage, ob ihm während der Zeit seiner Haft etwas geträumt habe. Der Gefangene lächelte. „Mir hat geträumt", erwiderte er, „daß ich dem steinernen Löwen am Portal des Rathauses die Hand ins Maul legte."

Auch er ist unschuldig, dachte der Richter.

„Der Löwe biß zu", fuhr Vigilio fort.

„Der steinerne Löwe?" fragte der Richter verwundert und schüttelte den Kopf.

„Es war eben ein Traum", erwiderte der Gefangene.

„Nun gut", sagte der Richter, „wir wollen zum Rathaus gehen, und du wirst dem Löwen die Hand ins Maul legen. Beißt er dich nicht, so werde ich befehlen, auch dich wieder in Freiheit zu setzen."

Er begab sich mit dem Gefangenen und zwei Wächtern durch die Straßen zum Rathaus; eine Menschenmenge folgte ihnen, denn die Nachricht von der Errettung Urbinis hatte sich rasch verbreitet; dieses Wunder weckte in vielen den Wunsch, bei der Erprobung Vigilios zugegen zu sein. Doch erhob sich Gelächter, als die Masse aus Andeutungen der Schergen erfuhr, was Vigilio zu tun habe, um seine Unschuld zu beweisen – auch der Gefangene selbst lächelte, während er, die Stufen zum Portal des Rathauses emporsteigend, die belustigten Gesichter der Menschen auf dem Marktplatz betrachtete. In der offenbaren Voraussicht auch seiner Errettung legte er noch lächelnd die Rechte in das offene Maul des steinernen Löwen, aber mit einem Schrei des Schmerzes riß er sie sogleich wieder zurück; die in der Nähe Stehenden sahen, wie durch Vigilios heftige Bewegung ein Skorpion auf die Treppe des Rathauses geschleudert wurde – offenbar hatte das Tier in der dunklen Höhle des Löwenmauls Unterschlupf gefunden und sich mit seinem Stachel gegen die eindringende Hand gewehrt.

Der Richter verfügte, daß der Gefangene sogleich ins Gefängnis zurückzubringen sei; auch ordnete er an, daß dessen Verletzung durch niemanden ärztlich behandelt werden dürfe – so sehr war er nunmehr überzeugt von der Schuld Vigilios. Dieser starb einige Stunden später unter starken Schmerzen. Trotzdem war die Überzeugung des Richters, was den Mord an dem Kaufmann anlangt, falsch; tatsächlich hatte nämlich weder Urbini noch Vigilio den Händler ermordet, sondern ein Mann, der zwanzig Jahre später in Neapel auf dem Totenbett seine ruchlose Tat gestand. Davon jedoch erfuhr niemand in F., auch nicht der Richter. Selbst wenn es aber zu seiner Kenntnis gelangt wäre, so hätte ihm dennoch kein Zweifel kommen dürfen an der Gerechtigkeit der durch ihn weitergegebenen Entscheidung – denn wer vermag zu sagen, ob nicht die Strafe sich auf eine Tat beziehen sollte, von der er, der Richter, nichts wußte? Zusammenhänge, die man sehen kann, sind meist keine – überdecken die wahren –; der Mensch kann nur, wie der Richter es tat, seine Frage stellen. Ob er das Rätsel, das die Antwort ihm aufgibt, zu lösen hat, erfährt er selten.

1. *Das Gottesurteil als literarisches Motiv*

In den Mittelpunkt seiner Kurzgeschichte stellt Heinz Risse das Motiv des Gottesurteils, ein Motiv also, dessen Geschichte weit zurückreicht in jene prähistorischen Formen des religiösen Lebens, in denen der Mensch in magischer Beschwörung sich des Göttlichen zu bemächtigen und die Entscheidungen göttlicher Orakelsprüche in den Dienst menschlicher Gerechtigkeit zu stellen suchte. Die Kulturgeschichte weist solchen Glauben an ein unmittelbares Eingreifen einer höheren, göttlichen Gerechtigkeit in den irdischen Rechtsstreit bei fast allen Völkern der Erde nach. Das deutsche Strafrecht übernimmt das Gottesurteil als legitimes Beweisverfahren von den Germanen und benutzt diese Form des formalen Schuldbeweises bis ins hohe Mittelalter. Mit der Christianisierung der Germanenstämme dringt dieses ursprünglich heidnische Mittel der Rechtsfindung in das kirchliche Ritual ein und erhält eine ausgeprägte liturgische Form, bis auf das Drängen hoher Theologen und Kirchenfürsten hin auf dem Laterankonzil 1215 das Gottesurteil als ultima ratio der Rechtsfindung für den christlichen Bereich verboten wurde.

Da das Gottesurteil in der religiösen und juristischen Praxis der Frühzeit eine beachtliche Bedeutung gewann und der Vorgang an sich jeweils ein „merkwürdiges Ereignis" mit überraschendem, oft Staunen erregendem Ausgang war, finden sich juristische Vorschriften zum Gottesurteil und künstlerische Gestaltungen des Motivs in der Literatur von Sophokles bis Bergengruen, vom Alten Testament bis zu Hebbel in stets neuen Variationen.

Es erscheint uns deshalb reizvoll und für die Deutung unserer Kurzgeschichte ergiebig, einleitend wenigstens einige dieser Texte heranzuziehen, um dann vergleichend die Struktur und die besondere Aussage unserer Kurzgeschichte deutlich zu machen.

In den Gesetzesbestimmungen des Alten Testamentes wird ausführlich das rituelle Verfahren bei einem „Eifergericht" (Nm 5,

11–31) beschrieben, dem bei Verdacht auf Ehebruch die Frau unterzogen und dessen Ergebnis als göttlicher Schiedsspruch gewertet wurde. Der Ehemann, der seine Frau der Untreue verdächtigte, führte sie dem Priester vor, der zu diesem „Eifersuchtsopfer" Erde vom Wohnraum der Eheleute in Wasser auflöste und einen feierlichen Schwur über die Verdächtigte sprach:

„Wenn wirklich kein fremder Mann mit dir verkehrt hat und wenn du dich nicht durch Untreue gegen deinen Gatten unrein gemacht hast, dann soll dir dieses Wasser, das Bitternis und Fluch enthält, keinen Schaden bringen! Wenn du aber deinem Gatten untreu warst und dich dadurch unrein gemacht hast, daß ein anderer Mann als dein Gatte mit dir verkehrt hat, dann ... mache dich Jahwe zum Schreckbild des Fluches und der Verwünschung inmitten deines Volkes, indem Jahwe deine Hüften zerfallen und deinen Leib anschwellen läßt. Dieses fluchbringende Wasser aber dringe in dein Inneres und lasse deinen Leib anschwellen und deine Hüften zerfallen.' Die Frau sage dazu: ‚Amen! So geschehe es!' Dann schreibe der Priester diese Fluchworte auf ein Blatt, wische sie in das Wasser der Bitternis, um dieses Wasser, das Bitternis und Fluch enthält, der Frau nachher zu trinken zu geben, damit das fluchbringende Wasser in sie eindringe zu bitterem Weh!"

Dieses alttestamentliche Ritual ist getragen von der Vorstellung, daß der im Heiligtum anwesende Gott, der ein Gott der Gerechtigkeit ist, Recht oder Unrecht offenbaren werde, um so der Sache des Rechts, die immer auch Sache Gottes ist, zum Siege zu verhelfen. Im Vergleich mit anderen Formen des Gottesurteils fällt auf, daß der Priester hier nicht eigentlich als Richter, sondern als Vollstrecker eines Ritus fungiert, der in feierlicher Beschwörung Gott um Erhellung einer undurchschaubaren Sachlage anruft und um Vermeidung schweren Unrechts bittet, ohne daß dadurch die Beklagte selbst in eine Situation versetzt würde, die ihr Leben unmittelbar gefährdet oder aus der sie nur durch ein Wunder errettet werden könnte.

Anders ist dies in vergleichbaren Verfahren des assyrischen oder babylonischen Strafrechts. So sollte nach dem Codex Hammurabi die verdächtigte Frau in einen Fluß getaucht werden; wenn der „Gottesfluß sie hinwegnahm", galt ihre Schuld als erwiesen. Aber auch die Feuerproben, wie sie etwa Sophokles in seinem Drama „Antigone" beiläufig erwähnt, setzen den Probanden dem elementaren Einfluß einer Naturkraft aus, dem er normalerweise nicht gewachsen sein kann. Dennoch sind die Betroffenen überzeugt, daß die innere Sicherheit, die das Gefühl der Unschuld verleiht, sie vor Verletzung und Tod schützen werde. So sind die Wächter in Sophokles' Drama, die sich eine Mißachtung des königlichen Gebotes nicht vorzuwerfen haben, durchaus bereit, ihre Unschuld in einer beliebigen Probe zu bestätigen:

„Jeder war der Mißtäter,
und keiner wirklich, jeder stritt es ab.
Durchs Feuer wären wir gegangen, hätten
ein glühend Eisen in die Hand genommen
und jeden Eid geschworen, daß wir nicht
die Täter waren und auch nicht die Hehler
von dem, der's plante oder tat."

Hinter solchen Verfahren steht die Vorstellung, daß der Schuldige, der mit seiner Tat die Ordnung der Gemeinschaft gestört hat, auch mit den das Leben tragenden Elementen in Unfrieden stehe[1] und im Kampf und in der Auseinandersetzung mit ihnen unterliegen müsse. Zu diesen Elementen im weitesten Sinne gehört auch noch das Blut des Menschen, dem nach einem gewaltsamen Tod offenbarende Kraft zuzukommen scheint. So wird im Nibelungenlied das unvermutete Aufbrechen der Todeswunden Siegfrieds als ein Beweis der Schuld Hagens gedeutet, der durch diese „Bahrprobe" des heimtückischen Mordes überführt wird:

Krimhilt bejonde jehen:
swelcher si unschuldic — der laze daz gesehen;
der sol zuo der bare — vor den liuten gen.
da bi mac man die warheit — harte schiere versten.

Daz ist ein michel wunder; — vil dicke ez noch geschiht:
swa man den mortmeilen — bi dem toten siht,
so bluotent im die wunden, — als ouch da geschach.
davon man die schulde — da ze Hagene gesach.[2]

---

[1] Vgl. H. Nottarp, Artikel „Gottesurteil" in „Die Religion in Geschichte und Gegenwart" (RGG) Bd. II, Sp. 1807.

[2] Krimhild begann zu sprechen:
Wer unschuldig ist — der lasse das deutlich sehen;
Der soll zu der Bahre — vor allen Leuten gehen.
So wird man die Wahrheit — sehr deutlich sehen.

Das ist ein großes Wunder; — recht oft geschieht es noch heute.
Wenn man den Mordbefleckten — bei dem Toten sieht,
so bluten diesem die Wunden — so wie es auch da geschah.
So ward die Schuld Hagens offenkundig.

Allen diesen Gottesurteilen, so verschieden sie auch im einzelnen sein mögen, ist die Vorstellung eigen, daß zwischen zwei Ereignissen, die zunächst scheinbar gar nichts miteinander zu tun haben, sei es durch die eingreifende Gerechtigkeit Gottes oder durch die ordnende Macht der Elemente ein unmittelbarer Kausalnexus hergestellt wird, der vom Priester oder Richter, ja vom zuschauenden Volke durchschaut und gedeutet werden kann. Erst als mit zunehmendem Rationalismus das unmittelbare Eingreifen Gottes in den irdischen Rechtsstreit für weite Bevölkerungsschichten fragwürdig wird, verliert das Ordal (Gottesurteil) in der juristischen Praxis seine Bedeutung, während in der literarischen Gestaltung dieses Motivs die naive Unbefangenheit in der Ausdeutung scheinbar kausaler Zusammenhänge einer komplexeren oder kritischeren Betrachtungsweise Platz macht.
So stellt Werner Bergengruen in seiner Novelle „Die Feuerprobe" das Motiv des Gottesurteils zwar in den Mittelpunkt seiner kunstvollen Erzählung, ja hinter der sachlichen und distanzierten Darstellungsweise des Erzählers verblaßt die Frage nach der Möglichkeit oder Sinnhaftigkeit solcher Proben, gleichzeitig aber vertieft Bergengruen das Motiv der Feuerprobe, indem er eine sakramentale Lossprechung und Heiligung der beklagten Frau der Probe vorausgehen läßt, wodurch der vordergründig-magische Vorgang in eine heilsgeschichtliche Dimension gerückt wird, in der die äußere Unversehrtheit zum symbolischen Zeichen einer inneren gnadenhaften Befreiung wird. Gleichzeitig aber wird das Bestehen der ersten Probe für die Heldin der Erzählung zum Anlaß eines komplizierten psychischen Prozesses, der sie in hybrider Selbstüberschätzung zunehmend schuldig werden läßt, bis sich ihre menschliche und religiöse Verschuldung im tödlichen Ausgang der zweiten Probe sinnenhaft manifestiert. Das Motiv des göttlichen Urteils wird hier zum Darstellungsmittel religiös-sittlicher Spannungen, auf die es dem Erzähler vor allem ankommt: „Die erste Probe verbirgt eine vermutete Schuld, wird aber auch Anlaß für eine neue, ist offenbare Gnade und heimliche Versuchung zugleich, die zweite dagegen deckt eine Schuld auf, die zwar nicht dem Leser, wohl aber den Menschen der Erzählung verborgen war, tilgt sie aber zugleich im tödlichen Schmerz des Verbrennens, ist also offenbares Gericht, vielleicht aber auch schon geheime Erlösung[3]."

[3] Werner Zimmermann, Deutsche Prosadichtungen der Gegenwart, Bd. II, S. 17 f.

Die hier von Werner Zimmermann auf eine prägnante Formel gebrachte Sinnmitte der beiden Feuerproben in Bergengruens Novelle mag veranschaulichen, wie sehr jede neuere Gestaltung des Motivs über das bloß Vordergründige des merkwürdigen oder erstaunlichen Vorganges hinausweisen muß auf einen tieferen Bedeutungsgehalt, der im anschaulichen und gleichnishaften Geschehen der Probe sichtbar wird. Das Ineinander von Schuld und Gnade, von Verstrickung und Erlösung, von Hybris und Gläubigkeit wird in Bergengruens Novelle nicht in theologischen Kategorien diskutiert, sondern vom Erzähler umgesetzt in die Bildhaftigkeit des geschilderten Vorganges. Wir werden uns bei der Interpretation von Risses Kurzgeschichte „Das Gottesurteil" fragen müssen, ob es dem Erzähler in gleicher Weise gelungen ist, die religiöse oder philosophische Aussage seiner Geschichte durch das von ihm gewählte Motiv hindurch in Bild oder Vorgang Gestalt werden zu lassen.

Wenn wir die hier kurz skizzierten Beispiele eines gerichtlichen oder rituellen Verfahrens, in dem durch ein unmittelbares Eingreifen Gottes oder der Elemente die Schuld oder Unschuld eines Menschen sich offenbaren soll, miteinander vergleichen, so stellen wir bei aller Verschiedenartigkeit der Methoden im einzelnen (Trankprobe, Wasserprobe, Feuerprobe, Bahrgericht usw.) eine durchgängige Gleichheit des Vorganges im Grundsätzlichen fest, die allen Erzählungen und Darstellungen dieses Themas den gleichen Reiz und die gleichen Spannungsmomente vermittelt, wie sehr sie auch im einzelnen vom Erzähler ausgestaltet oder zu einer beiläufigen Feststellung verkürzt sein mögen. Solche in sich geschlossenen Erzähleinheiten, die von Fall zu Fall durch konkrete Züge aufgefüllt werden müssen, die in ihrer Grundstruktur jedoch eine erstaunliche Konstanz aufweisen, nennt die Literaturkritik Motive. Wolfgang Kayser macht nun darauf aufmerksam[4], daß bestimmte Motive und Motivgruppen jeweils bestimmten Gattungen zugeordnet sind oder sich doch in bestimmten Gattungen besonders häufig und ausgeprägt finden. So ist etwa das Motiv des Schuhs, der aufgefunden wird und niemandem paßt, bis ein unbekanntes und unscheinbares Mädchen den Schuh anzieht und sich damit als eine in besonderer Weise Auserwählte legitimiert, ein Motiv, das vor allem im Märchen eine bedeutende Rolle spielt und dort in immer neuen Variationen und Zuordnungen erscheint. Das Motiv der feindlichen Brüder da-

[4] Vgl. Wolfgang Kayser, Das sprachliche Kunstwerk, Bonn 1956[4], S. 60.

gegen verweist vornehmlich auf dramatische Formen, während das Motiv des Gottesurteils, wie wir es in der religiösen Kasuistik, in dramatischen und epischen Werken der Weltliteratur als mehr oder minder wichtiges Attribut eines größeren Ganzen fanden, wegen seiner Konzentration auf eine einzige, in sich merkwürdige, Staunen erregende und durch überraschende Ausgänge gekennzeichnete Situation sich in besonderer Weise für die Novelle oder die Kurzgeschichte zu eignen scheint. So ist in Bergengruens Novelle die Feuerprobe das zentrale und novellistische Ereignis, das sich zum Schluß der Erzählung in spiegelbildlicher Umkehrung wiederholt und von dem aus jede Einzelheit der Novelle ihre Bedeutung erhält.

2. *Die Gestaltung des Motivs*

Unter Verzicht auf eingehende Charakteristik der Hauptpersonen, in gedrängter Kürze und greller Hervorhebung der beiden entscheidenden Situationen, in denen das Thema variiert und verdichtet wird, gestaltet Heinz Risse das Motiv entsprechend den Gesetzmäßigkeiten der Kurzgeschichte.

Der Aufbau der Erzählung ist einfach und durchsichtig. Nach einer knapp gefaßten Vorgeschichte, die von der Ermordung des Kaufmannes und der Unsicherheit des Richters in aller Kürze spricht, gestaltet der Erzähler zweimal das Motiv des Gottesurteils, das jedesmal in der gleichen Weise aufgebaut wird: der Gefangene erzählt einen Traum, den er wenige Tage vorher im Gefängnis hatte, der Richter ordnet eine Probe an, der das Traumbild als die entscheidende Bedingung zugrunde liegt, und schließlich folgt jeweils das überraschende und unvermutete Ergebnis der Probe, das abschließend eine sehr rationale, auf kausalen Gesetzmäßigkeiten beruhende Erklärung findet. Nach diesem in der Variation des gleichen Themas interessanten und fesselnden Hauptteil der Kurzgeschichte folgt dann im Schlußabschnitt der für viele Kurzgeschichten typische Bruch, der durch die Entdeckung des wirklichen Mörders die Sinnhaftigkeit der beiden Proben und damit die Institution des Gottesurteils überhaupt in Frage stellt.

Wenn wir die hier dargestellten Proben mit den uns bereits bekannten Formen des Gottesurteils vergleichen, so fällt auf, daß der Modus, in dem sich die göttliche Entscheidung dem Menschen mitteilen soll, weder rituell noch juristisch fixiert ist. So bleibt es ganz der Intuition und Erfindungsgabe des Richters überlassen, in welcher Weise er sich des göttlichen Judiciums versichert, wodurch sein Beweisverfahren zu einer eigentümlichen Mischung von Kadi-Justiz, salomonischer Weisheit und Magie wird. Anders als in Brechts Geschichte „Der Augsburger Kreidekreis" aber, die ihre Lösung ausschließlich der Pfiffigkeit des volkstümlichen Richters verdankt, wirken hier nach der Auffassung des Richters menschliche Findigkeit und göttliche Rechtsprechung unmittelbar zusammen, wenn auch, wie der Leser später erfährt, der Erzähler selbst diese Auffassung nicht unbedingt teilt.

Heinz Risse verknüpft hier in eigentümlicher Weise das uns auch sonst in der Literatur bekannte Traumorakel (man erinnert sich unwillkürlich an die Traumdeutung des ägyptischen Joseph im Gefängnis des Pharao, die im göttlichen Orakelspruch das spätere Gerichtsurteil bereits vorwegnimmt[5]) mit dem Motiv des Ordals, das durch die Träume der Beklagten einen je verschiedenen Verfahrensmodus vorgezeichnet erhält.

Der Reiz der Erzählung beruht vor allem darin, daß in beiden Fällen die Schwierigkeit der Probe in einem völlig unangemessenen Verhältnis zu ihrem Ausgang steht, so daß dem Leser die Schuldlosigkeit Urbinis ebenso wie die Schuldhaftigkeit Vigilios offenkundig zu sein scheinen, weil der unwahrscheinliche und verblüffende Ausgang der einen Probe das ebenso überraschende Ergebnis der anderen als göttlichen Schiedsspruch zu bestätigen scheint. Durch die wunderbare Rettung Urbinis und den ebenso unerwarteten Tod Vigilios erhalten die geschilderten Vorgänge eine suggestive Kraft, die selbst den rationalistischen Leser wenigstens kurz eine kausale Verbindung zwischen zwei Ereignissen herstellen läßt, die ursprünglich gar nichts miteinander zu tun haben.

Der mythische Schauer vor dem im Ordal sich vollziehenden Richterspruch der Gottheit aber ist nicht nur dem neuzeitlichen Leser, sondern offenbar auch den Zuschauern der im Jahre 1412 spielenden Geschehnisse kaum mehr spürbar. Denn während noch heute der „Bocca della Verita", der steinerne Riesenmund der Wahrheit im klobigen Gesicht einer antiken Marmorplatte, den Romreisenden in St. Maria in Cosmedin insgeheim fürchten läßt, das gähnende Mundloch risse ihm wie in grauer Vorzeit den

[5] Gen 40, 1–23.

Lügnern die Hand ab, bleiben die Zuschauer der zweiten Probe in unserer Geschichte durchaus skeptisch und folgen den Vorbereitungen des Richters mit Gelächter, wie ja auch der Proband selbst lächelnd die Rechte in das offene Maul des steinernen Löwen legt.

So sehr nun der Erzähler seine Leser einerseits durch den unvermuteten Ausgang des Experimentes überrascht, der dem Vorgang einen drohenden Ernst und damit der Institution des Gottesurteils unvermutet eine neue Glaubwürdigkeit verleiht, so sehr bemüht er sich doch gleichzeitig, eine magische oder übernatürliche Ausdeutung der Ergebnisse zu verhindern; in nüchternen Sätzen gibt er dem Leser eine durchaus rationale, ja geradezu hausbacken plausible Erklärung, die alles Wunderbare des „Wunders" zerstört und das Geschehene auf verstehbare Zusammenhänge zurückführt: „Die Boten kehrten bald zurück: nicht weit unterhalb der Stelle, an der man Urbini niedergelegt habe, so meldeten sie, sei in der Nacht ein Felssturz erfolgt; Steine und Erdmassen versperrten die Straße", heißt es am Ende des ersten Berichtes, und in ähnlicher Weise findet auch das „Wunder" der zweiten Probe eine alltägliche Erklärung: „Die in der Nähe Stehenden sahen, wie durch Vigilios heftige Bewegung ein Skorpion auf die Treppe des Rathauses geschleudert wurde – offenbar hatte das Tier in der dunklen Höhle des Löwenmauls Unterschlupf gefunden und sich mit seinem Stachel gegen die eindringende Hand gewehrt."

Zweifellos spielt hier der Erzähler mit seinem Leser, der sich einmal durch die Duplizität der überraschenden Ereignisse unwillkürlich gezwungen sieht, zwischen dem Tod Vigilios und der Ermordung des Kaufmanns eine kausale Verbindung herzustellen, das heißt aber, den Vorgang als einen Richterspruch Gottes zu interpretieren, dem aber andererseits sowohl für die Errettung Urbinis als auch für den jähen Tod Vigilios handfeste Gründe dargeboten werden, so daß er im gleichen Augenblick, wo er die Echtheit des Gottesurteils ernstlich in Betracht zu ziehen beginnt, mit einer ganz natürlichen Erklärung auskommen kann.

Greifbar und objektiv sind offenbar nur die Vorgänge selbst; sobald der Mensch versucht, Verbindungslinien zwischen ihnen herzustellen, einen Kausalnexus zu konstruieren und damit ein Geschehen von moralischer Relevanz zu verstehen, erweist sich diese Deutung als durchaus subjektiv und zufällig; es mag sein, daß der objektive Sachverhalt ein völlig anderer ist, als diese oder jene Überlegung nahezulegen scheinen.

Während aber die Zuschauer der geschilderten Vorgänge sich an den „Wundern" begeistern, deren Zeuge sie sind, und der Leser des zwanzigsten Jahrhunderts noch unschlüssig zwischen zwei verschiedenen Deutungsmöglichkeiten schwankt, vermag der aus wissender Distanz betrachtende Erzähler den Vorgang als Ganzes zu überschauen und aufzuhellen: „Trotzdem war die Überzeugung des Richters, was den Mord an dem Kaufmann anlangt, falsch; tatsächlich hatte nämlich weder Urbini noch Vigilio den Kaufmann ermordet, sondern ein Mann, der zwanzig Jahre später in Neapel auf dem Totenbett seine ruchlose Tat gestand. Davon jedoch erfuhr niemand in F., auch nicht der Richter."

Mit diesem unerwarteten Bruch, der vom Schluß her alles bisher Erzählte aufhebt und den Leser zwingt, die geschilderten Vorgänge von einer völlig veränderten Ausgangsposition her neu zu bedenken, scheint Heinz Risse die Institution des Gottesurteils vollends ad absurdum geführt zu haben. Durch Zufall wurde Urbini errettet, durch Zufall kam Vigilio zu Tode, durch Zufall blieb der wirkliche Mörder unentdeckt – all diese Vorfälle lassen sich vom Schluß der Erzählung her als „Glück" oder „Unglück" eher verstehen als mit moralischen Begriffen.

Bräche unsere Kurzgeschichte hier ab, so wäre ihr Ende offen im Sinne der bereits an anderen Erzählungen beobachteten gattungstypischen Gesetzmäßigkeit, ein „stiller Reiz"[6] bliebe im Leser zurück, die in immer neuen Brechungen dargestellten Ereignisse für sich zu deuten und eine endgültige Antwort auf die Frage nach der Sinnhaftigkeit oder Unmöglichkeit kausaler Verknüpfungen zwischen Geschehnissen von moralischer Relevanz zu finden. Diese Antwort aber, die sich aus der künstlerischen Gestaltung der Vorgänge nach unserer Auffassung unmittelbar nicht ableiten läßt, möchte der Erzähler dennoch in aller Eindeutigkeit geben. So fügt er dem im eigentlichen Sinne erzählenden Teil seiner Kurzgeschichte selbst eine Interpretation an, die dem Leser jede Unsicherheit nehmen und die Frage nach der objektiven Gerechtigkeit der seltsamen „Gottesurteile" abschließend klären soll:

---

[6] Vgl. hierzu unten S. 210.

„Selbst wenn es aber zu seiner Kenntnis gelangt wäre, so hätte ihm dennoch kein Zweifel kommen dürfen an der Gerechtigkeit der durch ihn weitergegebenen Entscheidung – denn wer vermag zu sagen, ob nicht die Strafe sich auf eine Tat beziehen sollte, von der er, der Richter, nichts wußte? Zusammenhänge, die man sehen kann, sind meist keine – überdecken die wahren –; der Mensch kann nur, wie der Richter es tat, seine Frage stellen. Ob er das Rätsel, das die Antwort ihm aufgibt, zu lösen vermocht hat, erfährt er selten."

3. *Das Problem der Theodizee*

Offenbar wollte Heinz Risse seine Leser unsicher machen und ihnen vor Augen führen, daß eine allzu vordergründige Deutung komplexer Vorgänge, wie sie der Richter in unserer Erzählung in gutem Glauben versucht, nicht imstande ist, die einem einzelnen Ereignis oder auch der Gesamtheit der Lebensvorgänge innewohnende höhere und göttliche Gerechtigkeit aufzuweisen. Die moralischen Kategorien wie „gut" oder „schlecht", „schuldig" oder „unschuldig" reichen offenbar nicht aus, um unsere Mitmenschen zureichend zu beurteilen, da wir jeweils nur ein einzelnes Ereignis, einen Teilaspekt ihres Lebens zu sehen vermögen, ohne die Gesamtheit ihres Daseins in den Blick zu bekommen. Damit aber stellt sich für den Erzähler das Problem der Theodizee: Gelingt es dem Menschen, auch in scheinbar widerspruchsvollen, ja widersinnigen und paradoxen Ereignissen, wie es hier die Errettung Urbinis, der Tod Vigilios und die Straflosigkeit des wirklichen Mörders sind, noch das Walten einer göttlichen Gerechtigkeit zu sehen, oder verweisen solche Vorkommnisse auf eine schlechthin paradoxe und absurde Grundstruktur des Daseins, dessen Sinnlosigkeit des Lebens letzter Sinn ist?

Heinz Risse gibt am Ende seiner Kurzgeschichte eine positive Antwort auf diese Frage, wenn er auch weiß, daß jede Antwort auf die Grundfragen des Menschen immer eine vieldeutige und vielschichtige Orakelantwort ist, die keine absolute Erhellung gibt, sondern die drängenden Fragen des Menschen durch neue Verrätselungen zu beantworten scheint.

Dennoch glaubt der Erzähler, daß in allem Geschehen sich eine höhere, göttliche Gerechtigkeit manifestiere, die längst vergangene Schuld in einem Augenblick sühnt, in dem vor den Augen der Menschen der Handelnde unschuldig zu sein scheint.

Aber diese Glaubensaussage des Erzählers – als solche muß wohl der letzte Abschnitt der Kurzgeschichte gedeutet werden – wird nicht in die Bilder und Vorgänge der Erzählung transponiert, sondern als Bekenntnis der Erzählung angefügt, so daß die vom Verfasser gewünschte Deutung des Geschehens nicht zwangsläufig aus diesem selbst sich ergibt und durchaus auch andere Antworten auf die aus der Erzählsituation sich ergebende Frage nach der Sinnhaftigkeit und Gerechtigkeit schicksalhafter Vorgänge denkbar bleiben. Wenn Maria Stuart in Schillers Drama ganz im Sinne der hier vorgetragenen Schlußdeutung vor ihrer Hinrichtung sagt: „Gott würdigt mich, durch diesen unverdienten Tod die frühe, schwere Blutschuld abzubüßen" (V, 7), so wird Schillers Sinngebung dieses Justizmordes als einer an Maria sich vollziehenden höheren Gerechtigkeit aus dem Charakter seiner Gestalt motiviert, die in der freiwilligen Bejahung ihres Todes ihre innere Freiheit zurückgewinnt; der Leser kann gar nicht anders, als das Verhalten Marias, den vom Dichter entwickelten Voraussetzungen zufolge, als sinnvoll und einsichtig zu bejahen. In unserer Kurzgeschichte dagegen bleibt die Auffassung des Erzählers („Wo kein Sinn mehr mißt, waltet erst der Sinn", so umschreibt Manfred Hausmann in seinem Gedicht „Weg in die Dämmerung" diese dialektische Glaubenshaltung) rein subjektive Glaubensaussage, die – und darin scheint uns der entscheidende Mangel dieser Kurzgeschichte zu liegen – im Geschehen der Erzählung selbst nicht objektiviert wird.

Kein Geringerer als Lessing hat gerade im Zusammenhang mit dem Theodizee-Problem den außerhalb des Sprachkunstwerkes gegebenen Hinweis auf die göttliche Gerechtigkeit, die das im Kunstwerk Dargestellte rechtfertigen solle, als unkünstlerisch abgelehnt, wenn dieser Aufweis einer übermenschlichen und überzeitlichen Gerechtigkeit nicht aus den Motivationen des Kunstwerkes selbst hervorgehe. Was der Dichter an Fakten im wirklichen Leben oder in der Geschichte vorfinde, so meint Lessing, mag rätselhaft, ja grausam und schrecklich sein: „Es sei: so wird es seinen guten Grund in dem unendlichen Zusammenhang aller Dinge haben. In diesem ist Weisheit und Güte, was uns in den wenigen Gliedern, die der Dichter herausnimmt, blindes Geschick und Grausamkeit scheinet. Aus diesen wenigen Gliedern sollte er ein Ganzes machen, das völlig sich rundet, wo eines aus dem anderen sich völlig erkläret, wo keine Schwierigkeit aufstößt, deretwegen wir die Befriedigung nicht in dem Plane finden, sondern sie außer ihm, in dem allgemeinen Plane der Dinge, suchen müssen; das Ganze dieses sterblichen Schöpfers (des Dichters) sollte ein Schattenriß von dem Ganzen des ewigen Schöpfers sein; sollte uns an den Gedanken gewöhnen, wie sich in ihm alles zum besten auflöse, werde es auch in jenem geschehen[7] ..."

Es ist das gleiche religiöse Problem, das Lessing und den Erzähler unserer Kurzgeschichte beschäftigt; Lessing aber ist strenger in seiner künstlerischen Forderung, die es dem Dichter verbietet, die Lösung der im Kunstwerk angeschnittenen Fragen in philosophischen oder theologischen Postulaten zu suchen, die aus dem Kunstwerk selbst, aus der dichterischen Gestaltung der Personen und Ereignisse, sich nicht unmittelbar ergeben.

4. *Fragen und Hinweise zur Erschließung im Unterricht:*

1. Darstellung und Vergleich verschiedener Formen des Gottesurteils (Altes Testament, „Antigone", Nibelungenlied, „Die Feuerprobe").

2. Stelle den Aufbau der Kurzgeschichte dar!

3. Vergleiche Heinz Risses Darstellung mit den bereits bekannten Formen des Gottesurteils!

a) Freiheit und Findigkeit des Richters
b) Verbindung von Traumorakel und Gottesurteil
c) das Verhältnis der beiden Proben zueinander
d) die rationalistische Aufklärung der „Wunder"

4. Wie beurteilst du die Gottesurteile nach der Entdeckung des wirklichen Mörders?

5. Erkläre die Deutung des Verfassers!

---

[7] Lessing, Hamburgische Dramaturgie, 79. Stück.

Menschliche Solidarität in Not und Gefahr

Der Mensch als Ungeheuer und der Mensch als Mitmensch

Hans Bender: Die Wölfe kommen zurück

Krasno Scheri hieß das Dorf seit der Revolution. Es lag fünfzig Werst von der nächsten Stadt in großen Wäldern, die eine Straße von Westen nach Osten durchschnitt.

Der Starost von Krasno Scheri holte sieben Gefangene aus dem Lager der Stadt. Er fuhr in einem zweirädrigen Karren, ein schweißfleckiges Pferd an der Deichsel. Zwischen den Knien hielt er ein Gewehr mit langem Lauf und rostigem Korn. Im Kasten hinter dem Sitz lag der Proviantsack der Gefangenen, voll Brot, Salz, Maisschrot, Zwiebeln und Dörrfisch. Die Gefangenen gingen rechts und links auf dem Streifen zwischen den Rädern und dem Rand der Felder. Als die Straße in den ersten Wald mündete, stieg der Starost ab. Er band die Zügel an die Rückenlehne und ging hinter den Gefangenen her. Sie hielten sich an die Gangart des Pferdes. Alle Gefangenen gehen langsam. Sie senkten die Köpfe, nur einer trug ihn aufrecht, drehte ihn hierhin und dorthin, neugierig, verdächtig. Ich habe ein Gewehr, dachte der Starost. Sie haben kein Gewehr. Mein Gewehr ist zwar nicht ... Der Gefangene blieb stehen. Er ließ drei, die hinter ihm kamen, vorübergehen, bis der Starost auf seiner Höhe war. „Guten Tag", sagte der Gefangene. Seit dem ersten Krieg hatte der Starost keine Deutschen mehr gesehen. Diese Deutschen waren andere Deutsche als damals. Er sah, der Gefangene war jung. Er hatte Augen in der Farbe hellblauen Wassers. „Gibt es Wölfe im Wald?" fragte der Gefangene. „Wölfe?" Der Starost überdachte die Frage. Ja, es war eine natürliche Frage. „Wölfe? Es hat Wölfe gegeben. Jetzt gibt es bei uns keine Wölfe mehr. Ihr habt sie vertrieben mit eurem Krieg. Die Wölfe sind nach Sibirien ausgerissen. Früher knackte der Wald von Wölfen, und niemand hätte gewagt, im Winter allein diesen Weg zu gehen. Die letzten Wölfe sah ich im ersten Winter des Krieges, als die Geschütze von Wyschni Wolotschek herüberdonnerten." – „Fünf Monate ist der Krieg vorbei", sagte der Gefangene. „Die Wölfe könnten längst zurück sein." – „Sie sollen bleiben, wo sie sind", sagte der Starost. „In Sibirien. Sibirien, da gehören sie hin."

Bis zum Abend gingen die Gefangenen und der Starost durch die Wälder. Manchmal brachen die Wälder ab, eine Wiese lag dazwischen, ein Streifen unbebautes Land mit dürren Sträuchern, dann begann wieder Wald, ein wirrer, unordentlicher Wald mit niedrigen, verkrüppelten Bäumen und wucherndem Unterholz.

In Krasno Scheri traten die Leute aus den Häusern und standen dunkel vor den Türen. Der Starost verteilte die Gefangenen. In jedes Haus gab er einen, und den jungen, der nach den Wölfen gefragt hatte und russisch sprechen konnte, nahm er mit in sein Haus. Eine Öllampe stand auf dem Tisch. In ihrem Licht saßen ein Junge und ein Mädchen, die mit runden Pupillen zur Tür sahen, wo der Gefangene auf der Schwelle wartete.

Eine Frau kam aus der Tür des Nebenraumes. „Er heißt Maxim", sagte der Starost, während er seinen Pelzmantel auszog. Der Gefangene ging zu den Kindern am Tisch. Aufgeschlagene Bücher lagen vor ihnen mit handgeschriebenen Buchstaben und Tiefdruckbildern. „Und wie heißt ihr zwei?" fragte der Gefangene. Der Junge stand rasch auf und wischte mit der Hand sein Buch über den Tisch, daß es zu Boden fiel. Er ging in die Ecke der Stube und drehte dem Gefangenen den Rücken zu. Das Mädchen sah auf und lächelte.

„Wie heißt du?" – „Julia", sagte das Mädchen. „Julia, ein schöner Name", sagte der Gefangene. „Er heißt Nikolaj", sagte das Mädchen. Die Frau legte das Brot auf den Tisch und stellte zwei Schüsseln voll Suppe daneben. Der Starost setzte sich, der Gefangene setzte sich. Sie bliesen in die Löffel und aßen. Die Frau blieb vor dem Herd stehen und sagte ab und zu etwas von der Arbeit, vom Essen, von den Nachbarn, vom Wetter. Der Junge kam zum Tisch zurück. Er hob das Buch auf, setzte sich an die Tischecke und begann halblaut vor sich hin zu lesen: „Heil dem Väterchen aller Kinder, Wladimir Illjitsch Lenin! Heil dem Väterchen der kleinen Pioniere, Josef Wissarionowitsch Stalin!" Über dem Kopf des Jungen leuchtete Papiergold, das die Engel der Dreifaltigkeit umrahmte.

Am Morgen gingen die Gefangenen, die Kolchosbauern und die Mädchen auf die Felder. Der Starost riß mit Pferd und Pflug die glasharten Schollen auf. Das Wasser in den Schrunden war gefroren. Die Eishaut zersplitterte. Die Kartoffeln waren kalt. Die Mädchen und die Gefangenen klopften die Hände in den Achselhöhlen, und der Atem rauchte vor den Mündern. Die Sonne stieg über den Wäldern hoch, schob sich in den grünblauen, seidenreinen Himmel, der sich weit über die Horizonte spannte. Krähen schrieben darauf ihre zerfledderte, kyrillische Schrift. Das Dorf lag in der Mitte offener Felder, rundum von Wäldern umstellt. Der Weg nach Osten zog eine dünne Spur hindurch. Kinder gingen auf dem Weg, fern und klein, doch ihre Stimmen klangen nah wie Tassen, die auf ein Tablett gestellt werden.

„Sie gehen zur Schule", sagte eine Frau zu dem jungen Gefangenen. „Hinter dem Wald liegt Rossono. Rossono ist größer als Krasno Scheri." – „Sind auch Julia und Nikolaj dabei?" fragte der Gefangene. „Ja, sie sind auch dabei", sagte die Frau. Der Gefangene winkte. Die Kinder winkten. Sie schwangen ihre Bücherbündel. Die Kinder trugen Pelzmützen und Wattejacken, unter denen nicht zu erkennen war, wer Julia und wer Nikolaj war. Alle winkten.

Als die Kinder auf dem Weg drüben zurückkamen, fiel die Sonne in die Wälder des Westens. Ein großes Feld war geerntet, die Säcke und Körbe waren abgefahren, und alle, die gearbeitet hatten, gingen zurück, müde, mit schmerzenden Rücken und kalten Gesichtern, in Erwartung der Stube, des Feuers und der heißen Suppe.

Wieder saßen die Kinder am Tisch hinter den aufgeschlagenen Büchern. Julia sagte: „Maxim, wir haben eine Wolfsspur gesehn!" „Was habt ihr?" fragte der Starost. „Wir haben eine Wolfsspur gesehen", sagte Julia. „Wer hat sie gesehn?" – „Zuerst hat sie Spiridion gesehen, dann Katarina, dann ich, dann Nikolaj." – „Ich hab' sie vor dir gesehen", sagte Nikolaj. „Eine Kaninchenspur habt ihr gesehen", sagte der Starost. „Nein, sie war größer", sagte Julia. „Lauter tiefe Löcher, groß wie Äpfel, und vorn waren Krallen in die Erde gedrückt." – „Wie war die Spur, Nikolaj?" – „Wie Julia sagt. Wie Äpfel. Und Krallen auch." – „Unsinn", sagte der Starost. „Die Wölfe sind in Sibirien. Wir wollen jetzt essen."

Bevor das letzte Feld geerntet war, fiel Schnee. Der Pflug blieb in der gefrorenen Erde stecken, und die Gefangenen saßen bei ihren Quartiersleuten und brüteten vor sich hin. Die Kinder waren in der Schule. Der Starost und seine Frau saßen am Tisch. Der Gefangene stand am Fenster und sah auf das Feld. Der Starost sagte: „Wenn es so kalt bleibt, destillieren wir morgen Samagonka. Was hältst du davon, Maxim?" – „Warum nicht?" – „Gut, wir machen morgen Samagonka", sagte der Starost. „Ich mag keinen", sagte die Frau. „Du sollst auch keinen trinken", sagte der Starost. „Maxim und ich trinken ihn um so lieber."

Vor dem Fenster, auf dem Hügel, stand auf einmal ein Tier, ein schmales, hochbeiniges Tier mit dickem Kopf und schrägen Augen, einem Hund ähnlich und doch kein Hund. „Da!" Im Ausruf des Gefangenen war so viel Schreck und Angst, daß der Starost und seine Frau schnell zum Fenster kamen und gerade noch sahen, wie das Tier sich wandte und verschwand im wirbelnden Schnee.

„Ja, es ist ein Wolf. So sieht er aus. Die Kinder hatten recht", sagte der Starost. „Und die Kinder sind unterwegs!" rief die Frau. „Der Wolf ist hier, und die Kinder sind dort", sagte der Starost. Aber es überzeugte nicht. „Ihr habt doch ein Gewehr! Warum gehen wir nicht hinaus?" sagte der Gefangene. „Mein Gewehr . . ." – „Es ist nicht geladen", sagte die Frau. Der Starost stieß einen gemeinen Fluch aus. „Ein Wolf kommt nie allein", sagte die Frau.

„Ich habe keine Patronen, Maxim", sagte der Starost. „In der Stadt haben sie mir keine gegeben, im Magazin nicht und im Lager nicht. Ich wollte nicht, daß ihr Gefangenen es wißt." – „Dann nehmen wir eine Axt, ein Beil, eine Sense oder Stöcke." – „Du kennst nicht die Wölfe, Maxim. Aber, wenn du mitkommen willst . . ."

Sie gingen den Weg nach Osten, und als sie auf die Höhe kamen, merkten sie, daß sie keine Mäntel angezogen hatten.

Der Starost atmete schwer. Die Flocken hingen in seinen Brauen, in seinem Bart. Ein alter Mann. „Die Kinder müßten längst hier sein", sagte er. Sie gingen weiter. Es war still, nur der Schnee rauschte. Fern hörten sie die Stimmen der Kinder. Der Starost rief: „Julia! – Nikolaj!" Auch der Gefangene rief: „Julia! – Nikolaj!" Dann riefen auch die Kinder.

Der Starost und der Gefangene gingen schneller, die Kinder gingen schneller. Wie Hühner, in die der Hund bellt, flatterten sie in die Mitte der Männer, Julia, Nikolaj, Katarina, Ludmilla, Sina, Stepan, Alexander, Iwan, Nikita und Spiridion, zehn Kinder, in Pelzmützen und Wattejacken, die Bücherbündel in den steifen Fingern. Sie redeten durcheinander von Wölfen im Wald, von brechendem Holz, Geheul und einem Netz der Spuren im frisch gefallenen Schnee.

Während sie auf dem Weg standen, der Starost, der Gefangene, die Kinder, und redeten, kamen die Wölfe. Ihre Augen sahen sie zuerst, gefährliche, trübe Lichter im Vorhang des Schnees. Ihre Köpfe schoben sich heraus, die steifen Ohren, der Kranz gesträubter Haare um den Hals, die struppigen, zementgrauen Leiber mit den buschigen Schwänzen. Wie ein Keil stießen sie aus dem Unterholz über die Felder nördlich der Straße. Die Kinder verschluckten das letzte Wort und klammerten sich in die Rücken der Männer. Der Starost hielt die Axt hoch, der Gefangene hielt die Sense hoch. Die Kopfhaut spannte sich, und die Gedanken verschwammen.

Die Wölfe liefen entlang der Straße, vorbei, eine stumme, wogende Meute, Reihe hinter Reihe, Rücken neben Rücken, lautlos auf hohen Beinen. Sicher waren hinter dem Rudel andere, unsichtbare Rudel im Wirbel des Schnees, hundert Rudel, tausend Rudel. Manche Tiere kamen so nahe vorbei, daß die Rippen zu sehen waren, Knochen, Muskeln, Sehnen unter dem räudigen Fell und ihre roten Zungen, die lang aus den Mäulern hingen. Hätten die Wölfe geknurrt oder gebellt, es wäre nicht so unheimlich gewesen wie dieses lautlose, gespenstige Vorübergleiten der Bestien. Hunger trieb sie, Hunger machte sie blind für die Beute neben der Fährte.

So zogen Heere in die Städte der Feinde ein, durch die Mauer des Schweigens, der Verachtung, des Hasses. Die Menschen verkrochen sich vor ihnen, löschten das Licht, hielten den Atem an, schlossen die Augen und glaubten, ihr Herz klopfte gegen die Wand, und die draußen könnten es hören, durch die Tür brechen und wahllose Schüsse ins Zimmer feuern.

Die Dunkelheit wuchs, und noch immer nahm das Heer der Wölfe kein Ende. Wie lange zogen sie vorbei? Wie viele waren es? Stunden. Alle Wölfe Sibiriens. – Dann kamen die letzten Wölfe. Sie trabten hinter den Rudeln her, kranke, dürre Tiere und junge Tiere, denen es schwerfiel, die Pfoten zu heben.

Nacht umschloß den Starost, den Gefangenen, die Kinder. Lange wagten sie nicht, sich zu lösen, zu bewegen, zu sprechen. Der Starost sprach als erster. Er sagte: „Die Wölfe kommen zurück. Sie wittern den Frieden."

1. *Die wachsende Bedrohung*

Wenn es zur Eigenart der modernen Kurzgeschichte gehört, daß sie in einer der Alltagssprache angenäherten Diktion ein Alltagsgeschehen darstellt, das für die beteiligten Menschen zur schicksalhaften Begebenheit wird, aus dem sie verwandelt und betroffen hervorgehen; wenn gerade das Alltägliche des geschilderten Vorgangs durch die künstlerische Gestaltung allgemeingültige Bedeutung erlangt und zum Modellfall erhoben wird, so weicht die vorliegende Erzählung von diesem Schema deutlich ab. Denn Mittelpunkt und Zielpunkt unserer Kurzgeschichte ist nicht – wie etwa in Robert Musils „Verkehrsunfall" – ein Geschehnis, das jedem von uns jeden Tag begegnen könnte, sondern „eine unerhörte Begebenheit" im Sinne der von Goethe einmal beiläufig im Gespräch mit Eckermann formulierten Definition der Novelle: „Denn was ist eine Novelle anders als eine sich ereignete unerhörte Begebenheit“ (Gespräch mit Eckermann, 29. Januar 1827).

Das einmalige, ungewöhnliche und unvergeßliche Ereignis, aus dem heraus die Erzählung gewachsen ist, auf das hin sie angelegt ist und aus dem heraus sie ihren Sinn erhält, sollte vielleicht zum Ausgangspunkt unserer Unterrichtsarbeit werden.

„Während sie auf dem Weg standen, der Starost, der Gefangene, die Kinder, und redeten, kamen die Wölfe. Ihre Augen sahen sie zuerst, gefährliche, trübe Lichter im Vorhang des Schnees. Ihre Köpfe schoben sich heraus, die steifen Ohren, der Kranz gesträubter Haare um den Hals, die struppigen, zementgrauen Leiber mit den buschigen Schwänzen. Wie ein Keil stießen sie aus dem Unterholz über die Felder nördlich der Straße ...

Die Wölfe liefen entlang der Straße, vorbei, eine stumme, wogende Meute. Reihe hinter Reihe, Rücken neben Rücken, lautlos, auf hohen Beinen. Sicher waren hinter dem Rudel andere Rudel, unsichtbare Rudel im Wirbel des Schnees, hundert Rudel. Manche Tiere kamen so nahe vorbei, daß die Rippen zu sehen waren, Knochen, Muskeln, Sehnen unter dem räudigen Fell und ihre roten Zungen, die lang aus den Mäulern hingen. Hätten die Wölfe geknurrt oder gebellt, es wäre nicht so unheimlich gewesen wie dieses lautlose, gespenstige Vorübergleiten der Bestien.“

Aufgabe des ersten Abschnittes ist es, den Leser die elementare Bedrohung, die von den plötzlich wie aus dem Nichts auftauchenden Wölfen ausgeht, unmittelbar miterleben zu lassen. Deshalb sind die Bestien nicht schon von weither sichtbar, sondern ihr grauenerregendes Bild baut sich Zug um Zug vor dem Leser auf, wie es, aus dem undurchsichtigen „Vorhang des Schnees“ hervorbrechend, „wie ein Keil“ gleichsam auf die Betrachter zustößt. Zunächst sind es nur die Lichter, die gefährlich und trübe aus dem schneeigen Hintergrund sich herausheben, dann schieben sich die zementgrauen Raubtierkörper immer näher heran, bis sich an den in nächster Nähe vorübergleitenden Tieren jede Einzelheit erkennen läßt. Die ausgemergelten, halbverhungerten, beutegierigen Wölfe am Rande der Straße, und daneben, in unmittelbarer Nähe, dieser elementaren Bedrohung hilflos ausgeliefert, der Starost, der Gefangene und die Kinder – ein atemberaubendes Bild.

Und doch liegt das Unerhörte dieser Begebenheit nicht in der Bedrohung, die Kinder und Erwachsene in einen Bann schlägt, aus dem sie sich lange nachher noch nicht zu lösen vermögen; das Ungewöhnliche und Einmalige der Begebenheit liegt vielmehr darin, daß „alle Wölfe Sibiriens" in einem schemenartigen, durchaus realen und dennoch unwirklich und gespenstig erscheinenden Zug während vieler Stunden an ihrer Beute vorüberziehen, ohne diese zu bemerken, wobei freilich für die Menschen selbst bis zum letzten Augenblick, da die kranken und jungen Wölfe mühsam an ihnen vorbeitraben, eine ernste Gefahr bestehen bleibt.

Dieser Höhepunkt der Kurzgeschichte wird in drei Schritten vorbereitet. Am Anfang der Erzählung, als der Gefangene mit dem Starosten auf dem Weg durch die endlosen Wälder ein Gespräch beginnt, taucht das Wolfsmotiv zum erstenmal auf: „Gibt es Wölfe im Wald?" fragte der Gefangene. Zu Beginn der Erzählung schon sind die Wölfe da, zunächst freilich nur in dieser Frage, der keine Wirklichkeit zu entsprechen scheint. „Wölfe? Es hat Wölfe gegeben", antwortete der Starost. „Jetzt gibt es bei uns keine Wölfe mehr." Das grundsätzlich Zeitlose, Geschichtsfremde, das ansonsten dem Verhalten der Tiere zukommt, wird in diesem Gespräch aufgehoben. Das Wegwandern der Wölfe sowohl als ihre mögliche Wiederkehr werden in einen geschichtlichen Rahmen gestellt, der genau abgegrenzt ist:

„Ihr habt sie vertrieben mit eurem Krieg. ... Die letzten Wölfe sah ich im ersten Winter des Kriegs, ..."

„Fünf Monate ist der Krieg vorbei", sagte der Gefangene. „Die Wölfe könnten längst zurück sein."

Von hier her fällt auch auf das Bild vom Vorüberzug der Wölfe ein neues Licht. Der gespenstige Zug der Wölfe, die von Sibirien herkommend, in endlosen Rudeln gegen Westen in eine von den Menschen geformte, kulturgestaltete Welt als elementare Bedrohung eindringen, ist keine zufällige Ansammlung von Raubtieren, die der Hunger zusammengetrieben hat, sondern ein durchaus einmaliges, geschichtliches und in dieser Weise unwiederholbares Ereignis, das mit dem Ende des zweiten Weltkrieges kausal zusammenhängt: „Die Wölfe kommen zurück. Sie wittern den Frieden."

Ein wenig später klingt das Wolfsmotiv zum zweitenmal und nun schon deutlicher an. Als nach der harten Arbeit im winterlichen Feld sich die Menschen, Freie wie Gefangene, „mit schmerzenden Rücken und kalten Gesichtern" in der Stube des Starosten versammeln, da fällt ganz unvermittelt und bedrohlich in den Abendfrieden dieser Szene das Kinderwort:

„Maxim, wir haben eine Wolfsspur gesehen!"

Noch wird diese Beobachtung von dem Alten freilich nicht ernst genommen („Unsinn", sagte der Starost, „die Wölfe sind in Sibirien."), das Interesse der Bauern in diesem kalten russischen Winter richtet sich auf realere Dinge, auf die Herstellung des Samagonka[1] zum Beispiel. Unmittelbar neben das Gespräch des Starosten mit Maxim stellt der Erzähler nun zum drittenmal – jetzt ganz real und als eine unabweisbare Bedrohung – das Bild des Wolfes, übergangslos und ohne Vorbereitung:

„‚Ich mag keinen Samagonka', sagte die Frau. ‚Du sollst auch keinen trinken', sagte der Starost. ‚Maxim und ich trinken ihn um so lieber'. Vor dem Fenster, auf dem Hügel, im Wirbel des Schnees stand auf einmal ein Tier, ein schmales hochbeiniges Tier mit dickem Kopf und schrägen Augen, einem Hund ähnlich und doch kein Hund."

Die Bemerkung, daß die Kinder mit ihren Beobachtungen recht behalten hätten, erinnert gleichzeitig daran, daß diese sich auf dem Schulweg und damit in akuter Gefahr befinden. Die Männer brechen auf, nur spärlich bewaffnet, um sich der Gefahr, deren Ausmaß sie nicht auszudenken vermögen, entgegenzustellen, und werden so Zeugen eines einmaligen Ereignisses, das sie dank einer glücklichen Fügung unbeschadet überstehen.

Mit dieser Skizzierung ist freilich nur eine Seite der Erzählung gesehen. Unsere Geschichte bliebe lediglich eine vordergründige Darstellung eines seltsamen Geschehnisses, wäre dieses nicht auf einen zweiten Vorgang bezogen, der vollkommen parallel zum ersten Thema der Erzählung sich entfaltet. Erst im Nebeneinander und Miteinander dieser beiden Themenkreise erhält Benders Erzählung ihre künstlerische Form und ihre menschliche Bedeutung.

---

[1] Vgl. Werner Zimmermann, Deutsche Prosadichtungen der Gegenwart, Düsseldorf 1961[2], Teil III, S. 207: „Samagonka aus russisch ‚sama' = selbst und ‚gonka' = durchtreiben. S. ist demnach ein selbtgebrautes alkoholisches Getränk."

2. *Die wachsende Freundschaft*

Wir gehen wiederum vom Schlußbild aus und betrachten die beiden Männer, zu denen sich die Kinder angstvoll geflüchtet haben:

„Der Starost hielt die Axt hoch, der Gefangene hielt die Sense hoch, die Kopfhaut spannte sich, und die Gedanken verschwammen."

In fast primitiver Diktion sind die beiden Teile des ersten Satzes einander parallel zugeordnet, die beiden Männer stehen – das wird hier schon vom Satzbau her deutlich – auf einer Ebene, die gleiche Geste, die gleiche Haltung, die gleiche Hilflosigkeit bei beiden. Erscheinen die beiden Männer in diesem ersten Satz schon als Einheit, so nimmt sie der folgende vollends zu einem Ganzen zusammen:

„Die Kopfhaut spannte sich, und die Gedanken verschwammen."

Ganz bewußt ist die klare logische Beziehung zu den Subjekten des vorangegangenen Satzes aufgegeben, und doch ist dem Leser die Gemeinsamkeit, die diese beiden Männer in höchster Gefahr hier verbindet, schon so selbstverständlich, daß er unbewußt die Aussage dieses Satzes auf beide Männer bezieht, deren gleichartiges Erleben auch sprachlich zu einer Einheit zusammengezogen wird. Bildhaft anschaulich wird diese Einheit noch einmal zum Schluß der Erzählung, als die letzten Tiere vorüberziehen und die Gefährdeten sich noch immer nicht zu regen wagen:

„Nacht umschloß den Starost, den Gefangenen, die Kinder", wobei wiederum durch den Satzbau der Starost und der Gefangene auf der gleichen Ebene, in menschlicher Nähe und Verbundenheit, erscheinen.

Vergleichen wir mit diesem Schlußbild den Anfang der Erzählung, so wird deutlich, daß ein weiter Weg vom Mißtrauen des Anfangs bis zur Männerfreundschaft und Solidarität des Schlusses führt. In der Eingangsszene schwingt die Spannung des Krieges noch nach. Vorsichtig und mißtrauisch den Gefangenen gegenüber erscheint der Starost; bedrückt und ohne Hoffnung, Sklaven des 20. Jahrhunderts, so trotten die Gefangenen hinter ihm her. In dieser Situation ist der Starost der schlechthin Überlegene. Er sitzt – ein einfacher Dorfschulze nur, aber im Verhältnis zu den Gefangenen doch absoluter Herr – auf seinem zweirädrigen

Karren, hinter dem die Kriegsgefangenen, fünf Monate nach Kriegsende, rechtlos und wehrlos ihren Weg zu einer unbekannten und gleichgültigen Arbeit gehen. Aber mit dem freundlichen „Guten Tag" des Gefangenen kommt eine humane Geste in diese kalte Szenerie der Nachkriegswochen, die selbst bei diesem skeptischen Gegenüber eine entsprechende Resonanz findet. Der Starost, der selbst wohl mit den Deutschen keine leidvollen Erfahrungen machen mußte („Seit dem ersten Krieg hatte der Starost keine Deutschen mehr gesehen"), vermag mit unbefangenen Augen sein Gegenüber zu betrachten und nicht den Gegner, sondern den Menschen in ihm zu sehen: „Er sah, der Gefangene war jung. Er hatte Augen in der Farbe hellblauen Wassers." Selbst die Frage des Deutschen, die der Starost sekundenschnell mit Fluchtgedanken des Gefangenen in Verbindung bringt, erweist sich auf dem Hintergrund dieses flüchtigen menschlichen Kontaktes als eine ganz natürliche Frage, auf die er eine ebenso natürliche, fast kameradschaftliche Antwort gibt: „Ihr habt sie vertrieben mit eurem Krieg!"

Kein Haß spricht aus diesen Worten, eher eine spöttische Dankbarkeit, daß mit der Bedrohung durch die Deutschen, die ja nun zu Ende ist, die Bedrohung durch die Wölfe geschwunden ist.

Mißtrauen begegnet dem Fremden noch einmal in der Stube des Starosten, als er versucht, mit den Kindern ins Gespräch zu kommen. Nicht aus eigener Erfahrung, sondern unter dem Eindruck der politischen Propaganda, die Staat und Schule in die Kinder hineinhämmerten, reagiert der Junge auf die höfliche Geste des Gefangenen schroff und unfreundlich.

„Der Junge stand rasch auf und wischte mit der Hand das Buch vom Tisch, daß es zu Boden fiel. Er ging in die Ecke der Stube und drehte dem Gefangenen den Rücken zu."

Mit dieser trotzigen Haltung Nikolajs, die durch ein Lächeln seiner Schwester wieder aufgehoben wird, verklingt jedoch endgültig das Mißtrauen, das die Russen dem Deutschen entgegenbringen. Indem diese mit dem Gefangenen das einfache Mahl an einem Tisch einnehmen, indem sie über die Arbeit und über das Wetter mit ihm sprechen wie mit jedermann, wandelt sich unmerklich die Atmosphäre, der Gegner wird zum Gast. Von nun an drückt sich die Gemeinsamkeit der Menschen, die in der Einsamkeit, Härte und Kälte des russischen Winters zunehmend wächst, auch syntaktisch aus, der Gefangene und die Russen stehen – anders als im Anfang der Erzählung – sprachlich auf einer Ebene:

„Der Starost riß mit Pferd und Pflug die glasharten Schollen auf. Das Wasser in den Schrunden war gefroren. Die Eishaut splitterte. Die Kartoffeln waren kalt. Die Mädchen und die Gefangenen klopften die Hände in den Achselhöhlen, und der Atem rauchte vor den Mündern."

Die Kinder, die dem Gefangenen das erste Lächeln entgegenbrachten, werden nun zu einem Bindeglied zwischen diesem und den Menschen des Dorfes:

„Der Gefangene winkte. Die Kinder winkten. ... Alle winkten."

In dem Maße, in dem die Gemeinschaft der Gefangenen mit den Dorfbewohnern wächst, tritt die Erinnerung an den Krieg und an das traurige Schicksal der Gefangenen in der Erzählung zurück. An zwei Stellen nur klingt das Motiv der Gefangenschaft noch verhalten an:

„Die Sonne stieg über den Wäldern hoch, schob sich in den grünblauen, seidenreinen Himmel, der sich weit über die niedrigen Horizonte spannte. Krähen schrieben darauf ihre zerfledderte, kyrillische Schrift."

Fremdartig wirkt der russische Himmel über den endlosen Weiten des Landes; das Gewohnte selbst wird hier fremdartig wie die unverstandenen Zeichen einer fremden Schrift. Wohl sind die Gefangenen aufgenommen in die Gemeinschaft eines fremden Dorfes, aus den Sklavenbesitzern sind in einem langsamen Prozeß der Annäherung und Humanisierung des Verhaltens „Quartiersleute" geworden, aber die Fremdartigkeit bleibt und das Heimweh, das sich in eine gewohnte Welt zurücksehnt: „Die Gefangenen saßen bei den Quartiersleuten und brüteten vor sich hin."

Aber stärker als dieses kaum angedeutete Motiv ist die wachsende Freundschaft zwischen dem Starosten und Maxim, die sich besonders schön in dem vom Inhalt her ganz alltäglichen, im Ton aber kameradschaftlichen und familiären und damit für die Entwicklung dieser Männerfreundschaft bedeutsamen Gespräch am Tage des ersten Schneefalls ausdrückt.

„Der Gefangene stand am Fenster und sah auf das Feld. Flocken wirbelten herab. Der Starost sagte: ‚Wenn es so kalt bleibt, destillieren wir morgen Samagonka. – Was hältst du davon,

Maxim?' ,Warum nicht?' ,Gut, wir machen morgen Samagonka', sagte der Starost. ,Ich mag keinen Samagonka', sagte die Frau. ,Du sollst auch keinen trinken', sagte der Starost. ,Maxim und ich trinken ihn um so lieber."

Den Höhepunkt dieser Entwicklung von einer durch den Krieg bedingten, unpersönlichen Gegnerschaft zur selbstverständlichen Männerfreundschaft, die keine großen Worte macht, sondern sich in der helfenden Tat äußert, bringt die folgende kurze Szene, in der den Männern bewußt wird, in welcher Gefahr die Kinder schweben. Nichts in dieser Erzählung drückt so intensiv und deutlich aus, wie sehr das zu Beginn den Starosten bestimmende Mißtrauen gewichen ist und einer neuen Haltung Raum gegeben hat, wie das offene Eingeständnis der beiden Russen dem Gefangenen gegenüber, daß das Gewehr nicht geladen sei. Zwar stößt der Starost nach der offenherzigen Mitteilung seiner Frau „einen gemeinen Fluch" aus, doch richtet sich dieser wohl weniger gegen die Unbesonnenheit der Frau als gegen die Nachlässigkeit der Behörden, die dem Starosten die nötige Munition verweigerten und ihn damit nicht nur gegenüber den Gefangenen, sondern um vieles mehr noch jetzt im Kampf gegen die Wölfe in eine schwierige und gefährliche Situation gebracht haben.

Bezeichnend für das Verhältnis zwischen diesen beiden Männern ist es, daß Maxim mit keiner Silbe auf die peinliche Lage seines Bewachers eingeht, daß er jetzt nicht seine eigenen Chancen und die Möglichkeiten zur Flucht erwägt, sondern ausschließlich an die Kinder denkt, die in Gefahr sind, wobei es ihm ganz selbstverständlich ist, daß er sich hilfsbereit dem Starosten zur Verfügung stellt: „Dann nehmen wir eine Axt, ein Beil, eine Sense oder Stöcke."

Die gleiche Haltung spricht auch aus der Antwort des Starosten: „Du kennst nicht die Wölfe, Maxim. Aber wenn du mitkommen willst." Er hätte befehlen können, aber er spürt instinktiv, daß hier, wo es um den Einsatz des Lebens geht, das Verhältnis von Herr und Sklave endet, daß der andere nur in Freiheit, als Mensch, sich entschließen kann, dem, der seiner Hilfe und Solidarität bedarf, sich nicht zu versagen. War in der Beziehung der beiden Männer zueinander bisher der Starost der Schenkende gewesen, der den Rechtlosen einbezogen hatte in die Wärme seines Heims und seiner Familie, so antwortet Maxim hier auf diese Haltung dadurch, daß er die verzweifelte Bitte, die in dem unvollendeten

Satz des Starosten anklingt, wortlos erfüllt: „Sie gingen den Weg nach Osten ...“

In diesem Augenblick, in dem der Starost, den die Sorge um seine Kinder plötzlich alt erscheinen läßt, in stummer Gemeinsamkeit mit Maxim auszieht, um die Kinder zu schützen, kulminiert die menschliche Beziehung zwischen diesen beiden so verschiedenen Männern, die ihre letzte Bewährung im Durchstehen jener notvollen Stunden findet, in denen die Wölfe an den Kindern und ihren hilflosen Beschützern vorüberziehen.

3. *Die Verbindung beider Handlungsgefüge*

Aus Hans Benders Kurzgeschichte haben wir bisher zwei selbständige Handlungsstränge, die Geschichte von der wachsenden Bedrohung der Menschen durch die Wölfe und die Geschichte von der wachsenden Freundschaft zwischen dem russischen Starosten und dem deutschen Gefangenen, herauszuarbeiten versucht. Es wird nun zu zeigen sein, in welcher Weise diese beiden Themenkreise aufeinander bezogen und miteinander verbunden sind.

Werner Zimmermann weist in seinen Interpretationen moderner Prosadichtungen darauf hin, daß beide Erzählteile kontrapunktisch einander zugeordnet sind: „Begegnen uns doch in den beiden Handlungssträngen auch zwei polare Spannungen, von denen die eine, die innermenschliche, sich in dem Maße entspannt, in dem die andere, durch eine nicht menschliche Macht ausgelöste, sich entwickelt[2].“

Aber von einer solchen gegenläufigen Struktur der Erzählung läßt sich nur bis zu einem gewissen Grade sprechen. Nachdem das letzte Mißtrauen zwischen den russischen Bewachern und den deutschen Gefangenen abgebaut ist – und das ist schon sehr bald der Fall –, kann von einem gegenläufigen Aufbau der beiden Teilerzählungen keine Rede mehr sein. Es erscheint uns deshalb richtiger, die Geschichte von der wachsenden Freundschaft der beiden Männer und die Geschichte von der wachsenden Bedrohung der Menschen durch die Wölfe als zwei vollkommen parallel zueinander verlaufende Geschehnisse zu betrachten,

[2] Werner Zimmermann, Deutsche Prosadichtungen der Gegenwart, Düsseldorf 1961², Teil III S. 212.

die sich in den vier Wachstumsstufen der jeweiligen Entwicklung berühren und im Schlußbild der schemenhaft vorübergleitenden Bestien ihren gemeinsamen Höhepunkt finden. In kunstvoller Formgebung sind dabei die einzelnen Entwicklungsstufen beider Handlungen so angelegt, daß in den vier Situationen, in denen sich die beiden „Erzählungen" berühren, beide Motive sich in genauer Entsprechung entfalten.

Als sich zu Beginn der Erzählung die spätere Freundschaft der beiden Männer in dem „Guten Tag" des Gefangenen erst vage andeutet, klingt die mögliche Bedrohung durch die Wölfe ebenso vage und unbestimmt in der Frage des Deutschen „Gibt es Wölfe im Wald?" an. Als sich Maxim nach gemeinsamer Tagesarbeit mit den Russen in der Wärme und Geborgenheit der Bauernstube einbezogen weiß in die Gemeinschaft der Dorfbewohner, gewinnt in gleichem Maße, wie das Vertrauen zwischen den Menschen gewachsen ist, auch die Bedrohung durch die Wölfe konkretere Form in der Spur, die die Kinder gesehen haben. Unmittelbar im Anschluß an das Gespräch über die Herstellung des Samagonka, in dem die Freundschaft zwischen dem Starosten und Maxim sich deutlicher ausdrückt, steht dann ohne Übergang das Bild des Wolfes, der die bisher nur gedachte oder vermutete Möglichkeit einer Gefährdung zur Realität werden läßt. Die stumme Entscheidung Maxims, den Starosten auf seinem Weg in den Wald zu begleiten, ist der höchste Ausdruck ihrer Freundschaft, die Erinnerung an die Kinder auf dem Schulweg zeigt aber auch, daß die Bedrohung durch die Wölfe aufs höchste gewachsen ist. So entfalten sich in vier einzelnen Szenen, in genauer Kongruenz und in unmerklicher Steigerung, die Motive beider Handlungsgefüge, wobei die düstere Realität einer tierisch-elementaren Bedrohung sich zunehmend von dem helleren Hintergrund einer harmonischen Menschenwelt abhebt.

In dem großartigen Schlußbild der Erzählung gipfeln dann beide Handlungsstränge. Die Bedrohung durch die Wölfe wird im gespenstigen Vorüberzug der Bestien zur höchsten Gefährdung, aber auch zur „unerhörten Begebenheit", die ihre menschliche Bedeutung dadurch erhält, daß sich gerade in ihr die allmählich gewachsene Freundschaft zwischen den ehemaligen Kriegsgegnern bewährt.

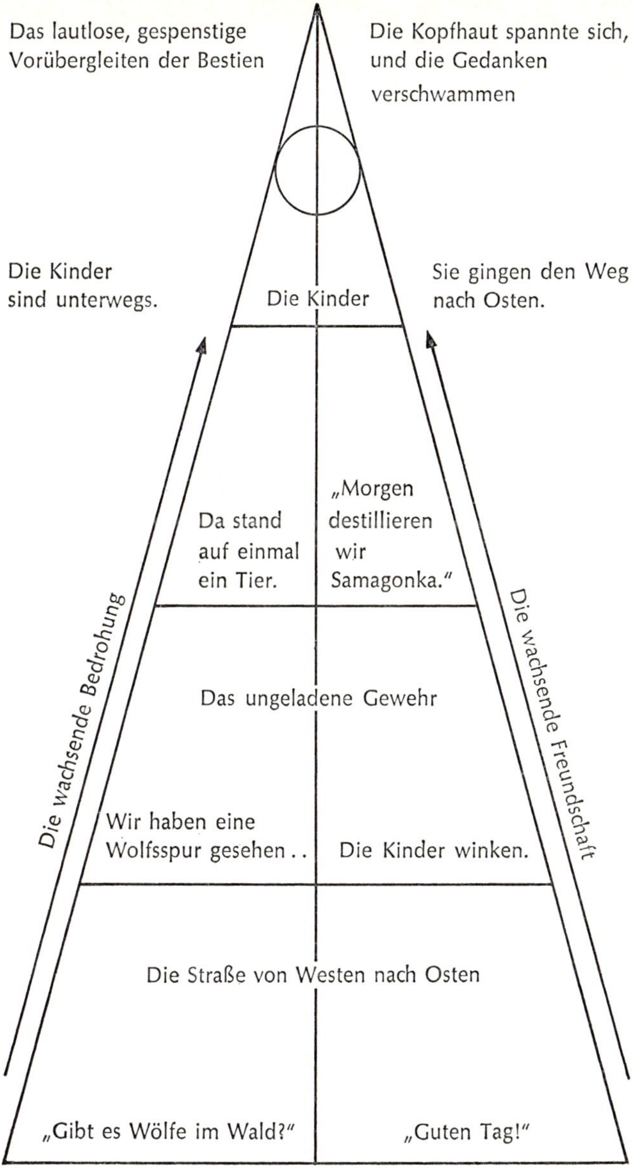
Das lautlose, gespenstige Vorübergleiten der Bestien
Die Kopfhaut spannte sich, und die Gedanken verschwammen
Die Kinder sind unterwegs.
Die Kinder
Sie gingen den Weg nach Osten.
Da stand auf einmal ein Tier.
„Morgen destillieren wir Samagonka."
Die wachsende Bedrohung
Die wachsende Freundschaft
Das ungeladene Gewehr
Wir haben eine Wolfsspur gesehen . .
Die Kinder winken.
Die Straße von Westen nach Osten
„Gibt es Wölfe im Wald?"
„Guten Tag!"

Verknüpft werden die beiden Handlungslinien überdies durch drei Motive, die beiden Themenkreisen zugehören und sie wechselseitig berühren: Da ist zunächst das Motiv der Kinder, zu denen ein menschliches Verhältnis zuerst und am leichtesten sich herstellen läßt, die aber auch jeder Art der Bedrohung eher ausgeliefert sind als die Erwachsenen.

Das Motiv des ungeladenen Gewehrs berührt ebenfalls beide Erzählteile und bereitet die parabolische Ausdeutung, die der Schluß der Erzählung bringt, vor.

Beiden Themenkreisen zugeordnet und sie, gleichsam als die Achse, auf der sie sich bewegen, miteinander verknüpfend, ist drittens das Bild der Straße, die von Westen nach Osten die großen Wälder durchschneidet. „Den Weg von Westen nach Osten durch die Wälder" gehen die Gefangenen als schuldlose Opfer dieses Krieges, von Westen nach Osten war auch der Krieg gezogen, „als die Geschütze von Wyschni Wolotschek herüberdonnerten", während umgekehrt entlang der gleichen Straße – vom sibirischen Osten in die Kulturwelt des russischen Westens – die endlosen Rudel der Wölfe in den Bereich der Menschen vorstoßen.

Damit aber kommen wir von der formalen Analyse der Erzählung zur Deutung ihres Gehaltes, mit der wir die unterrichtliche Erschließung der Kurzgeschichte abschließen wollen.

4. *Der Gehalt*

Vom Westen gegen Osten zog der Krieg mit seinem Haß, seinem Leid und seiner Entmenschlichung, vom Westen gegen Osten zieht das traurige Häuflein der Gefangenen, in Schach gehalten durch das Gewehr des Starosten, das hier die Menschen unter den Status des Hundes herabwürdigt.

Von Osten nach Westen ziehen, fünf Monate nach Kriegsende, die Wölfe ins Land, nach den Schrecken des Krieges eine neue, außermenschliche Bedrohung der Kulturwelt und der Menschen in ihr. Damit wird der Zug der Wölfe über das Einmalige des Vorganges hinaus zur Parabel, in der etwas vom Schrecken des Krieges und dem Verhalten der Menschen in ihm anschaubar werden soll:

„So zogen Heere in die Städte der Feinde ein, durch die Mauer des Schweigens, der Verachtung, des Hasses. Die Menschen verkrochen sich vor ihnen, löschten das Licht, hielten den Atem an, schlossen die Augen und glaubten, ihr Herz klopfe gegen die Wand und die draußen könnten es hören, durch die Türen brechen und wahllose Schüsse ins Zimmer feuern."

Ebenso unheimlich, ebenso grauenhaft und erbarmungslos wie diese reißenden Bestien, die da in nicht endenwollendem Zug vorüberziehen, erscheint der Mensch dem Menschen im Krieg. „Homo homini lupus" – der Mensch wird dem Mitmenschen zur Bestie; so hatte es Thomas Hobbes als das Schlagwort einer naturalistischen Staatsphilosophie formuliert, so haben es die Menschen des zweiten Weltkrieges am eigenen Leibe erfahren. In diesem Kampf aller gegen alle wird der Mitmensch zum rechtlosen Sklaven, der Gegner zum fürchterlichen Ungeheuer, gegen das es keinen Schutz gibt.

In ähnlicher Weise deutet Werner Zimmermann das Schlußbild der Erzählung: „In ihm gewinnt die nicht-menschliche Gewalt des Elementaren ebenso Gestalt wie die un-menschliche der wölfischen Natur des Menschen. Beiden Formen der Bedrohung ist gemeinsam das ‚Lautlose', ‚Gespenstige' im Herannahen einer tödlichen Gefahr, die den Menschen höllische Angst einjagt, den Atem raubt und die Glieder lähmt[3]."

Aber dieses düstere Bild ist nicht die letzte Aussage der Kurzgeschichte. Parallel zur Parabel vom Menschen als dem größten aller Ungeheuer entfaltet Hans Bender die Geschichte einer Männerfreundschaft, die – aus der Situation des Krieges entstanden – hinüberführt in eine humanere Atmosphäre zwischen Mensch und Mensch und damit an einer Stelle wenigstens die bittere Erfahrung, die sich im Bilde des Wolfszuges ausspricht, aufhebt und überhöht.

Freilich bleibt am Ende der Erzählung die Bedrohung der Menschen durch außermenschliche, elementare Mächte, ja sie wächst in dem Maße, in dem der Frieden zwischen den Menschen gewachsen ist („Die Wölfe kommen zurück. Sie wittern den Frieden."), aber diese aus einer sittlich irrelevanten Natur erwachsende Gefahr erscheint doch geringer und weniger fürchterlich als der Mensch, der – zum Unmenschen herabgesunken – für seine Mitmenschen zum schrecklichsten aller Schrecken wird.

---

[3] a. a. O., S. 211.

5. *Fragen und Hinweise zur Erschließung im Unterricht:*

1. Die wachsende Bedrohung der Menschen durch die Wölfe

a) Betrachte einmal das spannendste Ereignis der Kurzgeschichte!

b) An welchen Stellen der Kurzgeschichte taucht das Wolfsmotiv sonst noch auf?

c) Vergleiche diese Stellen miteinander!

2. Die wachsende Freundschaft zwischen dem Starosten und Maxim

a) Wie verhalten sich die beiden Männer während des Vorüberzuges der Wölfe?

b) Vergleiche diese Szene mit dem Eingangsbild der Erzählung!

c) In welcher Weise entwickelt sich die Freundschaft zwischen dem Starosten und Maxim zwischen diesen beiden Szenen?

3. Die Verbindung der beiden Handlungsgefüge

a) Untersuche, an welchen Stellen der Erzählung sich beide Motivkreise berühren!

b) Welche Motive gehören darüber hinaus beiden Themenkreisen an?

4. Der Gehalt der Kurzgeschichte

a) „Der Weg von Osten nach Westen durch die Wälder" – was geschieht auf dieser Straße und welche Gefahren ergeben sich für den Menschen?

b) In welcher Weise wird der Zug der Wölfe für den Erzähler zum Gleichnis?

c) Wie gelingt es dem Erzähler, den düsteren Eindruck dieser Szene zu mildern?

Menschlichkeit und Hoffnung in chaotischer Zeit

Wolfgang Borchert: Die drei dunklen Könige

Er tappte durch die dunkle Vorstadt. Die Häuser standen abgebrochen gegen den Himmel. Der Mond fehlte und das Pflaster war erschrocken über den späten Schritt. Dann fand er eine alte Planke. Da trat er mit dem Fuß gegen, bis eine Latte morsch aufseufzte und losbrach. Das Holz roch mürbe und süß. Durch die dunkle Vorstadt tappte er zurück. Sterne waren nicht da.

Als er die Tür aufmachte (sie weinte dabei, die Tür), sahen ihm die blaßblauen Augen seiner Frau entgegen. Sie kamen aus einem müden Gesicht. Ihr Atem hing weiß im Zimmer, so kalt war es. Er beugte sein knochiges Knie und brach das Holz. Das Holz seufzte. Dann roch es mürbe und süß ringsum. Er hielt sich ein Stück davon unter die Nase. Riecht beinahe wie Kuchen, lachte er leise. Nicht, sagten die Augen der Frau, nicht lachen. Er schläft.

Der Mann legte das süße, mürbe Holz in den kleinen Blechofen. Da glomm es auf und warf eine Handvoll warmes Licht durch das Zimmer. Dies fiel auf ein winziges rundes Gesicht und blieb einen Augenblick. Das Gesicht war erst eine Stunde alt, aber es hatte schon alles, was dazugehört: Ohren, Nase, Mund und Augen. Die Augen mußten groß sein, das konnte man sehen, obgleich sie zu waren. Aber der Mund war offen, und es pustete leise daraus. Nase und Ohren waren rot. Er lebt, dachte die Mutter. Und das kleine Gesicht schlief.

Da sind noch Haferflocken, sagte der Mann. Ja, antwortete die Frau, das ist gut. Es ist kalt. Der Mann nahm noch von dem süßen weichen Holz. Nun hat sie ihr Kind gekriegt und muß frieren, dachte er. Aber er hatte keinen, dem er dafür die Fäuste ins Gesicht schlagen konnte. Als er die Ofentür aufmachte, fiel wieder eine Handvoll Licht über das schlafende Gesicht. Die Frau sagte leise: Guck, wie ein Heiligenschein, siehst du? Heiligenschein, dachte er, und er hatte keinen, dem er die Fäuste ins Gesicht schlagen konnte.

Dann waren welche an der Tür. Wir sahen das Licht, sagten sie, vom Fenster. Wir wollen uns zehn Minuten hinsetzen. Aber wir haben ein Kind, sagte der Mann zu ihnen. Da sagten sie nichts weiter, aber sie kamen doch ins Zimmer, stießen Nebel aus den Nasen und hoben die Füße hoch. Dann fiel das Licht auf sie.

Drei waren es. In drei alten Uniformen. Einer hatte einen Pappkarton, einer einen Sack. Und der dritte hatte keine Hände. Erfroren, sagte er, und hielt die Stümpfe hoch. Dann drehte er dem Mann die Manteltasche hin. Tabak war darin und dünnes Papier. Sie drehten Zigaretten. Aber die Frau sagte: Nicht, das Kind.

Da gingen die vier vor die Tür, und ihre Zigaretten waren vier Punkte in der Nacht. Der eine hatte dicke umwickelte Füße. Er nahm ein Stück Holz aus seinem Sack. Ein Esel, sagte er, ich habe sieben Monate daran geschnitzt. Für das Kind. Das sagte er und gab es dem Mann. Was ist mit den Füßen, fragte der Mann. Wasser, sagte der Eselschnitzer, vom Hunger. Und der andere, der dritte? fragte der Mann und befühlte im Dunkeln den Esel. Der dritte zitterte in seiner Uniform: O nichts, wisperte er, das sind nur die Nerven. Man hat eben zuviel Angst gehabt. Dann traten sie die Zigaretten aus und gingen wieder hinein.

Sie hoben die Füße hoch und sahen das kleine schlafende Gesicht. Der Zitternde nahm aus seinem Pappkarton zwei gelbe Bonbons und sagte dazu: Für die Frau sind die.

Die Frau machte die blassen blauen Augen weit auf, als sie die drei Dunklen über das Kind gebeugt sah. Sie fürchtete sich. Aber da stemmte das Kind seine Beine gegen ihre Brust und schrie so kräftig, daß die drei Dunklen die Füße aufhoben und zur Tür schlichen. Hier nickten sie nochmal, dann stiegen sie in die Nacht hinein.

Der Mann sah ihnen nach. Sonderbare Heilige, sagte er zu seiner Frau. Dann machte er die Tür zu. Schöne Heilige sind das, brummte er und sah nach den Haferflocken. Aber er hatte kein Gesicht für seine Fäuste.

Aber das Kind hat geschrien, flüsterte die Frau, ganz stark hat es geschrien. Da sind sie gegangen. Guck mal, wie lebendig es ist, sagte sie stolz. Das Gesicht machte den Mund auf und schrie.

Weint er? fragte der Mann.

Nein, ich glaube, er lacht, antwortete die Frau.

Beinahe wie Kuchen, sagte der Mann und roch an dem Holz, wie Kuchen. Ganz süß.

Heute ist ja auch Weihnachten, sagte die Frau.

Ja, Weihnachten, brummte er, und vom Ofen her fiel eine Handvoll Licht hell auf das kleine schlafende Gesicht.

1. *Borcherts Grundhaltung: Grauen und Hoffnung*

Mit achtzehn Jahren, „ausgestoßen aus dem Laufgitter des Kindseins“[1] in eine Welt, in der es gleichgültig war, ob zwei Menschen starben oder zwei Millionen, wurde Wolfgang Borchert hineingerissen in den tödlichen Wirbel des zweiten Weltkrieges, in ein Chaos von Angst, Grauen und Entsetzen, in dem alles Menschliche zerstört schien und der Tod fürchterliche Ernte hielt. „Wie die Fliegen kleben die Toten an den Wänden dieses Jahrhunderts. Wie die Fliegen liegen sie steif und vertrocknet auf der Fensterbank der Zeit“, heißt es in Borcherts dramatischer Szenenfolge „Draußen vor der Tür“.

Bilder der Vernichtung und des Grauens, der Trostlosigkeit und Angst kennzeichnen auch die Erzählungen dieses jungen Dich-

[1] Wolfgang Borchert, Draußen vor der Tür und ausgewählte Erzählungen rororo-Taschenbuch Nr. 170 Hamburg 1956, S. 124.

ters, der in aller Hoffnungslosigkeit der Zeit verzweifelt nach einer Hoffnung und nach einem neuen Lebenssinn sucht. Wie der Unteroffizier in seinem Hörspieldrama, so ist auch Borchert selbst, der mit vierundzwanzig Jahren heimkehrt (gekennzeichnet von einer schweren Krankheit, die Krieg und Kerkerhaft ihm eingetragen haben), einer von denen, die aus dem Chaos des Krieges vergeblich einen Weg in eine neue Heimat suchen, „einer von denen, die nach Hause kommen und dann doch nicht nach Hause kommen, weil für sie kein Zuhause mehr da ist"[2].

Der Weg zum Mitmenschen scheint ebenso versperrt wie der Weg zu einer im Transzendenten begründeten Sinngebung des Daseins. Alle Türen sind zu. Die Menschen sind verschwunden, verstümmelt und verhärtet, sie finden, ein jeder selbst randvoll mit Leid, nicht mehr den Weg zum anderen. Die Verschonten aber sind gleichgültig und kalt. Gott steht, ein weinerlicher, alter, selbst der Hilfe bedürftiger Greis, über dieser Welt des Jammers und weiß auf die unabsehbare Not seiner Kinder keine Antwort.

„Es ist Nacht, tiefe Nacht, und die Tür ist zu. Man steht draußen Draußen vor der Tür" – „Auch Gott steht draußen, und keiner macht ihm mehr eine Tür auf[3]." In dieser pessimistischen und hoffnungslos erscheinenden Erkenntnis verdichtet sich für Wolfgang Borchert die Erfahrung unermeßlichen Leides und die Sinnlosigkeit eines unendlichen Sterbens, eine Erfahrung, die über allen seinen Skizzen und Kurzgeschichten steht und die er dennoch in einer „Hoffnung wider alle Hoffnung", in einem verzweifelten Glauben an den Menschen zu überwinden sucht.

In der Deutung unserer Kurzgeschichte werden wir beide Grunderfahrungen Borcherts, das Erlebnis eines das ganze Dasein durchdringenden und rational nicht mehr zu bewältigenden Grauens und den in scheuen, fast ängstlich zurückhaltenden Zeichen sich versinnlichenden Glauben an eine in aller Unmenschlichkeit sich dennoch verwirklichende Güte und Menschlichkeit, herausarbeiten und unseren Schülern nahebringen müssen.

2. *„Anbetung der Könige" von Stefan Lochner*

Da Borchert in seiner Kurzgeschichte „Die drei dunklen Könige", anders als in seinen übrigen Erzählungen, nicht nur ein unmittel-

---

2 a. a. O., S. 8.
3 Ebd. S. 44 und 47.

bar geschautes oder erlebtes Geschehen gestaltet, sondern einen bereits vorgegebenen Stoff umformt, erscheint es uns geraten, bei der unterrichtlichen Erschließung der Kurzgeschichte von der biblischen Erzählung auszugehen, auf die bereits in der Überschrift unserer Kurzgeschichte hingewiesen wird. Wir werden uns dabei freilich bewußt sein müssen, daß der kurze Bericht der Heiligen Schrift, der den Besuch der mesopotamischen Magier nur in einer knappen Skizze wiedergibt (Mt 2, 1–12), in der christlichen Legende vielfach ausgestaltet und erweitert wurde und daß in den künstlerischen Darstellungen des beliebten Themas bereits eine Aufhöhung des biblischen Vorganges erfolgt, die uns aus langer Tradition selbstverständlich geworden ist. Eschatologische Erhöhung und Verherrlichung, wie sie etwa in Stefan Lochners berühmter Darstellung des Themas im Kölner Dombild („Die Anbetung der Könige") gültigen Ausdruck gefunden hat, und die glaubensferne, düstere und dennoch verzweifelt nach einem Trost suchende Darstellung, wie sie Wolfgang Borchert in seiner den biblischen Stoff bewußt unterbietenden und profanisierenden Kurzgeschichte gestaltet, kontrastieren in seltsamer und reizvoller Weise miteinander.

Wir möchten deshalb, um das Besondere der Darstellungsweise Wolfgang Borcherts den Schülern unmittelbar bewußt werden zu lassen, an den Anfang unserer Unterrichtsarbeit eine kurze Bildbetrachtung stellen, in der wir das bekannte und leicht zugängliche Dombild Stefan Lochners (Projektion) mit dem Bericht des Matthäus vergleichen. Schlagen wir zunächst den biblischen Text auf:

„Als nun Jesus in Bethlehem in Judäa in den Tagen des Königs Herodes geboren war, siehe, da erschienen Magier aus dem Morgenland in Jerusalem und sagten: ‚Wo ist der neugeborene König der Juden? Denn wir haben seinen Stern im Aufgang gesehen und sind gekommen, um ihm kniefällig zu huldigen.' . . .

Als sie den König gehört hatten, reisten sie ab. Und siehe, der Stern, den sie im Aufgange gesehen hatten, ging vor ihnen her, bis er ankam und über dem Orte, wo das Kind war, stillstand. Als sie nun den Stern sahen, hatten sie eine überaus große Freude. Sie gingen in das Haus, sahen das Kind mit seiner Mutter Maria, fielen nieder und huldigten ihm. Dann taten sie ihre Schätze auf und brachten ihm Geschenke dar: Gold, Weihrauch und Myrrhe. Und da sie im Traum die Weisung erhielten, nicht zu Herodes zurückzukehren, zogen sie auf einem anderen Wege in ihr Land zurück."

Vergleichen wir Lochners berühmtes Bild unbefangen mit der biblischen Erzählung, so fällt auf, daß die Legende die nur knapp skizzierte Darstellung des Matthäus weiter ausgestaltet hat. Aus der unbekannten Anzahl von Magiern, unter denen wir wohl hochgestellte Beamte, Priester und Astrologen Mesopotamiens zu verstehen haben, sind im Laufe der Jahrhunderte drei Könige geworden. Ihre Dreizahl schloß man schon früh aus der Zahl der dargebrachten Geschenke, ihre königliche Abstammung aus alttestamentlichen Weissagungen, auf die ihre Geschenke verwiesen. Stefan Lochner hat seine anbetenden Könige, einer mittelalterlichen Überlieferung folgend, verschiedenen Altersgruppen zugeordnet, so daß im Jüngling, im herangereiften Mann und im demütig knienden Greis gleichsam alle Menschen aller Altersstufen vor Christus vertreten sind. Der hier anklingende Gedanke einer stellvertretenden Huldigung im Namen der gesamten Menschheit spricht sich noch deutlicher in jener Überlieferung aus, nach der einer der drei Heiligen schwarzer Hautfarbe gewesen ist; Afrika, Asien und Europa, die damals bekannten Erdteile, knien dann gleichsam anbetend vor dem neugeborenen König der Juden. Demütig und gläubig, die Hände im Gebet gefaltet, kniet der älteste der Könige in Stefan Lochners Darstellung zu Füßen der Gottesmutter – und doch spricht auch aus dieser Geste der Anbetung weitaus stärker die gläubige Überlieferung des Mittelalters, der die theologischen Aussagen von der Gottessohnschaft Christi selbstverständlich und geläufig sind, als der viel nüchternere und zurückhaltende Text der Schrift, der nur von einer Proskynese, der vor Herrschern üblichen kniefälligen Geste der Verehrung, weiß, die von den fremden Magiern dem neugeborenen Judenkönig ehrfürchtig gezollt wird.

Das Wissen um die göttliche Herrlichkeit des Menschgewordenen, die Vorwegnahme der in seiner Geburt sich erst andeutenden eschatologischen Größe und Glorie des Königtums Gottes prägt das ganze Bild Lochners. Das wird an den triumphierenden Engelgestalten deutlich, das zeigt sich in den Ornamenten und in dem alles verklärenden und durchleuchtenden Gold, das den Hintergrund des Bildes strahlend erfüllt und selbst in den Gewändern der Könige noch durchzuschimmern scheint. Vor allem aber wird diese in die Herrlichkeit einer ewigen Glorie sich erhebende Darstellungsweise deutlich in der wahrhaft königlichen und hoheitsvollen Gestalt der Maria, die vor grüngoldenem Brokat thronend, doppelt geziert durch den Glanz einer mächtigen Gloriole und den Schmuck der königlichen Krone, als die majestätische Regina coelis erscheint, deren Hoheit und Ruhe die herrscherliche und segnende Gebärde ihres göttlichen Kindes entspricht.

Die Geschenke der Könige werden in dieser visionären Schau messianischer Herrlichkeit und Größe zu Symbolen des menschgewordenen Gott-Königs, dessen dreifache Würde als Gott (Weihrauch), als König (Gold) und als Mensch, der den Tod überwindet (Myrrhe), die dargebrachten Gaben ehren.

Über alle irdische Unzulänglichkeit, von der die Heilige Schrift noch weiß und in der sich die künftige Herrlichkeit des Gottessohnes erst andeutet, hebt Stefan Lochner das heilige Geschehen hinauf in eine nur im Glauben erfahrbare transzendente Herrlichkeit, in der „die Anbetung der Könige" zu einer ewigen und alle Menschen umgreifenden Verherrlichung des göttlichen Heilswillen, zu unvergänglicher und strahlender Gloria Dei wird[4].

3. *Umformung des Stoffes*

Lesen wir nach dieser vorbereitenden Bildbetrachtung Wolfgang Borcherts Kurzgeschichte vor, so wird unmittelbar deutlich, wie hier der biblische Stoff bewußt umgeformt wird, nur daß statt der Aufhöhung des Themas in die Herrlichkeit zukünftiger Glorie eine durchgängige Profanisierung erfolgt, eine untertreibende und säkularisierende Darstellung, die nicht mehr den heilsgeschichtlichen Kern der biblischen Aussage treffen will, sondern die „dunklen Könige" zum Sinnbild einer dunklen Zeit und ihrer kärglichen Hoffnungen werden läßt.

a) Dunkelheit als Hintergrund

Dieser Absicht des Erzählers entspricht das Dunkel, das über der ganzen Erzählung liegt und ähnlich wie der Goldhintergrund in Stefan Lochners Dombild sozusagen überall und immer gegenwärtig ist. Schon in der Überschrift der Kurzgeschichte klingt das Wort „dunkel" an, zweimal wiederholt es sich in den ersten Sätzen der Erzählung, in denen der Erzähler eine Finsternis be-

[4] Vgl. hierzu: Helmut Lobeck, Stefan Lochner, Fink-Verlag („Maler – Ihre Werke und ihre Zeit", Bd. 1), S. 58–61.

schwört, die dem Leser auch dann noch bewußt bleibt, wenn die Geschichte lange schon von anderen Dingen spricht.

„Er tappte durch die dunkle Vorstadt. Die Häuser standen abgebrochen gegen den Himmel. Der Mond fehlte und das Pflaster war erschrocken über den späten Schritt. Dann fand er eine alte Planke. Da trat er mit dem Fuß gegen, bis eine Latte morsch aufseufzte und losbrach. Das Holz roch mürbe und süß. Durch die dunkle Vorstadt tappte er zurück. Sterne waren nicht da."

Der Leser spürt sofort, daß hier nicht die zufällige Dunkelheit eines beliebigen Winterabends gemeint ist, sondern daß der Erzähler in diesen wenigen Sätzen eine Dunkelheit darstellt, die zum Signum der Zeit geworden ist, die tief hinabreicht in die Herzen der Menschen und selbst die leblosen Dinge, die hier zu mitfühlenden und mitleidenden Opfern der Zeit werden, randvoll auszufüllen scheint. Das Pflaster erschrickt, die Planke seufzt, die Tür weint. Noch ehe wir den Menschen näher kennenlernen, der dort durch die dunkle Vorstadt tappt, ist er einbezogen in eine dunkle und leidende Dingwelt, in der es keinen Trost und keine Hoffnung zu geben scheint. Was von der einstmals aufbauenden und formenden Tätigkeit der Menschen noch übrigblieb, ist zerstört, steht „abgebrochen gegen den Himmel", ist erfüllt vom mürben und süßlichen Geruch der Verwesung. Die Erdenwelt ist dunkel und ohne Trost, und auch vom Himmel her fällt kein Licht in diese Dunkelheit. „Der Mond fehlte", und dann heißt es mit einer Unerbittlichkeit, als könnten die Sterne nun nie wieder Trost und Verheißung schenken wie einst jener biblische über Bethlehem: „Sterne waren nicht da." (Es hätte nur der Einfügung des Artikels bedurft, um diesem Satz einen völlig anderen Rhythmus und damit einen weicheren Klang zu geben. Der trochäische Auftakt dagegen wirkt hart, unerbittlich, mit apodiktischer Schärfe.)

Die Dunkelheit, die den Anfang unserer Kurzgeschichte bestimmt und von dort als die Grundfarbe über das ganze vom Erzähler gestaltete Bild sich ausbreitet, erwächst aus der fürchterlichen Erfahrung eines alles Menschliche verschlingenden Krieges, in dem der Tod zu einem neuen, unübersehbaren Gott und das Grauen zur einzigen noch greifbaren Wirklichkeit geworden ist. Diese Erfahrung verdichtet sich in Borcherts Hörspielwerk zu der entsetzlichen Todesvision des Xylophon spielenden Generals Tod, der den unübersehbar gewordenen Leidenszug der Toten und Verwesten aus der Nacht ihrer Gräber heraufbeschwört:

„Dann stehen sie auf aus den Massengräbern mit verrotteten Verbänden und blutigen Uniformen. Dann tauchen sie auf aus den Ozeanen, aus den Steppen und Straßen, aus den Wäldern kommen sie, aus Ruinen und Mooren, schwarzgefroren, grün, verwest. Aus der Steppe steigen sie auf, einäugig, zahnlos, einarmig, beinlos, mit zerfetzten Gedärmen, ohne Schädeldecken, ohne Hände, durchlöchert, stinkend, blind.

Eine furchtbare Flut, kommen sie angeschwemmt, unübersehbar an Zahl, unübersehbar an Qual! Das furchtbare unübersehbare Meer der Toten tritt über die Ufer seiner Gräber und wälzt sich breit, breiig, bresthaft und blutig über die Welt[5]."

Das Grauen solcher Bilder fehlt in unserer Erzählung, die Dunkelheit aber, die daraus resultiert, bleibt ebenso wie der Verwesungsgeruch, der „mürbe und süß" der faulenden Holzplanke zu Beginn der Erzählung entsteigt.

Der Dunkelheit menschlicher Not, die bis in die Dinge dringt und alles Lebendige erfüllt, entspricht die religiöse Dunkelheit einer unüberwindlichen Gottesferne, die aus dem Erlebnis eines nicht mehr zu bewältigenden Grauens und Leidens entstanden ist.

„Das Herz hat sich heiser geschrien, und keiner hat es gehört. Hier unten keiner. Und da oben keiner . . .

Gestern waren es vielleicht zweitausend, vorgestern vielleicht siebzigtausend. Morgen werden es viertausend oder sechs Millionen sein. Abgewandert in die Massengräber der Welt. Wer fragt danach? Keiner. Hier unten kein Menschenohr. Da oben kein Gottesohr. Gott schläft, und wir leben weiter" –

so heißt es in schmerzlicher Anklage in „Draußen vor der Tür"[6], und auch in unserer Erzählung wird, zurückhaltender freilich und weniger deutlich, diese Gottesferne und Glaubensnot spürbar im Fehlen der Sterne, die in der biblischen Vorlage der Kurzgeschichte das Heil verkünden, das in Lochners golddurchwirkter Darstellung unmittelbar anschaubar wird, zu dem aber in Borcherts düsterer Zeit die Hoffnung nicht mehr heranreicht.

b) Die durchgängige Lichtsymbolik

Dennoch wird auch in unserer Erzählung die Dunkelheit durchbrochen von einem schwachen Licht, von dem in immer wieder-

---

5 Wolfgang Borchert, Draußen vor der Tür, a. a. O., S. 26.
6 Ebd. S. 41.

holten Wendungen die Rede ist und dessen symbolische Bedeutung sich nicht übersehen läßt. In die Dunkelheit und Kälte des Zimmers, in das der einsame Mann aus der Vorstadt zurückkehrt, fällt „eine Handvoll warmes Licht", als er das morsche und faulende Holz in den kleinen Blechofen legt. Aus Fäulnis und Verwesung gewinnt hier der Mann noch ein wenig Wärme und Licht, in dem nun plötzlich das Gesicht des Neugeborenen sichtbar wird, das in dieser dunklen Welt selbst als das Licht einer neuen Hoffnung aufleuchtet. Nicht von dem Kinde ist die Rede, sondern nur von seinem Gesicht. Im Gesicht drückt sich am deutlichsten und unmittelbarsten das Menschsein des Menschen aus, alles andere erscheint hier unwichtig gegenüber der Tatsache, daß dieses neugeborene Menschenangesicht – anders als die zerschossene, verkrüppelte und zerstörte Heerschar der Toten – ein heiles, ein gesundes, ein lebendiges Menschendasein verkörpert:

„Es hatte schon alles, was dazugehört: Ohren, Nase, Mund und Augen. Die Augen mußten groß sein, das konnte man sehen, obgleich sie zu waren. Aber der Mund war offen, und es pustete leise daraus. Nase und Ohren waren rot. Er lebt, dachte die Mutter. Und das kleine Gesicht schlief."

Inmitten des Chaos, am Ende eines fürchterlichen Mordens, ersteht in dem neugeborenen Menschen, der einer neuen Zeit zugehört, die Hoffnung, daß menschliches Dasein noch einmal ein heiles Dasein werden könne, daß die Kräfte der Zerstörung und des Untergangs überwunden werden durch den Menschen, der einen neuen Anfang setzt. So gehören „die Handvoll warmes Licht" und das „winzige runde Gesicht" notwendig zusammen. In der Sorge des Vaters, in der Liebe der Mutter und in der reinen Menschlichkeit des Neugeborenen, in diesem auf die einfachste und schlichteste Form menschlicher Gemeinschaft reduzierten Zueinander und Miteinander der Menschen beginnt die unheile Welt wieder zu gesunden. Der Wunsch des Vaters, Rache zu üben für die unverschuldete Not, in die sein Kind hineingeboren wurde, wird überdeckt durch das Licht, das „wie ein Heiligenschein" vom Ofen her über das schlafende Gesicht fällt.

In der Armut und Kälte, in der Trostlosigkeit der äußeren Umstände, in die das Kind hineingeboren wird, erinnert die Szenerie an die Geburt Jesu, die im Lichtglanz des „Heiligenscheins" dem Leser fast gegenwärtig wird. Aber man wird doch nicht übersehen dürfen, daß die Menschen, die hier in der urtümlichen Gemeinschaft von Vater, Mutter und Kind nebeneinander existieren, keine Heiligen im Sinne der biblischen Erzählung sind, daß sie auch in ihrem Menschsein verarmt erscheinen und fast beziehungslos aneinander vorbeireden. Ein mitmenschliches Gespräch, eine tiefere Beziehung kommt zunächst nicht auf, und die Auflehnung des Mannes gegen das dunkle Geschick, das ihn und seine Familie betroffen hat, unterspielt sofort planvoll die heraufbeschworene Reminiszenz an das biblische Geschehen: „Er hatte keinen, dem er die Fäuste ins Gesicht schlagen konnte."

c) Die dunklen Könige

Um diese Menschen wirklich einander näherzuführen, um das Dunkel zu überwinden, das ihre Herzen verdüstert, bedarf es der „dunklen Könige", die aus der Nacht des Krieges kommen und bald wieder ins Dunkel verschwinden, Licht empfangend und Licht schenkend.

Die Geschichte von den „drei Dunklen", die in das bis dahin durchaus alltäglich und unbedeutend wirkende Geschehen eingefügt wird, ist wie das Vorangegangene ohne sonderliche Höhepunkte, beiläufig und belanglos setzt dieser neue Abschnitt mit einer umgangssprachlichen Wendung ein: „Dann waren welche an der Tür." Borchert liebt, wie andere Autoren der Kurzgeschichte nach ihm, die untertreibende Darstellung, das erzählerische „understatement", das alles Bedeutsame kaschiert und hinter bewußt banal formulierten Wendungen verbirgt. Aber schon der Titel von Borcherts bekanntestem Stück verweist uns auf das Symbolische dieser Situation. Die Tür wird unversehens zum Sinnbild grundsätzlich versperrter oder unverhofft sich auftuender Beziehungen zum Mitmenschen, zu dem der Heimkehrer Beckmann, zu dem die drei dunklen Könige in unserer Erzählung und zu dem Borchert selbst immer unterwegs sind.

Wenn wir uns daran erinnern, daß Unteroffizier Beckmann immer und immer wieder den Versuch, das Herz seiner Mitmenschen zu erreichen, mit der bitteren Erkenntnis beschließen muß: „Die Tür ist zu. Man steht draußen. Draußen vor der Tür", dann wird deutlich, daß in aller Dunkelheit unserer Erzählung doch etwas sehr Bedeutsames und Tröstliches geschieht, als die drei trotz des Einwandes des Vaters ins Zimmer treten: Der Mensch findet wieder zum Menschen, eine Tür tut sich auf, und der Haß scheint überwunden.

Es ist bezeichnend für die durchgängige Untertreibung in Borcherts Darstellungsweise, aber auch für seine eigene Situation im Dunkel der Nachkriegszeit, daß aus den hochgestellten Magiern der Heiligen Schrift und aus den glanzvollen Königen der christlichen Legende nun drei aus dem Dunkel des Krieges heimkehrende Soldaten geworden sind, die ihr endgültiges Ziel und ihren endgültigen Frieden noch nicht gefunden haben. In der Gestalt des noch nicht ganz Heimgekehrten, des friedlos Umhergetriebenen sieht Borchert sein eigenes Dasein und die charakteristischen Merkmale einer Generation verkörpert, von der er sagt, sie sei „eine Generation ohne Heimkehr, denn wir haben nichts, zu dem wir heimkehren könnten, und wir haben keinen, bei dem unser Herz aufgehoben wäre“[7].

So haben die drei dunklen Könige, die behutsam und unbeholfen aus der rauheren Welt des Krieges in die heile dieses armseligen Zimmers treten, wie die lichten Könige auf Stefan Lochners Anbetungsbild stellvertretende Bedeutung. Ihr Leid, ihre kreatürliche Not und ihr zertrümmertes Menschsein verkörpern die Verzweiflung einer ganzen Generation, die noch nicht heimgefunden hat, nicht zu den Mitmenschen und nicht zu Gott.

Für eine Weile nur treten sie ein in die mitmenschliche Gemeinschaft, dann verschwinden sie wieder im Dunkel der Nacht, den biblischen Magiern nicht unähnlich, die nach kurzem Aufenthalt in Bethlehem im Dunkel der Geschichte für immer verschwinden. Aber dieser kurze Aufenthalt bedeutet in einer trostlosen Zeit schon viel, darf schon gedeutet werden als ein Versuch, das kalte und unmenschliche Nebeneinander der Menschen zu überwinden. Diese neu aufbrechende Hoffnung findet ihren dichterischen Ausdruck in der stets wiederkehrenden Lichtsymbolik. „Wir haben seinen Stern gesehen ...“, heißt es bei Matthäus, „wir sahen das Licht, sagten sie, vom Fenster“, heißt es hier, und am Ende des Absatzes, mit dem gleichen Nachdruck, den im ersten Abschnitt der Satz „Sterne waren nicht da“ erhielt, kann es nun heißen: „Dann fiel das Licht auf sie.“

Dieses Licht freilich enthüllt zunächst ihre kreatürliche Not, läßt die Verstümmelungen und Krankheiten erkennen, die alle drei davongetragen haben, ein Nervenleiden der eine, Wassersucht der andere, den Verlust seiner Hände der dritte.

---

[7] a. a. O., S. 125.

„Aber es ist nicht nur das Leid selbst", so schreibt Werner Zimmermann in einer schönen Deutung dieser Stelle[8], „es ist auch die besondere Art der Darstellung dieses Leides, die uns so sehr ergreift – eines ist von dem anderen nicht zu trennen. So erfahren wir von dem Verlust der Hände durch zwei Satzfügungen, in denen das gleiche Prädikat ‚haben' nach der Art des Zeugmas, dessen gemeinhin komische Wirkung hier als bittere Ironie empfunden wird, Belangloses und Belangvolles, Banales und Unerhörtes, Sachliches, das uns gleichgültig läßt, und Menschliches, das uns tief bewegt, scheinbar gleichwertig nebeneinanderstellt: ‚Einer hatte einen Pappkarton, einer einen Sack. Und der dritte hatte keine Hände.'"

Das Leid der Dunklen, das sie in die von warmem Licht erhellte Stube tragen, kontrastiert seltsam zu dem, was der einsame Mann zu Beginn der Erzählung als Not empfunden hatte: die Kälte des Zimmers, in dem die Frau gebären mußte, den Hunger, dem der süße Geruch des morschen Holzes wie Kuchenduft erschien, und die Angst der Frau, die sich vor den dunklen Gestalten fürchtete. Aber was bedeutet das, gemessen an dem, was diese drei an Kälte, an Hunger und an Angst durchgestanden haben. Der eine hat keine Hände mehr; „erfroren, sagte er und hielt die Stümpfe hoch". Der andere hat dickumwickelte Füße: „Wasser, sagte der Eselsschnitzer, vom Hunger." Der dritte zitterte in seiner Uniform: „O nichts, wisperte er, das sind nur die Nerven, man hat eben zuviel Angst gehabt[9]."

Aber diese drei dunklen Könige sind nur äußerlich zerstört, in ihrem Herzen sind sie gesunder als der einsame Mann der Vorstadt, dessen Licht die Dunklen anlockte, das sie aufnehmen und das sie dann, gleichsam angereichert durch ihre schlichte Güte, zurückschenken. Es erscheint zunächst nur als eine Geste selbstverständlicher und männlicher Kameradschaft, daß der Mann ohne Hände Tabak und dünnes Papier mit dem Fremden teilt, der sie für kurze Zeit aufgenommen hat. Aber als kurz darauf der zweite einen hölzernen Esel aus der Tasche zieht, an dem er sieben Monate lang geschnitzt hat (ein hölzernes Zeichen, in dem sich Hoffnung und Verzweiflung einer endlos erscheinenden Gefangenschaft verkörpern), und als schließlich der dritte aus seinem Pappkarton zwei gelbe Bonbons holt für die Frau, da

---

[8] Werner Zimmermann, Deutsche Prosadichtungen der Gegenwart, Düsseldorf 1956, Bd. II, S. 124 f.

[9] Vgl. Werner Zimmermann, a. a. O., S. 125.

fühlen wir uns unversehens wieder in die weihnachtliche Erzählung von den morgenländischen Weisen versetzt, die in den ärmlichen Stall von Bethlehem ihre Geschenke tragen: Gold, Weihrauch und Myrrhe. Es ist erstaunlich zu sehen, wie nahe Borchert immer dem biblischen Bericht bleibt und wie sehr er ihn gleichzeitig in seiner Darstellung unterbietet. Zigarettenrauch und Weihrauch, das Gold und die gelben Bonbons, der geschnitzte Esel und jener andere, der nach der Überlieferung der christlichen Legende den Stall mit dem neugeborenen Herrn teilte, sie entsprechen einander, sie beschwören das weihnachtliche Bild von der Geburt des Erlösers und machen zugleich deutlich, wie sehr sich der Erzähler von jener heilen und heiligen Welt, wie sie der mittelalterliche Maler in tiefer Gläubigkeit gestalten konnte, noch entfernt weiß.

An die Stelle der königlichen Gaben tritt bei Borchert das Unbedeutende und Wertlose, das aber gerade dadurch, daß es zum Zeichen einer noch intakten mitmenschlichen Beziehung, zum Träger einer ebenso schlichten wie rührenden Güte und Liebe wird, einen unüberbietbaren Wert erhält. In ähnlicher Weise wird in Borcherts Kurzgeschichte „Die Küchenuhr" die unvergängliche und bis dahin so selbstverständlich empfangene Liebe der Mutter in der an sich wertlosen und unbrauchbar gewordenen Küchenuhr bildhaft und anschaubar, im wertlosen Zeichen wird sie für den jungen Erzähler auf der Bank erst voll begreifbar. Ein winziges Kaninchen („Nachts schlafen die Ratten doch"), eine armselige Hundeblume im Innenhof des Gefängnisses („Die Hundeblume"), zwei gelbe Bonbons, eine Zigarette, ein dilettantisch geschnitztes Stück Holz – in diesen an sich wertlosen Dingen wird für Borchert in einer chaotischen und zerstörten Welt eine ganz andere, heile und menschliche Welt sichtbar, eine Welt der Liebe und der Gemeinschaft, an die Borchert in aller Dunkelheit und in allem Leid verzweifelt glauben möchte. Inmitten eines unabsehbaren Chaos zeichnet Borchert in seinen Kurzgeschichten „Menschen, die lieben können und aus Ermangelung eines hohen und wertvollen Gegenstandes etwas völlig Wertloses als Träger ihrer Liebe, ihres Glaubens und ihrer Sehnsucht finden"[10].

Der kurze Besuch findet seinen Höhepunkt und Abschluß in der liebevollen Zuwendung der „drei Dunklen" zu dem schlafenden

---

[10] Robert Ulshöfer, Die Wirklichkeitsauffassung in der modernen Prosadichtung; in: Der Deutschunterricht 1955/1, S. 39.

Kind, über das sie sich beugen, um es betrachten zu können. Auch hier klingt noch einmal die biblische Vorlage an. Wir sehen die drei dunklen Könige – in abgeschwächter Weise freilich – die Proskynese der Magier wiederholen, wenn sie auch hier nicht einem erwarteten Heilskönig, sondern dem hilfs- und liebebedürftigen Menschen gilt, auf den sich alle Hoffnung, alle Erwartung einer heileren und helleren Welt konzentriert.

Zunächst scheint sich nach dem Besuch der drei „sonderbaren Heiligen" nichts geändert zu haben. Der Mann sucht noch immer ein Gesicht für seine Fäuste, einen Schuldigen, an dem er sich für eigenes und fremdes Leid rächen kann. Aber er weiß nun, daß die Soldaten, die zerstörend die Welt ins Chaos verwandelten, selbst nur Opfer und Zerstörte sind, daß die wirklich Schuldigen anonym bleiben und nicht die Rache, sondern nur eine wenn auch noch so bescheidene Zuwendung zum Mitmenschen die Welt heilen kann.

In dieser Erkenntnis, die nicht ausgesprochen, aber erlebt und erfahren wird, wandelt sich das Alltagsgeschehen in ein Weihnachtsgeschehen, wird aus der Alltagsgeschichte, aus der sich keine Höhepunkte herausheben und die auf keine Schlußpointe hinkomponiert ist, sondern die das eigentliche Ereignis bewußt hinter banalen und gewohnten Bildern zu verbergen sucht, eine Weihnachtsgeschichte. „Heute ist ja auch Weihnachten, sagte die Frau", und wenn auch der Glanz eines im Glauben erfahrenen Heiles, wie er das Dreikönigsbild Stefan Lochners durchstrahlt, dieses Nachkriegsweihnachten nicht mehr zu durchleuchten vermag, so fällt doch ein schwacher Widerschein dieses Glanzes auch in die Welt Wolfgang Borcherts, in der das Dunkel zwar seine beherrschende Macht behält, in der aber überall dort, wo es den Menschen wieder gelingt, menschlich zu leben – und das heißt für Wolfgang Borchert: für den Mitmenschen zu leben –, das Licht einer neuen Hoffnung erstrahlt. In der Begegnung mit den drei dunklen Königen sind die Menschen unserer Geschichte, ohne daß sie selbst es bemerkt hätten, verwandelt worden, und so entspricht es der inneren Aussage der Erzählung, wenn der Schluß der Kurzgeschichte, der im hellen Licht des Ofens noch einmal das gesunde und heile Menschengesicht aufleuchten läßt, mit dem Dunkel des hoffnungslosen und glaubenslosen Anfangs kontrastiert.

In den „Drei dunklen Königen" gestaltet Wolfgang Borchert eine Weihnachtsgeschichte in einer Welt, die schon lange jeden Glauben verloren hat, der aber aus den Erfahrungen des Grauens und des Chaos die Hoffnung erwachsen ist, daß der Weg aus dem Abgrund hinausführen werde in eine Zukunft, in der, wenn nicht Gott, so doch der Mensch wiedergefunden werden könne. Nicht mehr der erhöhte Gottmensch, sondern der aus der Erniedrigung zu seinem Menschentum zurückfindende Mensch ist der Inhalt dieser Hoffnung, für die das in Armut und Not geborene Kind zum Sinnbild eines neuen Anfangs und die ärmlichen Zeichen der Liebe zu Symbolen einer neuen Menschlichkeit werden. Der Hintergrund unseres Bildes ist dunkel und erfüllt vom Grauen einer schrecklichen Zeit, dennoch aber ist das Bild, das Wolfgang Borchert zeichnet, durchwärmt vom Licht einer Hoffnung, die sich der biblischen Bilder und Zeichen bedient, um auf eine hinter der zerstörten Welt erahnte und ersehnte Heilswelt hinzuweisen.

4. *Fragen und Hinweise zur Erschließung im Unterricht:*

1. Vergleiche die biblische Erzählung vom Besuch der drei Weisen aus dem Morgenlande (Mt 2, 1–12) mit der „Anbetung der drei Könige" von Stefan Lochner (Kölner Dombild)!

2. Warum ist wohl die Einleitung von Borcherts Erzählung so dunkel und trostlos dargestellt?

3. An welchen Stellen der Erzählung wird diese Dunkelheit durchbrochen?

4. Betrachten wir die drei dunklen Gestalten einmal genauer!

a) ihre Situation „draußen vor der Tür"

b) ihre Krankheiten und Gebrechen

c) ihre Geschenke

5. Vergleiche die „drei dunklen Könige" mit den Heiligen Drei Königen der christlichen Legende!

Der Mensch im totalitären Staat

Die Zerstörung der Sprache und die Wahrheit der Zeichen

Siegfried Lenz: Ein Freund der Regierung

Zu einem Wochenende luden sie Journalisten ein, um ihnen an Ort und Stelle zu zeigen, wie viele Freunde die Regierung hatte. Sie wollten uns beweisen, daß alles, was über das unruhige Gebiet geschrieben wurde, nicht zutraf: die Folterungen nicht, die Armut und vor allem nicht das wütende Verlangen nach Unabhängigkeit. So luden sie uns sehr höflich ein, und ein sehr höflicher, tadellos gekleideter Beamter empfing uns hinter der Oper und führte uns zum Regierungsbus. Es war ein neuer Bus; ein Geruch von Lack und Leder umfing uns, leise Radiomusik, und als der Bus anfuhr, nahm der Beamte ein Mikrophon aus der Halterung, kratzte mit dem Fingernagel über den silbernen Verkleidungsdraht und hieß uns noch einmal mit sanfter Stimme willkommen. Bescheiden nannte er seinen Namen – „ich heiße Garek", sagte er –; dann wies er uns auf die Schönheiten der Hauptstadt hin, nannte Namen und Anzahl der Parks, erklärte uns die Bauweise der Mustersiedlung, die auf einem kalkigen Hügel lag, blendend unter dem frühen Licht.

Hinter der Hauptstraße gabelte sich die Straße; wir verloren die Nähe des Meeres und fuhren ins Land hinein, vorbei an steinübersäten Feldern, an braunen Hängen; wir fuhren zu einer Schlucht und auf dem Grunde der Schlucht bis zur Brücke, die über ein ausgetrocknetes Flußbett führte. Auf der Brücke stand ein junger Soldat, der mit einer Art lässiger Zärtlichkeit eine handliche Maschinenpistole trug und uns fröhlich zuwinkte, als wir an ihm vorbei über die Brücke fuhren. Auch im ausgetrockneten Flußbett, zwischen den weißgewaschenen Kieseln, standen zwei junge Soldaten, und Garek sagte, daß wir durch ein sehr beliebtes Übungsgebiet führen.

Serpentinen hinauf, über eine heiße Ebene, und durch die geöffneten Seitenfenster drang feiner Kalkstaub ein, brannte in den Augen; Kalkgeschmack lag auf den Lippen. Wir zogen die Jacketts aus. Nur Garek behielt sein Jackett an; er hielt immer noch das Mikrophon in der Hand und erläuterte mit sanfter Stimme die Kultivierungspläne, die sie in der Regierung für dieses tote Land ausgearbeitet hatten. Ich sah, daß mein Nebenmann die Augen geschlossen, den Kopf zurückgelegt hatte; seine Lippen waren trocken und kalkblaß, die Adern der Hände, die auf dem vernickelten Metallgriff lagen, traten bläulich hervor. Ich wollte ihn in die Seite stoßen, denn mitunter traf uns ein Blick aus dem Rückspiegel, Gareks melancholischer Blick, doch während ich es noch überlegte, stand Garek auf, kam lächelnd über den schmalen Gang nach hinten und verteilte Strohhalme und eiskalte Getränke in gewachsten Papptüten.

Gegen Mittag fuhren wir durch ein Dorf; die Fenster waren mit Kistenholz vernagelt, die schäbigen Zäune aus trockenem Astwerk löcherig, vom Wind der Ebene auseinandergedrückt. Auf den flachen Dächern hing keine Wäsche zum Trocknen. Der Brunnen war abgedeckt; kein Hundegebell verfolgte uns, und nirgendwo erschien ein Gesicht. Der Bus fuhr mit unverminderter Geschwindigkeit vorbei, eine graue Fahne von Kalkstaub hinter sich herziehend, grau wie eine Fahne der Resignation.

Wieder kam Garek über den schmalen Gang nach hinten, verteilte Sandwiches, ermunterte höflich und versprach, daß es nicht mehr allzu lange dauern würde, bis wir unser Ziel erreicht hätten. Das Land wurde hügelig, rostrot; es war jetzt von großen Steinen bedeckt, zwischen denen kleine farblose Büsche wuchsen. Die Straße senkte sich, wir fuhren durch einen tunnelartigen Einschnitt. Die Halbrundungen der Sprenglöcher warfen schräge Schatten auf die zerrissenen Felswände. Eine harte Glut schlug in das Innere des Busses. Und dann öffnete sich die Straße, und wir sahen das von einem Fluß zerschnittene Tal und das Dorf neben dem Fluß.

Garek gab uns ein Zeichen, Ankündigung und Aufforderung; wir zogen die Jacketts an, und der Bus fuhr langsamer und hielt auf einem lehmig verkrusteten Platz, vor einer sauber gekalkten Hütte. Der Kalk blendete so stark, daß beim Aussteigen die Augen schmerzten. Wir traten in den Schatten des Busses, wir schnippten die Zigaretten fort. Wir blickten aus zusammengekniffenen Augen auf die Hütte und warteten auf Garek, der in ihr verschwunden war.

Es dauerte einige Minuten, bis er zurückkam, aber er kam zurück, und er brachte einen Mann mit, den keiner von uns je zuvor gesehen hatte.

„Das ist Bela Bonzo", sagte Garek und wies auf den Mann; „Herr Bonzo war gerade bei einer Hausarbeit, doch er ist bereit, Ihnen auf alle Fragen zu antworten."

Wir blickten freimütig auf Bonzo, der unsere Blicke ertrug, indem er sein Gesicht leicht senkte. Er hatte ein altes Gesicht, staubgrau; scharfe, schwärzliche Falten liefen über seinen Nacken; seine Oberlippe war geschwollen. Bonzo, der gerade bei einer Hausarbeit überrascht worden war, war sauber gekämmt, und die verkrusteten Blutspuren an seinem alten, mageren Hals zeugten von einer heftigen und sorgfältigen Rasur. Er trug ein frisches Baumwollhemd, Baumwollhosen, die zu kurz waren und kaum bis zu den Knöcheln reichten; seine Füße steckten in neuen, gelblichen Rohlederstiefeln, wie Rekruten sie bei der Ausbildung tragen.

Wir begrüßten Bela Bonzo, jeder von uns gab ihm die Hand, dann nickte er und führte uns in sein Haus. Er lud uns ein voranzugehen, wir traten in eine kühle Diele, in der uns eine alte Frau erwartete; ihr Gesicht war nicht zu erkennen, nur ihr Kopftuch leuchtete in dem dämmrigen Licht. Die Alte bot uns faustgroße, fremde Früchte an, die Früchte hatten ein saftiges Fleisch, das rötlich schimmerte, so daß ich am Anfang das Gefühl hatte, in eine frische Wunde zu beißen.

Wir gingen wieder auf den lehmigen Platz hinaus. Neben dem Bus standen jetzt barfüßige Kinder; sie beobachteten Bonzo mit unerträglicher Aufmerksamkeit, und dabei rührten sie sich nicht und sprachen nicht miteinander. Nie trafen ihre Blicke einen von uns. Bonzo schmunzelte in rätselhafter Zufriedenheit.

„Haben Sie keine Kinder?" fragte Pottgießer.

Es war die erste Frage, und Bonzo sagte schmunzelnd:

„Doch, doch, ich hatte einen Sohn. Wir versuchen gerade, ihn zu vergessen. Er hat sich gegen die Regierung aufgelehnt. Er war faul, hat nie etwas getaugt, und um etwas zu werden, ging er zu den Saboteuren, die überall für Unruhe sorgen. Sie kämpfen gegen die Regierung, weil sie glauben, es besser machen zu können." Bonzo sagte es entschieden, mit leiser Eindringlichkeit; während er sprach, sah ich, daß ihm die Schneidezähne fehlten. „Vielleicht würden sie es besser machen", sagte Pottgießer. Garek lächelte vergnügt, als er diese Frage hörte, und Bonzo sagte:

„Alle Regierungen gleichen sich darin, daß man sie ertragen muß, die einen leichter, die andern schwerer. Diese Regierung kennen wir, von der anderen kennen wir nur die Versprechungen."

Die Kinder tauschten einen langen Blick.

„Immerhin ist das größte Versprechen die Unabhängigkeit", sagte Bleiguth. „Die Unabhängigkeit kann man nicht essen", sagte Bonzo schmunzelnd. „Was nützt uns die Unabhängigkeit, wenn das Land verarmt. Diese Regierung aber hat unsern Export gesichert. Sie hat dafür gesorgt, daß Straßen, Krankenhäuser und Schulen gebaut wurden. Sie hat das Land kultiviert und wird es noch mehr kultivieren. Außerdem hat sie uns das Wahlrecht gegeben."

Eine Bewegung ging durch die Kinder, sie faßten sich bei den Händen und traten unwillkürlich einen Schritt vor. Bonzo senkte das Gesicht, schmunzelte in seiner rätselhaften Zufriedenheit, und als er das Gesicht wieder hob, suchte er mit seinem Blick Garek, der bescheiden hinter uns stand.

„Schließlich", sagte Bonzo, ohne gefragt worden zu sein, „gehört zur Unabhängigkeit auch eine gewisse Reife. Wahrscheinlich könnten wir gar nichts anfangen mit der Unabhängigkeit. Auch für Völker gibt es ein Alter, in dem sie mündig werden: wir haben dieses Alter noch nicht erreicht. Und ich bin ein Freund dieser Regierung, weil sie uns in unserer Unmündigkeit nicht im Stich läßt. Ich bin ihr dankbar dafür, wenn Sie es genau wissen wollen."

Garek entfernte sich zum Bus, Bonzo beobachtete ihn aufmerksam, wartete, bis die schwere Bustür zufiel und wir allein dastanden auf dem trockenen, lehmigen Platz. Wir waren unter uns, und Finke vom Rundfunk wandte sich mit einer schnellen Frage an Bonzo: „Wie ist es wirklich? Rasch, wir sind allein." Bonzo schluckte, sah Finke mit einem Ausdruck von Verwunderung und Befremden an und sagte langsam: „Ich habe Ihre Frage nicht verstanden."

„Jetzt können wir offen sprechen", sagte Finke hastig.

„Offen sprechen", wiederholte Bonzo bedächtig und schmunzelte breit, so daß seine Zahnlücken sichtbar wurden.

„Was ich gesagt habe, ist offen genug: wir sind Freunde dieser Regierung, meine Frau und ich; denn alles, was wir sind und erreicht haben, haben wir mit ihrer Hilfe erreicht. Dafür sind wir ihr dankbar. Sie wissen, wie selten es vorkommt, daß man einer Regierung für irgend etwas dankbar sein kann – wir sind dankbar. Und auch mein Nachbar ist dankbar, ebenso wie die Kinder dort und jedes Wesen im Dorf. Klopfen Sie an jede Tür, Sie werden überall erfahren, wie dankbar wir der Regierung sind."

Plötzlich trat Gum, ein junger, blasser Journalist, auf Bonzo zu und flüsterte: „Ich habe zuverlässige Nachricht, daß Ihr Sohn gefangen und in einem Gefängnis der Hauptstadt gefoltert wurde. Was sagen Sie dazu?"

Bonzo schloß die Augen, Kalkstaub lag auf seinen Lidern; schmunzelnd antwortete er: „Ich habe keinen Sohn, und darum kann er nicht gefoltert worden sein. Wir sind Freunde der Regierung, hören Sie? Ich bin ein Freund der Regierung."

Er zündete sich eine selbstgedrehte, krumme Zigarette an, inhalierte heftig und sah zur Bustür hinüber, die jetzt geöffnet wurde. Garek kam zurück und erkundigte sich nach dem Stand des Gesprächs. Bonzo wippte, indem er die Füße von den Hacken über die Zehenballen abrollen ließ. Er sah aufrichtig erleichtert aus, als Garek wieder zu uns trat, und er beantwortete unsere weiteren Fragen scherzhaft und ausführlich, wobei er die Luft mitunter zischend durch die vorderen Zahnlücken entweichen ließ.

Als ein Mann mit einer Sense vorüberging, rief Bonzo ihn an; der Mann kam mit schleppendem Schritt heran, nahm die Sense von der Schulter und hörte aus Bonzos Mund die Fragen, die wir zunächst ihm gestellt hatten. Der Mann schüttelte unwillig den Kopf: er war ein leidenschaftlicher Freund der Regierung, und jedes seiner Bekenntnisse quittierte Bonzo mit stillem Triumph. Schließlich reichten sich die Männer in unserer Gegenwart die Hand, wie um ihre gemeinsame Verbundenheit mit der Regierung zu besiegeln.

Auch wir verabschiedeten uns, jeder von uns gab Bonzo die Hand – ich zuletzt; doch als ich seine rauhe, aufgesprungene Hand nahm, spürte ich eine Papierkugel zwischen unseren Handflächen. Ich zog sie langsam, mit gekrümmten Fingern ab, ging zurück und schob die Papierkugel in die Tasche. Bela Bonzo stand da und rauchte in schnellen, kurzen Stößen; er rief seine Frau heraus, und sie, Bonzo und der Mann mit der Sense beobachteten den abfahrenden Bus, während die Kinder einen mit Steinen und jenen farblosen Büschen bedeckten Hügel hinaufstiegen.

Wir fuhren nicht denselben Weg zurück, sondern überquerten die heiße Ebene, bis wir auf einen Eisenbahndamm stießen, neben dem ein Weg aus Sand und Schotter lief. Während dieser Fahrt hielt ich eine Hand in der Tasche, und in der Hand die kleine Papierkugel, die einen so harten Kern hatte, daß die Fingernägel nicht hineinschneiden konnten, sosehr ich auch drückte. Ich wagte nicht, die Papierkugel herauszunehmen, denn von Zeit zu Zeit erreichte uns Gareks melancholischer Blick aus dem Rückspiegel. Ein schreckhafter Schatten flitzte über uns hinweg und über das tote Land; dann hörten wir das Propellergeräusch und sahen das Flugzeug, das niedrig über den Eisenbahndamm flog in Richtung zur Hauptstadt, kehrtmachte am Horizont, wieder über uns hinwegbrauste und uns nicht mehr allein ließ.

Ich dachte an Bela Bonzo, hielt die Papierkugel mit dem harten Kern in der Hand, und ich fühlte, wie die Innenfläche meiner Hand feucht wurde. Ein Gegenstand erschien am Ende des Bahndamms und kam näher, und jetzt erkannten wir, daß es ein Schienenauto war, auf dem junge Soldaten saßen. Sie winkten freundlich mit ihren Maschinenpistolen zu uns herüber. Vorsichtig zog ich die Papierkugel heraus, sah sie jedoch nicht an, sondern schob sie schnell in die kleine Uhrtasche, die einzige Tasche, die ich zuknöpfen konnte. Und wieder dachte ich an Bela Bonzo, den Freund der Regierung: noch einmal sah ich seine gelblichen Rohlederstiefel, die träumerische Zufriedenheit seines Gesichts und die schwarzen Zahnlücken, wenn er zu sprechen begann. Niemand von uns zweifelte daran, daß wir in ihm einen aufrichtigen Freund der Regierung getroffen hatten.

Am Meer entlang fuhren wir in die Hauptstadt zurück; der Wind brachte das ziehende Kußgeräusch des Wassers herüber, das gegen die unterspülten Felsen schlug. An der Oper stiegen wir aus, höflich verabschiedet von Garek.

Allein ging ich ins Hotel zurück, fuhr mit dem Lift in mein Zimmer hinauf, und auf der Toilette öffnete ich die Papierkugel, die der Freund der Regierung mir heimlich anvertraut hatte: sie war unbeschrieben, kein Zeichen, kein Wort, doch eingewickelt lag im Papier ein von bräunlichen Nikotinspuren bezogener Schneidezahn. Es war ein menschlicher, angesplitterter Zahn, und ich wußte, wem er gehört hatte.

1. *Der Aufbau*

In seiner „Ästhetik" entwickelt Friedrich Theodor Vischer eine gattungstheoretische Unterscheidung zwischen Roman und Novelle, deren anschauliches Vergleichsbild – ausgedehnt auf die neu entstandene Gattung der modernen Kurzgeschichte – auch für die folgende Deutung von Siegfried Lenz' Erzählung „Ein Freund der Regierung" sich als nützlich erweisen könnte. „Die Novelle verhält sich zum Roman", so schreibt F. T. Vischer[1], „wie ein Strahl zu einer Lichtmasse. Sie gibt nicht das umfassende Bild der Weltzustände, aber einen Ausschnitt daraus, der mit intensiver, momentaner Stärke auf das größere Ganze als Perspektive hinweist, nicht die vollständige Entwicklung einer Persönlichkeit, aber ein Stück aus einem Menschenleben, das eine Spannung, eine Krise hat und uns durch eine Gemüts- und Schicksalswendung mit scharfem Akzente zeigt, was Menschenleben überhaupt ist. Man hat sie einfach und richtig als eine Situation im Unterschied von der Entwicklung durch eine Reihe von Situationen im Romane bezeichnet."

Die Kurzgeschichte, knapper und verdichteter noch als die Novelle, verhält sich, wenn wir im Bilde bleiben wollen, zur Novelle wie der Brennpunkt zum Lichtstrahl. Punktuell, an einer einzigen Stelle, fällt ihr erhellendes Licht auf die Wirklichkeit; an einer winzigen, oft banalen Situation deckt sie eine verborgene Wahrheit auf, die sich – ohne Kommentar und moralisierende Deutung – dem betrachtenden Leser mitteilt und im zufälligen Einzelgeschehnis Allgemeingültiges erkennen läßt. In dieser Konzentrierung auf das Punktuelle, Alltägliche und Ereignishafte ist die Kurzgeschichte dem Journalismus verwandt, zu dessen Stilelementen knappe, unpersönliche Information und Verdichtung auf das Wesentliche notwendig gehören. Nicht zufällig umschreibt Helmut Motekat die der Kurzgeschichte eigentümliche Konzentration auf das Ereignishafte mit den Vokabeln der Filmsprache: „Die Erzählung blendet sich ein in das lebendige, gelebte und

---

[1] Zit. nach Benno von Wiese, Die deutsche Novelle von Goethe bis Kafka, Düsseldorf 1959, Bd. I, S. 28.

erlebte Leben im Augenblick der ‚sich ereignenden Begebenheit', und blendet sich aus, sobald das Geschehen als solches zum Abschluß gelangt ist[2]." Journalistische Darstellungsweise und dichterische Daseinserhellung berühren sich in der Kurzgeschichte und verbinden sich zu einer Gattung von eigentümlichem Reiz: „In einer ‚sich ereignenden Begebenheit' soll in der Kurzgeschichte die Realität unseres Daseins aufleuchten, und beides in der Unmittelbarkeit der Darstellung, wie sie der Reportage eignet. Der Unterschied ist nur der, daß die Reportage aus dem Tagesgeschehen für den Tag berichtet, während die Kurzgeschichte ein Geschehen sprachkünstlerisch so gestaltet, als ob es für eine Reportage gedacht sei"[3], hinter deren Bildern – so müßte man wohl fortfahren, um den hier anklingenden Gedanken zu Ende zu führen – auf diese Weise eine zeitlose und dauernde Wahrheit sich plötzlich eröffnet.

Reportage aber ist die von Siegfried Lenz erzählte Kurzgeschichte in doppeltem Sinne: sie konzentriert sich, dem Baugesetz der Kurzgeschichte entsprechend, ganz auf die eine Begebenheit, die dem Leser als wissenswerte Information mitgeteilt werden soll; die Begebenheit aber, die hier berichtet wird, entstammt selbst journalistischer Tätigkeit. Im Mittelpunkt der Erzählung steht das von der Regierung arrangierte Interview mit dem Bauern Bela Bonzo, das aus der Sicht und dem Erleben eines ausländischen Journalisten ohne Kommentierung wiedergegeben wird.

Um diesen Mittelpunkt, der bei genauerem Zusehen drei Teile enthält (Frage-und-Antwort-Spiel mit Bela Bonzo, heimliche Fragen während der Abwesenheit des Regierungsbeamten, Bestätigung der Aussagen durch einen Bauern des Dorfes), ist die Erzählung klar und durchsichtig aufgebaut: Die beiden einleitenden Sätze stellen die Frage, um deren sach- und wahrheitsgemäße Beantwortung es den Journalisten geht: ob nämlich „alles, was über das unruhige Gebiet geschrieben wurde, nicht zutraf: die Folterungen nicht, die Armut und vor allem nicht das wütende Verlangen nach Unabhängigkeit". Von dieser Frage aus spannt sich über die ganze Erzählung, über die An- und Abreise der Journalisten und über die Antworten des Bauern und seiner Freunde ein Spannungsbogen, der erst im letzten Satz der Kurzgeschichte, in der zeichenhaften Bedeutung des angesplitterten

[2] Helmut Motekat, Gedanken zur Kurzgeschichte; in: Der Deutschunterricht 1957/1, S. 27.
[3] Ebd. S. 28.

Zahnes, die erwartete Antwort findet, eine Antwort freilich, die alle bisherigen Antworten aufhebt und in ihrer Scheinhaftigkeit entlarvt. In dieser weitgespannten Dynamik der Erzählung, in der alles auf den letzten Satz hinzielt, der vom Ende her das Ganze plötzlich in neuer Beleuchtung erscheinen läßt und den Leser zwingt, die Geschichte noch einmal unter verändertem Vorzeichen zu lesen, ähnelt unsere Kurzgeschichte Elisabeth Langgässers Erzählung „Saisonbeginn". Wie dort fallen auch hier Höhepunkt, Wendepunkt und Schluß der Erzählung zusammen[4].

Zwar scheint in der Mitte der Erzählung mit dem Interview, das Bela Bonzo den Journalisten gibt, die aufgeworfene Frage im Sinne der Regierung endgültig und zuverlässig beantwortet, die Spannungskurve sinkt ab, doch wird mit der heimlich vermittelten, noch nicht gedeuteten Botschaft der Papierkugel am Ende des Interviews die Zuverlässigkeit der gegebenen Antworten in Frage gestellt und der Leser auf die Dechiffrierung am Schluß der Erzählung verwiesen. Zwischen die einleitende Frage und das in der Mitte der Erzählung stehende Interview und völlig parallel hierzu zwischen die Mitte und den abschließenden und nun endgültig antwortenden Satz schieben sich zwei etwa gleich große und gleichwertige Abschnitte, die von der Anreise bzw. der Abreise der Journalisten berichten und bei denen wir, nachdem unsere Schüler den Aufbau der Erzählung übersehen, mit der Erarbeitung der Kurzgeschichte beginnen wollen.

2. *Fassade und Wirklichkeit*

Auffallend im ersten Abschnitt ist die Fülle der Adjektive, die als Attribute, Adverbien und Prädikative das Satzbild entscheidend bestimmen, die sich überall hervordrängen und die genauer zu untersuchen sich für die Deutung der Kurzgeschichte verlohnt. Das Adjektiv leistet im Satz eine genauere Bestimmung des Wesens der Menschen und Dinge, es charakterisiert ihre Eigenschaften und Verhaltensweisen und gibt – nach der kindlichen Terminologie unserer ersten Schuljahre – als Wie-Wort an, in welcher Weise sich Menschen und Dinge nach außen zeigen.

Tragen wir im Unterrichtsgespräch die auffallendsten dieser Attribute und Adverbien zusammen, so ergibt sich das äußere Erscheinungsbild einer geradezu vollkommenen Welt. Menschen und Dinge erscheinen in einem Glanz, den keine noch so skeptisch formulierte Frage zu trüben in der Lage ist. Es mag den

[4] Vgl. S. 193 f.

Schülern die Erarbeitung der Erzählung erleichtern, wenn wir die attributiven, prädikativen und adverbialen Aussagen der Kurzgeschichte in einem übersichtlichen Tafelbild zusammenfassen:

sehr höflich
sehr höflich
tadellos gekleidet
neuer Bus
mit sanfter Stimme
bescheiden
(Mustersiedlung)
lässige Zärtlichkeit
handliche Maschinenpistole
fröhlich
sehr beliebtes Übungsgebiet
mit sanfter Stimme
melancholischer Blick
lächelnd
höflich
sauber gekalkte Hütte
sauber gekämmt
sorgfältige Rasur
frisches Baumwollhemd
neue, gelbliche Rohlederstiefel

↓

Verhaltensweise und Optik
der Regierung

(mit Kistenholz) vernagelt
schäbige Zäune
löcherig
Brunnen abgedeckt
graue Fahne von Staub
grau
altes Gesicht
staubgrau
scharfe, schwärzliche Falten
Oberlippe geschwollen
verkrustete Blutspuren
ein menschlicher,
angesplitterter Zahn

↓

die verborgene Wirklichkeit

Der Eindruck bunt-einladender Ferienprospekte drängt sich auf, der Anschein der Höflichkeit, Sanftheit und Bescheidenheit, fröhlicher Unbekümmertheit und charmanter Überlegenheit ist um eine Nuance zu aufdringlich, ein wenig überbetont – der Leser wird mißtrauisch und vermutet hinter der allzu werbenden Fassade eine andersgeartete Wirklichkeit, die ihm verborgen bleiben soll. Auch diese Wirklichkeit drückt sich, in der Beschreibung des toten Dorfes am Straßenrand und bei der Vorstellung Bela Bonzos, am deutlichsten in adjektivischen Wortformen aus, die wir nun gleichsam hinter der glanzvollen Fassade bemerken und der vom Regierungsbeamten vorgewiesenen Scheinwirklichkeit gegenüberstellen (rechte Seite des Tafelbildes), so daß sich schon jetzt eine der Wirklichkeit angemessenere Antwort auf die eingangs gestellte Frage andeutet.

Die Vorstellung einer reklameartigen Unwirklichkeit, einer nur für die Optik des Zuschauers zurechtgemachten Zufriedenheit und Regierungstreue drängt sich dem Leser noch stärker in dem Interview mit Bela Bonzo auf, vor allem durch die stereotypen Wendungen, mit denen der erzählende Journalist den Gesichtsausdruck des Bauern beschreibt. Durch das Stilmittel der einhämmernden Wiederholung erhält dieser den Anschein maskenhafter Starrheit, das unpersönliche und eingefrorene Plakatlächeln sagt nichts aus über das, was Bela Bonzo wirklich denkt und fühlt. Wir sehen ihn „schmunzelnd", „vergnügt lächelnd" „in seiner rätselhaften Zufriedenheit", aber zu häufig kommen diese Wendungen vor, zu intensiv beteuert er immer wieder, er sei ein „Freund der Regierung", als daß dies alles noch glaubwürdig klingen könnte. Plakatartig, vorgedruckt und fassadenhaft wie sein Aussehen und seine Mimik erscheinen auch die Antworten, die er auf die Fragen der Reporter gibt, in denen ein eingelernter Inhalt hinter den dazugehörigen Fragen heruntergeklappert wird.

„Die Unabhängigkeit kann man nicht essen", sagte Bela Bonzo schmunzelnd. „Was nützt uns die Unabhängigkeit, wenn das Land verarmt. Diese Regierung aber hat unseren Export gesichert. Sie hat dafür gesorgt, daß Straßen, Krankenhäuser und Schulen gebaut wurden. Sie hat das Land kultiviert und wird es noch mehr kultivieren. Außerdem hat sie uns das Wahlrecht gegeben. . . ."

„Schließlich", sagte Bonzo, ohne gefragt worden zu sein, „gehört zur Unabhängigkeit auch eine gewisse Reife. Wahrscheinlich könnten wir gar nichts anfangen mit der Unabhängigkeit. Auch für Völker gibt es ein Alter, in dem sie mündig werden: wir haben dieses Alter noch nicht erreicht. Und ich bin ein Freund dieser Regierung, weil sie uns in unserer Unmündigkeit nicht im Stich läßt. Ich bin ihr dankbar dafür, wenn Sie es genau wissen wollen."

Vollends unglaubwürdig werden die Antworten Bela Bonzos, als die Rede auf seinen Sohn kommt, der sich als Gegner der Regierung den Aufständischen anschloß. Die Liebe zur Regierung scheint die Liebe zu seinem eigenen Kind bei weitem zu übersteigen, doch auch hier verrät die allzu eindringliche Wiederholung, daß die Wirklichkeit wohl anders aussieht: „Ich habe keinen Sohn, und darum kann er nicht gefoltert worden sein.

Wir sind Freunde der Regierung, hören Sie? Ich bin ein Freund der Regierung."

Wir sind mißtrauisch geworden gegenüber den Worten, die nur das besagen, was die Regierung sagen will, und sehen uns, wenn wir mit den Journalisten die Wahrheit erfahren wollen, auf die Deutung jener Zeichen angewiesen, in denen sich hinter der Fassade gelegentlich die Wahrheit andeutet. Am auffälligsten ist das leitmotivisch wiederkehrende Bild der schwarzen Zahnlöcher, von denen dreimal und immer dann die Rede ist, wenn Bonzo erregt ist. Auf die erste Frage nach seinen Kindern antwortet Bela Bonzo zwar ganz im Sinne der Regierung, aber der Erzähler fügt gerade an dieser Stelle hinzu: „Während er sprach, sah ich, daß ihm die Schneidezähne fehlten." Auch auf die Frage eines Reporters, der während der kurzen Abwesenheit des Regierungsbeamten die Wahrheit erfahren möchte, antwortet Bela Bonzo durchaus gehorsam und regierungstreu, mit breitem Schmunzeln, „so daß seine Zahnlücken sichtbar wurden". Gleichgültig und unbeteiligt antwortet er auf die Mitteilung, sein Sohn sei in der Hauptstadt gefangen und im Gefängnis gefoltert worden, „aber die krumme Zigarette, deren Rauch er heftig inhalierte, und die Luft, die er mitunter zischend durch die vorderen Zahnlücken entweichen ließ", verraten seine innere Not.

Noch einmal, als er die Papierkugel heimlich in die Hand des erzählenden Journalisten gleiten läßt, erkennen wir seine Erregung, sehen wir hinter der Maske sein wahres Gesicht: „Bela Bonzo stand da und rauchte in schnellen, kurzen Stößen."

Nicht in den Worten, die nur das nachplappern, was von der Regierung vorgesagt ist, wird der Terror deutlich, der über dem Lande liegt, sondern in kleinen Beobachtungen, die sich langsam erst zu einem Gesamtbild zusammenfügen. Da ist der Soldat, der „mit einer Art lässiger Zärtlichkeit eine handliche Maschinenpistole trug", da ist das „beliebte Übungsgebiet", das die Anwesenheit so vieler Truppen in dem als unruhig bekannten Gebiet rechtfertigen muß, das tote Dorf in einer toten Landschaft mit farblosen Büschen, da sind die geschwollenen Lippen Bela Bonzos, die verkrusteten Blutspuren an seinem Hals und die Zahnlücken in seinem Mund. Da sind die aufmerksam und verwundert zuhörenden Kinder, der Vergleich der roten Frucht mit einer frischen Wunde, der „schreckhafte Schatten" des Flugzeuges, das die Reporter nicht mehr allein läßt, und die verräterische Vorsicht des Journalisten, der erst auf der Toilette seines Hotels die Papierkugel mit dem harten Kern zu öffnen wagt, wo Gareks „melancholischer Blick", der jeden zu jeder Zeit sah, ihn nicht mehr erreichen kann. Auch jetzt noch ist es nicht das erklärende Wort, mit dem die Wahrheit sich mitteilt, der Zettel ist „unbeschrieben, kein Zeichen, kein Wort", aber in der zeichenhaften Sprache des angesplitterten Zahnes erweist sich die Wahrheit: daß nämlich das so spontan erscheinende Interview („Herr Bonzo war gerade bei der Hausarbeit") von der Regierung in doppelter Weise vorbereitet war: der „Freund der Regierung" wurde geschlagen und gefoltert, bis er bereit war, als gefügiges Sprachrohr der Regierung zu dienen, dann gab man ihm „ein frisches Baumwollhemd" und „neue, gelbliche Rohlederstiefel" aus den Beständen der Armee, damit er vor seiner „sauber gekalkten Hütte" sauber gekämmt und sorgfältig rasiert den Eindruck unübertrefflicher Zufriedenheit verbreite.

3. *Zeichen der Wahrheit*

Erst mit dem Schluß der Erzählung wird deutlich, wie weit die Macht und der Terror der Regierung reichen, die – da wir Ort und Zeit nicht kennen, in der die Erzählung spielt – als Prototyp totalitärer Regime schlechthin zu gelten hat. Der totalitären Regierung ist es nicht nur darum zu tun, die wirklichen und potentiellen Gegner auszuschalten, um nur noch eine, die eigene Auffassung als allein richtig gelten zu lassen, sondern über diesen Machtanspruch hinaus wünscht sie die begeisterte Zustimmung aller, um nach außen hin dokumentieren zu können, daß der durch Terror und Gewalt erzwungene Monismus ihres Systems ein von allen getragener und freiwilliger sei. Die Entwürdigung des Menschen geht dabei nicht nur so weit, daß die eigene Meinung gebrochen und der einzelne der Gewalt des Staates absolut und bis in den Intimbereich seiner Familie hinein unterworfen wird, sondern die Opfer werden überdies durch das teuflische Mittel einer alles umfassenden Angst zu willfährigen Propagandisten ihrer Folterknechte erniedrigt. Die brutale Macht eines sich absolut setzenden Staates zerbricht den Kern der Persönlichkeit, bis der Unterworfene wenigstens nach außen zum Verfechter des Systems wird, das ihn selbst vernichtet[5].

---

[5] Vgl. hierzu die aufschlußreiche Darstellung von Werner Schöllgen, Der Einbruch der Technik in den Kern der menschlichen Persönlichkeit, die Möglichkeiten totalitärer Beeinflussung mittels pharmakologischer und neurochirurgischer Eingriffe in den Kern der Persönlichkeit aufgezeigt. In: Aktuelle Moralprobleme, Düsseldorf 1955, S. 457–470.

Man möchte fragen, warum die Unterdrückten nicht aufbegehren, warum ihr „wütendes Verlangen nach Unabhängigkeit" sich nicht in offener Revolte durchsetzt, aber das Bild des toten Dorfes, das nur beiläufig erwähnt wird, macht eine Antwort überflüssig. Vor der Unerbittlichkeit des Systems bleibt, sofern der einzelne nicht den heroischen Weg der Selbstvernichtung gehen will, nur Unterwerfung und Resignation.

Ganz ähnlich heißt es in Siegfried Lenz' Roman „Stadtgespräch" (1963), der den aussichtslosen Kampf einer Widerstandsgruppe gegen die Übermacht der deutschen Besatzung schildert: „Wir sind alle Gefangene, jeder lebt in seinem Gefängnis, der eine mit, der andere ohne Wächter. Auch du bist in deinem Gefängnis, das sehe ich wohl, und ich glaube auch zu verstehen, daß jeder Ausbruch nur in eine andere Gefangenschaft mündet. Deshalb unterwerfen wir uns lieber, denn jede Unterwerfung sichert uns das Gleichgewicht."

Märtyrer zu werden im ursprünglichen Sinne dieses Wortes, Zeuge der Wahrheit zu sein in einem System, das eine Scheinwirklichkeit aufzurichten versucht, ist dort nicht mehr möglich, wo Opponenten spurlos verschwinden und hinter verschlossenen Türen leiden. Menschen, die so folgenlos untertauchen und sterben, sind keine „Märtyrer" mehr, weil sie kein bleibendes Zeugnis erregen können. Gerade weil unsere Kurzgeschichte diese mit dem totalitären Staat gegebene Realität veranschaulichen will, berichtet sie nicht von Verfolgung und Folterung, sondern weist lediglich deren Spuren in der Trostlosigkeit eines Dorfes und in den Zahnlücken eines Bauern auf.

Dennoch bleibt der Wunsch, in einem sichtbaren und sprechenden Zeichen Zeugnis für die Wahrheit zu geben und hinter der Scheinwelt einer allzu strahlenden Fassade den „harten Kern" einer grausamen Wirklichkeit aufzuzeigen, selbst bei den scheinbar Linientreuen lebendig. Aber dieses Zeugnis bedient sich nicht des Mediums der Sprache, die manipulierbar geworden ist und nicht mehr das bedeutet, was sie sagt. Träger der Wahrheit sind verhüllte und verhüllende Zeichen geworden, die nicht lügen können, weil sie das bloße Faktum vermitteln und dem Beobachter dessen richtige oder falsche Deutung überlassen. In dem bereits erwähnten Roman von Siegfried Lenz heißt es in einer ähnlichen Situation: „Durch die wehrlos lauschende Stadt liefen Signale, Warnungen, für die die Angst und die Bedrohung verborgene Systeme der Übermittlung erfunden hatten, man tauschte Zeichen im Dunkeln. Vor der Bedrohung wurde die Stadt zum Fuchsbau mit abseitigen Röhren und Gängen, in denen nur Eingeweihte sich zurechtfanden, in denen die Nähe der Gefahr lautlos mitgeteilt und weitersignalisiert wurde; ein Schaudern genügte als Nachricht, eine tastende Bewegung, ein scharfer Atemzug."

Gerade dieses Mißtrauen in den Aussagewert der Sprache, die in Zeiten der Diktatur zum manipulierbaren Mittel in der Hand der Herrschenden wird, und das Wissen um die Gefährlichkeit sprachlicher Mitteilung, wie es sich am deutlichsten in dem unbeschriebenen Papier ausdrückt, das Bela Bonzo um den Zahn gewickelt hat, lassen erkennen, wie tief der Mensch, den die Sprache erst eigentlich zum Menschen macht, in jeder Diktatur in seiner Menschenwürde gefährdet, wie sehr er als Person entwürdigt wird. Daß die Wahrheit dennoch durch sprachlose Chiffren und Zeichen sich vermitteln läßt und den äußeren Schein als Propaganda und Fassade entlarvt, bleibt ein Trost in dieser pessimistischen Erzählung, deren Schluß ganz offen bleibt und dem Leser die Deutung überläßt. Wir erfahren nicht, was der Journalist seiner Zeitung berichtet, in welcher Weise er die eingangs gestellte Frage beantwortet, wie die Regierung auf solche Presseberichte des Auslandes reagiert. Es bleibt nur das reine Faktum, das im letzten Satz aufgezeigte Zeichen des menschlichen, nikotingebräunten, angesplitterten Zahnes; doch das genügt: die Wirklichkeit ist damit in ihrer schrecklichen Realität aufgedeckt, die Scheinwelt einer totalitären Propaganda endgültig zerstört.

4. *Fragen und Hinweise zur Erschließung im Unterricht:*

1. Untersuche den Aufbau der Kurzgeschichte!

2. Welche Wörter fallen im ersten Teil der Kurzgeschichte besonders auf? Welche Wörter stören das Bild einer fast vollkommenen Welt?

3. In welcher Weise gestaltet der Erzähler das Interview mit Bela Bonzo? Welche Formulierungen fallen auf?

4. In welchen Einzelheiten drücken sich Terror und Unterdrükkung aus?

5. Was sagt der Schluß der Kurzgeschichte über den totalitären Staat aus?

Das Mysterium des Bösen und das Geheimnis der Erlösung

Elisabeth Langgässer: Saisonbeginn

Die Arbeiter kamen mit ihrem Schild und einem hölzernen Pfosten, auf den es genagelt werden sollte, zu dem Eingang der Ortschaft, die hoch in den Bergen an der letzten Paßkehre lag. Es war ein heißer Spätfrühlingstag, die Schneegrenze hatte sich schon hinauf zu den Gletscherwänden gezogen. Überall standen die Wiesen wieder in Saft und Kraft; die Wucherblume verschwendete sich, der Löwenzahn strotzte und blähte sein Haupt über den milchigen Stengeln; Trollblumen, welche wie eingefettet mit gelber Sahne waren, platzten vor Glück, und in strahlenden Tümpeln kleinblütiger Enziane spiegelte sich ein Himmel von unwahrscheinlichem Blau. Auch die Häuser und Gasthöfe waren wie neu: ihre Fensterläden frisch angestrichen, die Schindeldächer gut ausgebessert, die Scherenzäune ergänzt. Ein Atemzug noch: dann würden die Fremden, die Sommergäste kommen – die Lehrerinnen, die mutigen Sachsen, die Kinderreichen, die Alpinisten, aber vor allem die Autobesitzer in ihren großen Wagen . . . Röhr und Mercedes, Fiat und Opel, blitzend von Chrom und Glas. Das Geld würde anrollen. Alles war darauf vorbereitet. Ein Schild kam zum andern, die Haarnadelkurve zu dem Totenkopf, Kilometerschilder und Schilder für Fußgänger: Zwei Minuten zum Café Alpenrose.

An der Stelle, wo die Männer den Pfosten in die Erde einrammen wollten, stand ein Holzkreuz, über dem Kopf des Christus war auch ein Schild angebracht. Seine Inschrift war bis heute die gleiche, wie sie Pilatus entworfen hatte: I. N. R. I. – die Enttäuschung darüber, daß es im Grund hätte heißen sollen: er b e h a u p t e t nur, dieser König zu sein, hatte im Laufe der Jahrhunderte an Heftigkeit eingebüßt. Die beiden Männer, welche den Pfosten, das Schild und die große Schaufel, um den Pfosten in die Erde zu graben, auf ihren Schultern trugen, setzten alles unter dem Wegekreuz ab; der dritte stellte den Werkzeugkasten, Hammer, Zange und Nägel daneben und spuckte ermunternd aus.

Nun beratschlagten die drei Männer, an welcher Stelle die Inschrift des Schildes am besten zur Geltung käme; sie sollte für alle, welche das Dorf auf dem breiten Paßweg betraten, besser: befuhren, als Blickfang dienen und nicht zu verfehlen sein. Man kam also überein, das Schild kurz vor dem Wegekreuz anzubringen, gewissermaßen als Gruß, den die Ortschaft jedem Fremden entgegenschickte. Leider stellte sich aber heraus, daß der Pfosten dann in den Pflasterbelag einer Tankstelle hätte gesetzt werden müssen – eine Sache, die sich von selbst verbot, da die Wagen, besonders die größeren, dann am Wenden behindert waren. Die Männer schleppten also den Pfosten noch ein Stück weiter hinaus bis zu der Gemeindewiese und wollten schon mit der Arbeit beginnen, als ihnen auffiel, daß diese Stelle bereits zu weit von dem Ortsschild entfernt war, das den Namen angab und die Gemeinde, zu welcher der Flecken gehörte. Wenn also das Dorf den Vorzug dieses Schildes und seiner Inschrift für sich beanspruchen wollte, mußte das Schild wieder näherrücken – am besten gerade dem Kreuz gegenüber, so daß Wagen und Fußgänger zwischen beiden hätten passieren müssen.

Dieser Vorschlag, von dem Mann mit den Nägeln und dem Hammer gemacht, fand Beifall. Die beiden anderen luden von neuem den Pfosten auf ihre Schultern und schleppten ihn vor das Kreuz. Nun sollte also das Schild mit der Inschrift zu dem Wegekreuz senkrecht stehen; doch zeigte es sich, daß die uralte Buche, welche gerade hier ihre Äste mit riesiger Spanne nach beiden Seiten wie eine Mantelmadonna ihren Umhang entfaltete, die Inschrift im Sommer verdeckt und ihr Schattenspiel deren Bedeutung verwischt, aber mindestens abgeschwächt hätte.

Es blieb daher nur noch die andere Seite neben dem Herrenkreuz, und da die erste, die in das Pflaster der Tankstelle überging, gewissermaßen den Platz des Schächers zur Linken bezeichnet hätte, wurde jetzt der Platz zur Rechten gewählt und endgültig beibehalten. Zwei Männer hoben die Erde aus, der dritte nagelte rasch das Schild mit wuchtigen Schlägen auf; dann stellten sie den Pfosten gemeinsam in die Grube und rammten ihn rings von allen Seiten mit größeren Feldsteinen an.

Ihre Tätigkeit blieb nicht unbeachtet. Schulkinder machten sich gegenseitig die Ehre streitig, dabei zu helfen, den Hammer, die Nägel hinzureichen und passende Steine zu suchen; auch einige Frauen blieben stehen, um die Inschrift genau zu studieren. Zwei Nonnen, welche die Blumenvase zu Füßen des Kreuzes aufs neue füllten, blickten einander unsicher an, bevor sie weitergingen. Bei den Männern, die von der Holzarbeit oder vom Acker kamen, war die Wirkung verschieden: einige lachten, andere schüttelten nur den Kopf, ohne etwas zu sagen; die Mehrzahl blieb davon unberührt und gab weder Beifall noch Ablehnung kund, sondern war gleichgültig, wie sich die Sache auch immer entwickeln würde. Im ganzen genommen, konnten die Männer mit der Wirkung zufrieden sein. Der Pfosten, kerzengerade, trug das Schild mit der weithin sichtbaren Inschrift, die Nachmittagssonne glitt wie ein Finger über die zollgroßen Buchstaben hin und fuhr jeden einzelnen langsam nach wie den Richtspruch auf einer Tafel . . .

Auch der sterbende Christus, dessen blasses, blutüberronnenes Haupt im Tod nach der rechten Seite geneigt war, schien sich mit letzter Kraft zu bemühen, die Inschrift aufzunehmen: man merkte, sie ging ihn gleichfalls an, welcher bisher von den Leuten als einer der ihren betrachtet und wohlgelitten war. Unerbittlich und dauerhaft wie sein Leiden würde sie ihm nun für lange Zeit schwarz auf weiß gegenüberstehen.

Als die Männer den Kreuzigungsort verließen und ihr Handwerkszeug wieder zusammenpackten, blickten alle drei noch einmal befriedigt zu dem Schild mit der Inschrift auf. Sie lautete: „In diesem Kurort sind Juden unerwünscht."

1. *Die Mehrschichtigkeit der Erzählung*

Schon beim ersten Lesen fällt auf, daß die knappe, auf nur zwei Druckseiten verdichtete Kurzgeschichte „Saisonbeginn" von Elisabeth Langgässer deutlich auf den Schlußsatz der Erzählung hin pointiert ist. Höhepunkt, Wendepunkt und Schluß der Erzählung fallen, wie dies Klaus Doderer[1] als ein wesentliches Strukturelement der Kurzgeschichte herausgearbeitet hat, im letzten Satz zusammen, der den Leser erst jetzt mit der Inschrift jenes Schildes bekanntmacht, um das die ganze Erzählung kreist. So zieht sich ein deutlicher Spannungsbogen vom ersten Satz, in dem dieses Schild bereits erwähnt wird, bis zur Schlußpointe, die endgültig die Illusion zerstört, es handle sich bei diesem Schild um eine auf das Wohl der zu erwartenden Fremden bezogene Mitteilung, wie deren bereits viele im Ort aufgestellt sind. Diese Struktur der Erzählung zwingt den Leser, die Geschichte mindestens zweimal zu lesen. Denn während sein Interesse sich bei der ersten Lektüre vordergründig auf die Vorgänge um das Aufstellen des Schildes konzentriert und er – von der Überschrift angeregt – irgendeine mehr oder minder überraschende Mitteilung erwartet, wird er durch den in die Unbeschwertheit der Saisonvorbereitungen störend einbrechenden Schlußsatz schockiert, er sieht sich in seinen Erwartungen getäuscht und weiß nun nicht, was die ganze Geschichte eigentlich soll.

So wird er sie ein zweites Mal lesen, wobei der politische Aspekt der Erzählung, den der Schlußsatz vermittelt, nun von Anfang an gegenwärtig ist und eine auf die jüngste Vergangenheit Deutschlands bezogene politische Deutung der Kurzgeschichte ermöglicht. Aber auch dieses hier nur indirekt und andeutend gestaltete politische Geschehen erklärt noch nicht das Ganze der vorliegenden Erzählung, ja das politische Geschehen selbst bedarf einer Erklärung und Deutung, welche die Erzählerin in den Bildern und Aussagen dieser Kurzgeschichte zu geben versucht. Erst ein längeres Überdenken der einzelnen Bilder und Sprachformen läßt eine hinter dem Politischen stehende religiöse Wirklichkeit erkennen, die den eigentlichen Kern dieser Kurzgeschichte ausmacht.

Eine durchaus alltägliche Situation wird hier durch die Zuordnung zu anderen Daseinsbereichen, durch eine kunstvoll gebaute Spiegelung der einen Erzählebene in der jeweils tieferen, plötzlich durchsichtig und in der Verdichtung im dinglich-anschaubaren Dingsymbol zum Zeichen einer höheren, transzendenten Wirklichkeit. Diese Transparenz der Alltagswirklichkeit, die hinter banalen und scheinbar unbedeutenden Lebenssituationen eine tiefere Wirklichkeit und eine bis dahin verborgene

[1] Wirkendes Wort, 1957/58, S. 95.

Wahrheit aufscheinen läßt, gehört geradezu zum Wesen der Kurzgeschichte. So spricht Robert Ulshöfer vom „Aufleuchten verschiedener Wirklichkeitsstufen in der Kurzgeschichte, der Wirklichkeit des äußeren, des seelischen, des geistigen und des metaphysischen Geschehens"[2], Klaus Doderer von der „Bloßlegung einer tieferen Seinsschicht"[3] und Erika Essen von der „Durchsichtigkeit der Kurzgeschichte"[4].

Offenbar geht es also in unserer Erzählung gar nicht um irgendein spannendes, aufregendes oder ungewöhnliches Geschehen (die Schüler der Mittelstufe werden das wohl mit Enttäuschung konstatieren und die Erzählung vielleicht als „langweilig" abtun wollen), sondern um die Deutung eines im Grunde nicht mehr verstehbaren, mit rein menschlichen Maßstäben nicht mehr zu fassenden Vorganges.

Bei der unterrichtlichen Erschließung der Erzählung müssen wir also verschiedene Schichten der Erzählung aufzudecken versuchen, die jede für sich genommen zwar einen vorläufigen Sinn ergeben, deren Ineinander und Zueinander aber erst den eigentlichen Reiz und die Bedeutung dieser Kurzgeschichte ausmachen.

2. *Der Vordergrund*

Elisabeth Langgässer nennt ihre Kurzgeschichte „Saisonbeginn", und so erscheint es uns angebracht, mit unseren Schülern zunächst einmal den Vordergrund der Erzählung, der sich mit den Vorbereitungen eines Kurortes auf die Sommersaison befaßt, herauszuarbeiten. Dieser Saisonbeginn zeigt sich am deutlichsten in der üppigen Lebensfülle der Natur, die in ihrer ganzen Pracht sich an diesem Spätfrühlingstag entfaltet und sich ihrerseits sozusagen bereitmacht für die Ankunft der Sommergäste. Verben und Substantive, die Lebensfülle, Kraft und Reichtum ausdrücken, beherrschen diesen kurzen Abschnitt: „Überall standen die Wiesen wieder in Saft und Kraft; die Wucherblume" – in deren Name schon ein Übermaß an Lebensdrang sich ausdrückt – „verschwendete sich." Dem Löwenzahn werden gleich zwei Verben zugefügt, die Lebenskraft und Lebensfülle beinhalten: „Der Löwenzahn strotze und blähte sein Haupt über den milchigen

[2] Robert Ulshöfer, Unterrichtliche Probleme bei der Arbeit mit der Kurzgeschichte, Der Deutschunterricht 1958/6, S. 14.
[3] a. a. O., S. 97.
[4] Erika Essen, Methodik des Deutschunterrichts, Heidelberg 1962[3], S. 210.

Stengeln", während der folgende Satz die höchste Steigerung dieser naturhaften Daseinsfülle und Daseinsfreude in einer anthropomorphen Formulierung veranschaulicht: „Trollblumen, welche wie eingefettet mit gelber Sahne waren, platzten vor Glück."

Der strahlenden Hochgebirgsflora dieses Spätfrühlingstages entspricht die Schönheit der umgebenden Natur: Bergriesen und Gletscherwände, über denen „ein Himmel von unwahrscheinlichem Blau" leuchtet. Dieser heilen Welt der Natur in ihrer Schönheit und in ihrem Lebensreichtum entspricht die geordnete und heile Welt der Menschen, wie sie sich in den erneuerten Gebäuden und Häusern des Berghofes darstellt: „Die Häuser und Gasthöfe waren wie neu: ihre Fensterläden frisch angestrichen, die Schindeldächer gut ausgebessert, die Scherenzäune ergänzt."

In diesen beiden Beobachtungen, die Natur und Menschenwelt zu einer gesunden und lebensfrohen Einheit zusammenfassen, wird jener eigentümliche Augenblick dargestellt, der zwischen dem Abschluß aller Vorbereitungen und dem Beginn des vorbereiteten Ereignisses liegt, wie er unmittelbar vor einem Fest, einer Aufführung, einem Examen sich ergibt, Entlastung von aller vorbereitenden Tätigkeit bringend und zugleich voller Spannung auf das Kommende. „Ein Atemzug noch" – bis in den Satzbau hinein ist dieser Augenblick des Verhaltens, „der Ruhe vor dem Sturm", wie der Volksmund solche Augenblicke zu bezeichnen pflegt, nachgezeichnet: bis zum Doppelpunkt steigt die Stimme an, verweilt sekundenlang in der Pause vor dem kommenden Hauptsatz, bis dieser die Spannung der Stimme löst und das erwartete Ereignis beschreibt, langsam zunächst, zwei Subjekte führen den Reigen an („die Fremden, die Sommergäste"), bis dann eine ganze Fülle von Substantiven – die Lehrerinnen, die Sachsen, die Kinderreichen, die Alpinisten, die Autobesitzer, die noch einmal nach den jeweiligen Automarken differenziert werden – den Besucherstrom verdeutlicht, der sich über das saisonbereite Bergdorf ergießt.

Daß dieser erste Abschnitt der Erzählung einleitend und abschließend von je einem Satz umrahmt ist, der von dem Schild, das die Arbeiter tragen, bzw. von den Schildern spricht, die im Ort selbst und seiner Umgebung zur Information der Fremden aufgestellt werden, bereitet den Leser darauf vor, daß es mit dem Schild, von dem hier die Rede ist, eine besondere Bewandtnis hat. Auch das Totenkopfschild, das inmitten der harmlosen Ferienwelt eine besondere Stellung einnimmt, verweist auf den Schluß der Erzählung, ohne daß der Leser freilich schon hier den Sinn solcher Andeutungen verstehen könnte.

In die gesunde und heile Welt dieses Bergdorfes gehört auch – Zeichen jahrhundertealter Volksfrömmigkeit – das Holzkreuz, das am Eingang des Ortes an einer Wegegabelung im Schatten einer Buche steht, „als Gruß gewissermaßen, den die Ortschaft jedem Fremden entgegenschickte", wie es eigentlich heißen müßte, denn durch das später aufgestellte Schild mit seiner diabolischen Inschrift wird dieser Gruß ja bereits pervertiert und ins Böse verkehrt.

In diese Welt schlichter und unreflektierter Gläubigkeit paßt der Vergleich, mit dem die Erzählerin die hinter dem Kreuz sich erhebende Buche kennzeichnet: „wie eine Mantelmadonna ihren Umhang entfaltet", so breitete die uralte Buche ihre Äste schützend über das Kreuz. Neben das Bild des Gekreuzigten, zu dem die Bewohner des Ortes in schlichter Gläubigkeit ein sehr persönliches Verhältnis haben („welcher bisher von den Leuten als einer der ihren betrachtet und wohlgelitten war"), tritt – wenigstens im sprachlichen Vergleich, aber doch darum nicht minder real – das Bild der Gottesmutter, für Elisabeth Langgässer Symbol einer reinen, heilen und geheiligten Welt[5].

3. *Die politische Bedeutung*

In diese geordnete und heile Welt, zu der noch die Kinder gehören, die eifrig beim Aufstellen des Schildes zu helfen versuchen, die Nonnen, die das Kreuz schmücken, die Arbeiter, die von der Holzarbeit oder vom Acker heimkehren, ja noch die Gemeindearbeiter, die pflichtbewußt und eifrig an der Verschönerung ihres Dorfes mitarbeiten, bricht dann in der lakonischen Knappheit der Inschrift, die erst im letzten Satz dem Leser bekannt wird, ein politischer Wahn ein, der die Situation schlagartig verändert und den Leser zwingt, die Erzählung unter diesem veränderten Aspekt neu zu lesen. Schon die Überschrift läßt sich nun nicht mehr unbefangen nur auf die zu erwarten-

[5] Vgl. Hans-Ludwig Hautumm, Das Selbstverständnis der Dichtung bei Elisabeth Langgässer, Deutschunterricht 1964/5, S. 47.

den Sommergäste beziehen, sondern erweist sich in einer Doppeldeutigkeit, die im folgenden die ganze Erzählung bestimmt. Mit der Errichtung solcher Schilder beginnt – in diesem Kurort und überall, wohin die Macht des nationalsozialistischen Regimes reicht – die Judenverfolgung, unscheinbar zunächst, in keiner Weise aufregend, der Harmlosigkeit der Welt, in die dieses Schild sich einnistet, meisterlich angepaßt: „In diesem Kurort sind Juden unerwünscht." Aber die Mehrschichtigkeit der Erzählung, auf die wir nun einmal aufmerksam geworden sind, läßt keinen Zweifel daran, daß es bei solchen „Harmlosigkeiten" nicht bleiben wird.

Das Aufstellen des Schildes bezeichnet genau jenen Augenblick, den wir vorher bei der Darstellung des Saisonbeginns zu erfassen suchten: „ein Atemzug noch" – dann wird der in aller Stille vorbereitete Vernichtungsplan in seinem ganzen Grauen offenkundig werden, dann wird eine „Saison" beginnen, deren Wahnsinn noch niemand auszudenken vermag. „Die Ruhe vor dem Sturme" wird sich alsbald in eine fürchterliche Wirklichkeit verwandeln, die von der geordneten und heilen Welt, wie die Bewohner des Bergdorfes sie noch erleben, nichts mehr übriglassen wird. „Alles war darauf vorbereitet" – der auf den erwarteten Fremdenverkehrsstrom bezogene Satz erhält nun eine neue, makabre Bedeutung.

Dem unbeschwerten und dennoch doppeldeutigen Wort „Saisonbeginn", das bezogen auf das Errichten eines antisemitischen Schildes, den Beginn einer fürchterlichen Verfolgung unschuldiger Menschen meint, entspricht in fataler Weise das Wort „Endlösung" aus dem Wörterbuch des Unmenschen, hinter dem die Zahl von rund sechs Millionen jüdischer Opfer und unausdenkbares Grauen stehen.

Das Schild, das sich gegen den Aufenthalt von Juden in diesem Kurort richtet, rückt aber nun plötzlich auch in eine eigentümliche Beziehung zu dem Schild, das über dem Kopf Christi angebracht ist und dessen Inschrift einst Pilatus entworfen hatte: I. N. R. I. – Jesus Nazarenus Rex Judaeorum, so lautete der Schuldspruch, den Pilatus gegen den Protest der jüdischen Führer durchgesetzt hatte, Rache an den Hohenpriestern, die ihm die Verurteilung Jesu abgenötigt hatten, und Verhöhnung des jüdischen Volkes, dessen „König" den Verbrechertod stirbt. Abgrundtiefe Verachtung der Juden, wie sie vom Nationalsozialismus gepredigt wurde, war auch den Römern zur Zeit Jesu eine fast selbstverständliche Haltung, die in den verschiedensten literarischen Zeugnissen jener Zeit lebhaften Ausdruck findet:

„So nennt denn Cicero in der Verteidungsrede für Flaccus ihre Religion einen ‚barbarischen Aberglauben', Tacitus spricht von der ‚blöden und ekelhaften Kultsitte der Juden'; ein andermal nennt er sie ‚einen scheußlichen Volksstamm'. Juvenal spottet darauf los; er spricht vom Lande, ‚wo ein uraltes Zartgefühl auch alten Schweinen noch gewogen ist, so daß selbst Menschenfleisch in der Schätzung nicht höher steht'. Er nennt sie ‚Faulpelze', da sie jeden siebten Tag nichts anrühren, und ‚Wolkenanbeter', da sie keine Götterbilder kennen. Apollonius nennt sie ‚die unbegabtesten aller Barbaren, die vermöge dessen auch keinerlei Erfindungen zum Fortschritt der Zivilisation beigetragen haben'. Aber nicht bloß zivilisationslos, sondern auch für gottlos werden sie erklärt, weil sie ihren Gott Jahwe nicht in Bildern darstellten und nicht in das allgemein asiatisch-römische Götterheer einreihen lassen. Plinus heißt sie einen Stamm, ‚allbekannt wegen seiner schandvollen Gottlosigkeit', Tacitus ‚Verächter der Götter', Apollonius Molon ‚Gottlose'. Ähnlich dachten wohl auch die Statthalter, die der Reihe nach ins Land kamen. Der Ton, mit dem Pilatus beim Verhör Jesu vom ‚König der Juden' spricht, ist von einer solchen Einstellung aus einigermaßen zu erklären[6]."

Die Judenverachtung der Römer, wie sie in der zur Gewohnheit gewordenen Inschrift auf dem Kreuz Christi bis heute lebendig geblieben ist, entspricht der Judenverachtung und dem Judenhaß des Nationalsozialismus, der in unserer Erzählung ebenfalls in einem Schild sich manifestiert. Durch ein einziges Wort zieht die Erzählerin die Parallele zwischen den fast zweitausend Jahre auseinanderliegenden Vorgängen: „Über dem Kopf des Christus war *auch* ein Schild angebracht."

Das neuerrichtete Schild bezieht nun Jesus, den „König der Juden", „der dem Fleische nach aus dem Geschlechte Davids stammt" (Röm 1,3), unmittelbar ein in die Ablehnung, die in der neuen Inschrift ausgesprochen wird: „Man merkte, sie ging ihn gleichfalls an, welcher bisher von den Leuten als einer der ihren betrachtet und wohlgelitten war."

---

[6] Franz Michel Willam, Das Leben Jesu im Land und Volke Israel, Freiburg 1949[8], S. 67.

Der indirekten Darstellungsweise dieser Kurzgeschichte entspricht es, daß weder die von der neuen Verordnung direkt Betroffenen noch deren Initiatoren in der Darstellung gegenwärtig sind. Stellvertretend steht für die eine Seite der leidende Christus, während die andere lediglich durch die letzten und im Grunde unbeteiligten Vollzieher einer in ihren Auswirkungen noch gar nicht überschaubaren Anordnung anwesend ist. Denn die drei Arbeiter, die sich mit der Errichtung des Schildes so viel Mühe machen, sind ja im Grunde durchaus biedere und rechtschaffene Bürger ihres Dorfes, zuverlässige und arbeitsame Organe der Kurverwaltung, die vor diesem Schild wohl schon manches andere mit dem gleichen Pflichteifer aufgestellt hatten: „die Haarnadelkurve zu dem Totenkopf, Kilometerschilder und Schilder für Fußgänger: Zwei Minuten zum Café Alpenrose." Vorzuwerfen wäre ihnen höchstens die Pietätlosigkeit, mit der sie sich in unmittelbarer Nähe des Kruzifixes benehmen, und die Indifferenz gegenüber dem Inhalt der Inschrift, mit der sie sich so viel Mühe machten. Eine schärfere und tiefer reichende Kritik, die sich in unserer Erzählung aber nur andeutet, müßte sich wohl gerade gegen jene „Tugenden" richten, die diese drei Männer – und mit ihnen ein ganzes Volk – auszeichnen und die im Begriff des Anstandes zutreffend zusammenzufassen sind: „Ehrlichkeit – Pünktlichkeit – Sauberkeit – Zuverlässigkeit im Dienst – Arbeitsamkeit. Es ist nicht schwer zu sehen, daß sie allesamt ‚Sekundärtugenden' genannt werden können; Tugenden also, die keine Ziele in sich enhalten, sondern auf bestimmte Ziele zugeordnet werden müssen, um ‚positiv' zu sein. Ich kann pünktlich zum Dienst im Pfarramt oder im Gestapokeller erscheinen; ich kann in Schriftsachen ‚Juden-Endlösung' oder Sozialhilfe penibel sein; ich kann mir die Hände nach einem rechtschaffenen Arbeitstag im Kornfeld oder im KZ-Krematorium waschen[7]."

Aber eine solche Kritik kann sich nicht gegen die drei Arbeiter unserer Erzählung als Einzelpersonen richten, sondern attackiert eine ganze Generation, die zur kritiklosen Erfüllung solcher „Sekundärtugenden" erzogen wurde, ohne deren gefährliche Ambivalenz auch nur zu ahnen.

Wenn es im vorletzten Abschnitt heißt, daß „alle drei noch einmal befriedigt zu dem Schild mit der Inschrift" aufschauten,

---

[7] Carl Amery, Die Kapitulation, Hamburg 1963, rororo-Taschenbuch Nr. 589, S. 22 f.

so bezieht sich diese Zufriedenheit zweifellos auf das Ergebnis ihrer Arbeit, die sich in der sauberen und akkuraten Errichtung des Schildes erschöpft. Der eigentliche Inhalt dieser Arbeit und die daraus resultierenden Folgen bleiben – gemäß der Zwangsläufigkeit einer auf Sekundärtugenden abgestellten Erziehung – völlig außer acht.

Stärker richtet sich die Kritik der Erzählerin gegen jene Dorfbewohner, die das neu errichtete Schild sehen und sich schweigend und gleichgültig verhalten. Die beiden Nonnen, die sich „unsicher" anschauen, haben vielleicht als einzige erkannt, worum es hier eigentlich geht, aber auch sie gehen schweigend weg. Entscheidend ist, daß niemand, wie immer er auch innerlich über diese Inschrift denken mag, handelt. Offene Kritik wird nicht geübt, „gleichgültig, wie sich die Sache auch immer entwickeln würde". Dieser Satz greift noch einmal auf die Überschrift zurück: das, was in diesem abgelegenen Kurort gerade jetzt geschieht, ist ja erst „Saisonbeginn", Auftakt und Vorbereitung zu weitaus Schlimmeren. Wer jetzt schweigt, wer sich jetzt gleichgültig verhält, der wird auch schweigen, vielleicht schweigen müssen, wenn aus der so harmlos erscheinenden Inschrift die Katastrophe sich entwickelt hat. „Principiis obsta!" so scheint die Erzählerin mit Ovid den Menschen ihrer Kurzgeschichte und damit jedem Leser zuzurufen, „gleich widersteh im Beginn! Zu spät wird Heilung bereitet, wenn durch längeren Verzug ärger das Übel schon ward[8]."

4. *Die religiöse Deutung*

Das im letzten Abschnitt unvermittelt erscheinende Wort „Kreuzigungsort" läßt uns, nachdem uns die Kurzgeschichte mit dem Aufweis einer wenn auch sehr vorsichtigen und indirekten Kritik am politischen Verhalten der Deutschen durchsichtig geworden zu sein scheint, erneut stutzen und die Erzählung noch einmal überdenken. Wenn die Arbeiter in der Sicht der Erzählerin nicht den Ort ihrer Arbeit und pflichtgemäßen Bemühung, sondern einen „Kreuzigungsort" verlassen, nachdem ihr Werk beendet ist, so muß sich der geschilderte Vorgang verstehen lassen als eine erneute Kreuzigung Christi, die in der Errichtung des Schil-

[8] „Principiis obsta! sero medicina paratur, cum mala per longas convaluere moras. Ovid, Remed. am. 91/2.

des und den daraus resultierenden Folgen sich vollzieht. Die aufmerksame Lektüre der Kurzgeschichte zeigt denn auch, daß bis in die Wortfügungen hinein die biblischen Berichte von der Kreuzigung Christi und die aus der bildenden Kunst uns seit Kinderjahren vertrauten Bilder, die das Passionsgeschehen zum Gegenstand haben, bei der Formgebung der Kurzgeschichte eine nicht unerhebliche Rolle gespielt haben.

„Die Arbeiter kamen mit ihrem Schild und einem hölzernen Pfosten, auf den es genagelt werden sollte" – andeutender Hinweis auf den Kreuzesbalken, den Jesu selbst nach Golgotha trug, um darauf genagelt zu werden. „Hammer, Zange und Nägel" – Werkzeuge der Passion Christi – werden unter dem Kreuz abgestellt. Dann spuckt der dritte der Arbeiter ermunternd aus. Auch hier klingen biblische Formulierungen deutlich an: „Sie schlugen ihn mit einem Rohr auf das Haupt und bespuckten ihn", heißt es im Markus-Evangelium (15, 19). Auch die Tatsache, daß die unheilverkündende Inschrift in unmittelbarer Nähe des Ortsschildes errichtet wird, nachdem die Männer einen anderen „Kreuzigungsort" als unpraktisch wieder aufgegeben haben, erinnert an eine biblische Formulierung: „Diese Inschrift lasen viele Juden", so schreibt Johannes (19, 20), „weil der Ort, an dem Jesus gekreuzigt wurde, nahe bei der Stadt lag."

Durch zwei Vergleiche, die Elisabeth Langgässer heranzieht, obgleich sich andere Möglichkeiten der Veranschaulichung sicher leicht gefunden hätten, die wir also als bewußt und absichtsvoll eingesetzte Metaphern an dieser Stelle interpretieren müssen, wird die Szenerie des „Kreuzigungsortes" vervollständigt. In unmittelbarer Nähe des Kreuzes steht die alte Buche, „welche gerade hier ihre Äste mit riesiger Spanne nach beiden Seiten wie eine Mantelmadonna ihren Umhang entfaltete". Maria wird hier ebenso gegenwärtig wie der Schächer zur Rechten des Herrn, dessen Platz das fatale Schild einnimmt, und wie dieser im Tode noch den leidenden Messias verhöhnte, so kann das neu errichtete Schild nicht anders gedeutet werden als eine erneute Verhöhnung des „Königs der Juden". Nachdem so in der Sprache der Erzählerin ein zweites Golgotha beschworen ist, vollzieht sich in der Errichtung des Schildes eine Wiederholung der Passion Christi: „Der dritte nagelte rasch das Schild mit wuchtigen Hieben auf; dann stellten sie den Pfosten gemeinsam in die Grube und rammten ihn rings von allen Seiten mit Feldsteinen an."

Auch in der Reaktion der Zuschauer spiegelt sich noch einmal biblisches Geschehen. „Das Volk stand dabei und schaute zu", berichtet Lukas (23, 35). Das Verhalten der Außenstehenden hat sich bis in die Gegenwart kaum verändert. Die Qualen des Gekreuzigten veranlaßten die Zuschauer zur Zeit Christi ebensowenig zur inneren Anteilnahme wie Deklassierung und Verfolgung eines ganzen Volkes im zwanzigsten Jahrhundert. „Einige lachten, andere schüttelten nur den Kopf, ohne etwas zu sagen", heißt es dann weiter, in fast wörtlicher Übereinstimmung mit der Matthäuspassion: „Die Vorübergehenden lästerten ihn und schüttelten den Kopf" (Mt 27, 39). Der alttestamentliche Vers, auf den der Evangelist hier anspielt, der Erzählerin sicherlich ebenso vertraut wie die Formulierungen der Evangelien, umschreibt noch deutlicher die Entwürdigung des leidenden Messias damals auf Golgotha wie die Erniedrigung und Entrechtung einer ganzen Rasse, die sich in der Errichtung des Schildes vollzieht:

„Ich aber bin ein Wurm und kein Mensch,
der Leute Spott und des Volkes Verachtung.
Alle, die mich sehen, sie spotten mein,
sei verziehen die Lippen, schütteln das Haupt." (Ps 22, 7–8)

Diese aus der religiösen und literarischen Tradition des jüdischen Volkes stammenden Verse, von der christlichen Theologie seit je auf das Leiden des Herrn gedeutet, erhalten in unserem Zusammenhang eine auf das ganze jüdische Volk bezogene fürchterliche Aktualität.

Auf eine weitere Parallele haben wir bereits hingewiesen: das Schild, das die Männer der Kurverwaltung errichtet haben, entspricht in eigentümlicher Weise dem Schild, das Pilatus am Kreuz Christi anbringen ließ, ein ungerechtes Todesurteil hier (denn Pilatus war von der politischen Unschuld Jesu überzeugt), ein ungerechtes und schuldhaftes Urteil auch dort, das den Todesspruch für Millionen von Menschen bereits andeutend vorwegnimmt:

„Der Pfosten, kerzengerade, trug das Schild mit der weithin sichtbaren Inschrift, die Nachmittagssonne glitt wie ein Finger über die zollgroßen Buchstaben hin und fuhr jeden einzelnen langsam nach wie den Richtspruch auf einer Tafel."

Diese biblischen Sprachfügungen und Bilder, die den Berichten von der Kreuzigung des Herrn entnommen, hier dazu dienen, ein neues, ungeheuerliches Unrecht zu kennzeichnen, weisen den aufmerksamen Leser darauf hin, daß das, was hier geschieht, den leidenden, blassen, blutüberronnenen Christus in einem tieferen Sinne „gleichfalls angeht", als wir zunächst vermuteten: Im Leid, in der Todesangst und im Sterben seiner unschuldigen jüdischen Volksgenossen, in dem ungeheuerlichen und unabsehbaren Unrecht, das in der Errichtung dieser unscheinbaren Tafel sich anbahnt, wird Jesus von Nazareth ein zweites Mal von den Menschen gekreuzigt. Das gegenwärtig gewordene Leiden Christi und das bevorstehende Leiden des jüdischen Volkes werden hier in unmittelbare Beziehung zueinander gesetzt. Vergangenheit und Zukunft schrumpfen „sub specie aeternitatis" und in der heilsgeschichtlichen Schau der Erzählerin zusammen in den einzigen Augenblick des „Saisonbeginns", der das Vergangene gegenwärtig setzt und das Zukünftige vorausdeutend vorwegnimmt.

In einer ganz alltäglich erscheinenden Begebenheit vollzieht sich in dieser Kurzgeschichte der Einbruch des Bösen in eine heile und geordnete Welt. Nicht das Schicksal eines Menschen, wie dies in anderen Kurzgeschichten häufig der Fall ist, wird in einer sich plötzlich aus der Alltäglichkeit heraushebenden Situation grundlegend verändert, sondern eine ganze Epoche verwandelt sich und erhält das Signum des Bösen.

Unverbunden und unvereinbar stehen nun zwei Welten nebeneinander: die humane und christliche Lebensordnung, wie sie dem Dorf seit Jahrhunderten vertraut ist, und die diabolische Welt eines abgründigen Rassenwahns, der Tod und Verderben bringt; beide in der kunstvollen Formgebung dieser Erzählung verdichtet im Dingsymbol des Holzkreuzes mit dem blassen, blutüberronnenen Christus und im Dingsymbol des Schildes mit seiner teuflischen Inschrift, die unmittelbar nebeneinander stehen: „Unerbittlich und dauerhaft wie sein Leiden, würde sie ihm nun für lange Zeit gegenüberstehen."

In dem so banal anmutenden Vorgang der Errichtung eines Holzschildes am Ortseingang eines Kurortes vollzieht sich durch die ebenso bewußte wie verhüllende Darstellungskunst Elisabeth Langgässers das „mysterium iniquitatis", das abgrundtiefe Geheimnis menschlicher Bosheit und Schuld, ebenso wie das Mysterium der Erlösung, das freilich nur der gläubige Leser nachvollziehen kann. Indem Christus noch einmal leidend die Qual der Kreuzigung auf sich nimmt – und das ist für Elisabeth Langgässer nicht nur ein Spiel mit Worten, sondern ernste religiöse Wahrheit –, bezieht er die Qual und die Not der jüdischen Opfer ein in den Sinn seines eigenen Opfers und sühnt er die Schuld der Täter, insofern diese in das Sühnwerk sich einbeziehen zu lassen bereit sind.

Was für die gesamte Dichtung Elisabeth Langgässers gilt, erweist sich auch an dieser kleinen und doch ungemein verdichteten und kunstvollen Erzählung: Christlichkeit ist für diese Dichterin – nach den Worten ihres Mannes[9] – „nicht mehr unreflektierter, gesicherter Besitz, sondern bestimmt durch die unaufhebbare Gleichzeitigkeit von erlöster und gefallener Natur".

5. *Fragen und Hinweise zur Erschließung im Unterricht*

1. Der Vordergrund der Erzählung

a) Mit welchen Mitteln gestaltet die Erzählerin den Augenblick des Saisonbeginns?

b) Worin zeigt sich das Lebensstarke und Gesunde dieses Bergdorfes?

2. Die politische Deutung der Erzählung

a) In welcher Weise wird durch den Schlußsatz der Kurzgeschichte die Erzählung doppeldeutig?

b) Vergleiche die Inschrift auf der neu errichteten Tafel mit der Inschrift auf dem Kreuz Christi!

c) Wie beurteilst du das Verhalten der drei Arbeiter und der Zuschauer?

3. Die religiöse Deutung der Erzählung

a) Erkläre das Wort „Kreuzigungsort" im letzten Abschnitt der Kurzgeschichte!

---

[9] Henneke, Hans – Kunisch, Hermann (Hrsg.), Handbuch der deutschen Gegenwartsliteratur, S. 380.

b) Vergleiche die Formulierungen und Bilder unserer Kurzgeschichte mit dem biblischen Passionsbericht![10]

c) Deute das Holzkreuz und das Schild mit der Inschrift als Symbole zweier gegensätzlicher Welten!

---

[10] Aus den Passionsberichten:
„Die Soldaten aber führten ihn ab in das Innere des Palastes . . . und huldigten ihm: Heil dir, König der Juden! Und sie schlugen ihn mit einem Rohr aufs Haupt, spien ihn an, beugten ihre Knie vor ihm und huldigten ihm" (Mk 15,16–19).
„Er trug selbst sein Kreuz hinaus zu der sogenannten Schädelstätte, was auf hebräisch Golgatha heißt, wo sie ihn kreuzigten, und mit ihm noch zwei andere, herüben und drüben, Jesus aber in der Mitte . . . Pilatus ließ auch eine Inschrift anfertigen und am Kreuz anbringen: Jesus der Nazoräer, der König der Juden. Diese Inschrift lasen nun viele von den Juden, weil der Platz, wo Jesus gekreuzigt wurde, nahe bei der Stadt lag. Und sie war hebräisch, lateinisch und griechisch geschrieben. Da sprachen die Hohenpriester der Juden zu Pilatus: Schreibe nicht: Der König der Juden, sondern: Der hat gesagt: Ich bin der König der Juden. Pilatus erwiderte: Was ich geschrieben habe, habe ich geschrieben" (Jo 19,17–22).
„Und das Volk stand da und schaute zu" (Lk 23,35).
„Und die Vorübergehenden lästerten ihn, schüttelten ihre Köpfe und sprachen . . ."
(Anspielung auf Psalm 22,7–8:
Ich aber bin ein Wurm und kein Mensch,
der Leute Spott und des Volkes Verachtung.
Alle, die mich sehen, sie spotten mein,
sie verziehen die Lippen, schütteln das Haupt.")

Mensch und Technik

Magische oder rationale Bewältigung der Natur

Stefan Andres: Das Trockendock

Das erste Trockendock in Toulon, das gegen Ende des 18. Jahrhunderts von einem Ingenieur namens Grognard erbaut wurde, verdankt seinen Ursprung einer merkwürdigen Begebenheit. Schauplatz war ein Seearsenal, im eigentlichen Sinne aber das Gesicht eines Galeerensträflings – das Antlitz eines für einen Augenblick um seine Freiheit verzweifelt ringenden Menschen.

Bevor es den von Grognard erbauten Wasserbehälter gab, der mit seinem steigenden Spiegel das Schiff in den Fluß hinausschob, war es üblich, daß ein Galeerensträfling die letzten Dockstützen des vom Stapel laufenden Schiffes, freilich unter Lebensgefahr, wegschlug, worauf dann im gleichen Augenblick der Koloß donnernd und mit funkenstiebendem Kiel ins Wasser schoß. Gelang es dem die Stützen fortschlagenden gefangenen Manne, nicht nur dem Schiff die erste Bewegung zu geben, sondern auch sich selbst mit einem gedankenschnellen riesigen Satz aus der Nachbarschaft des herabrutschenden hölzernen Berges zu bringen, dann war er im gleichen Augenblick in seine Freiheit und in ein neues Leben gesprungen; gelang es ihm nicht, blieb von seinem Körper nichts übrig als eine schleimige Blutspur.

Der Ingenieur Grognard, der sich erstmalig zu einem solchen Stapellauf eingefunden hatte, ergötzte seine Augen an den übrigen festlichen Gästen auf den Tribünen und ließ, ganz den düstern und ehernen Wundern des Arsenals hingegeben, den Silberknauf seines Stockes zu den immer neuen Märschen mehrerer Militärkapellen auf die hölzerne Balustrade fallen, wo er sich mit andern Ehrengästen befand. Die Kommandos gingen in der Musik unter, gleichwohl bewegten sich die Arbeiter, die freien und die Sträflinge, des gewohnten Vorgangs wie stumme Ameisen kundig, mit Tauen und Ketten und Stangen hantierend, als hinge ein jeder an einem unsichtbaren Faden.

Grognard hatte einen der besten Plätze, er stand dem Bug, etwa fünfzig Schritt entfernt, gerade gegenüber. Wiewohl er vom Hörensagen wußte, auf welch gefährliche Weise man das Schiff flott machte und ins Wasser ließ, so hatte er sich doch nicht den Vorgang aus den Worten in eine deutliche Vorstellung überführt. Ja, er war sogar unbestimmt der Ansicht, daß es menschlich und gut sei, wenn ein ohnehin verwirktes Leben durch einen kühnen Einsatz sich entweder für die Allgemeinheit nützlich verbrauche oder für sich selber neu beginne. Nun aber, als endlich die Stützen am Schiffsrumpf alle bis auf die am Bug fortgenommen, als die Arbeiter zurückkommandiert und die Matrosen an Bord gegangen waren; als schließlich die Musik mit ihren in die Weite schreitenden Takten plötzlich abbrach; als nur noch ein Trommelwirbel dumpf und knöchern gegen die düsteren

Mauern des Arsenals anrollte – und verstummte –, da kam ein einzelner Mann in seiner roten Sträflingsjacke mit den schweren hufnagelbeschlagenen Schuhen über das Pflaster gegen das Schiff geschlürft. Er trug einen riesigen Zuschlaghammer in der Hand, der zuerst herabhing, dann, je näher der Mann dem schwarzen Schiffsbauch kam, sich zögernd hob und, als seine winzige Gestalt der Fregatte so nahe war, daß ihr gewölbter Rumpf ihn wie ein schwarzer Fittich überschattete, einmal pickend und vorsichtig pochend eine Stütze berührte, schließlich aber in der Hand des Mannes auf dieselbe Weise herabhing.

Es lag eine gefährliche Stille über der Fregatte und den Zuschauern. Grognard bemerkte, daß er zitterte und mit dem Silberknauf seines Stockes die vorsichtig antastende Bewegung des Zuschlaghammers mitgetan hatte. Und als ob dieses winzige Geräusch des Stockes sein Ohr erreicht hätte, – der Sträfling wandte sich plötzlich wie hilfesuchend um. Grognard konnte die Nummer an der grünfarbenen Mütze des lebenslänglich Verurteilten lesen – es war die Nummer 3222 – und zugleich mit der Zahl und wie durch sie hindurch sah er das zitternde Lächeln, in welchem der Sträfling seine Zähne entblößte und einmal langsam die Augen verdrehte, als wollte er Schiff, Zuschauer, Mauern und Himmel mit diesem einen Blick gierig verschlingen. Aber sofort wandte er sich wieder dem Schiff zu – mit einem Ruck, so als könnte die Fregatte etwa hinter ihm arglistig ohne sein Zutun entrinnen. Einen Atemzug lang blieb er regungslos stehen, den Hammer gesenkt, dann hob er ihn langsam . . . Es ging ein Stöhnen über den Platz, man wußte nicht, kam es aus dem Publikum, dem ächzenden Gebälk des Schiffes oder der Brust des Mannes, der im gleichen Augenblick zuschlug: einmal, zweimal, hin- und herspringend, gelenkig wie ein Wiesel und wild wie ein Stier, und dreimal zuschlug und viermal –, man zählte nicht mehr. Das Schiff knackte, mischte seine vom Hammer geweckte Stimme in dessen Schläge – und da, als noch ein Schlag kam, sprang es mit einem Satz vor, und auch der Mann sprang, den Hammer wie in Abwehr gegen den plötzlich bebenden Schiffsrumpf werfend, sprang noch einmal, blieb aber, als nun alles aufschrie, das Gesicht in den Händen, stehen, wie ein Mensch im Traum – und der Schiffsrumpf rüttelte zischend und dröhnend über ihn fort.

Dieser Vorgang, der nur wenige Atemzüge lang gedauert hatte, löste einen brünstigen, vieldeutigen Schrei aus, der hinter der Fregatte herschnob – über die blutige Spur fort, die alsbald einige Sträflinge mit Sand zu tilgen kamen.

Auch Grognard hatte im allgemeinen Jubel einen Schrei getan und mit dem Schrei zugleich einen Schwur. Dieser Schwur aber enthielt im ersten Augenblick seines Entstehens einen Kern: und in diesem barg sich das Bild eines Trockendocks.

Als hätte er gewußt, daß seine Lächerlichkeit damit besiegelt sei, wenn er die eigentliche Triebkraft zu diesem Plan enthüllte: er führte nur Beweggründe ins Feld, die das öffentliche Wohl und den Fortschritt betrafen. Und als endlich trotz aller Widerstände das Dock mit Becken und Schleusentor fertig war, geschah es, daß der Urheber, der sich nun von jenem zwischen Hoffnung und Todesangst verzerrten Lächeln des Galeerensträflings erlöst glaubte, von einem Gefangenen mit einem Hammer niedergeschlagen wurde – es war, als Grognard gerade den Platz am Trockendock überschritt. Der Gefangene trug die grüne Wollmütze der Lebenslänglichen und schleppte seine Kette gemächlich hinter sich her. Eine Weile war er um Grognard in immer enger werdenden Kreisen langsam herumgegangen, bis er schließlich vor ihm stand. Grognard sah offenbar zuerst nur die Mütze und die Nummer daran, bei deren Anblick er wie über einer geheimnisvollen Zahl jäh erstarrte. Doch da schrie auch schon der Mensch, seinen Hammer schwingend: „Das ist der Mann des Fortschritts, der uns den Weg zur Freiheit nahm! Zur Hölle mit dir!" Die herbeieilenden Wachen, die sich des Sterbenden annahmen, sahen, wie der noch einmal die Augen aufschlug, und hörten, wie er mit einer Stimme, die voller Verwunderung schien, flüsterte: „Ah – 3222 – Pardon – ich habe mich geirrt!"

1. *Drei merkwürdige Begebenheiten*

In Goethes „Unterhaltungen deutscher Ausgewanderter", in denen eine durch Kriegs- und Revolutionswirren aus dem angestammten Wohnsitz vertriebene Gesellschaft Geschichten sehr verschiedener Art erzählt, um das sie bedrängende und beunruhigende „Interesse des Tages" aus den abendlichen Gesprächen zu verbannen, bemerkt einer der Zuhörer: „Überhaupt . . . scheint mir, daß jedes Phänomen sowie jedes Faktum an sich eigentlich das Interessante sei. Wer es erklärt oder mit anderen Begebenheiten zusammenhängt, macht sich gewöhnlich eigentlich nur einen Spaß und hat uns zum besten, wie zum Beispiel der Naturforscher und Historienschreiber. Aber eine einzelne Handlung oder Begebenheit ist interessant, nicht weil sie erklärbar oder wahrscheinlich, sondern weil sie wahr ist." Naturwissenschaftler und Historiker verknüpfen weit auseinanderliegende Fakten und Ereignisse, sie suchen Kausalketten aufzuweisen und, indem sie zwischen mehreren Größen ein Ursache-Wirkung-Verhältnis herstellen, einen komplexen Geschehenszusammenhang in seiner Eigengesetzlichkeit erkennbar und damit dem menschlichen Willen dienstbar zu machen. Der Erzähler hingegen fühlt sich zunächst und primär von dem Ereignis an sich fasziniert, das bloße Faktum, sofern es seltsam, ungewöhnlich und interessant erscheint, ist wert, daß es erzählt werde, auch wenn eine deutende Einordnung in einen größeren Weltzusammenhang noch nicht oder überhaupt nicht möglich ist. Die Wirklichkeit an sich, so wie sie sich in einem isoliert herausgehobenen Geschehnis in ihrer Wunderbarkeit, Wahrheit und Paradoxie zugleich dem Zuhörer darbietet, rechtfertigt sich durch sich selbst.

So steht denn auch im Mittelpunkt von Stefan Andres' Kurzgeschichte „Das Trockendock" eine „merkwürdige Begebenheit", die interessant genug erscheint, um erzählt zu werden, auch wenn auf den ersten Blick die Paradoxie des geschilderten Vorfalls sich nicht „erklären oder mit anderen Begebenheiten zusammenhängen“ läßt. Das heißt nun freilich nicht, daß der Leser oder Zuhörer einfachhin bei dem geschilderten Faktum stehenbleiben solle. Wenn die Gastgeberin in Goethes Sammlung merkwürdiger Erzählungen vom Erzähler verlangt: „Ihre Geschichte sei unterhaltend, solange wir sie hören, befriedigend, wenn sie zu Ende ist, und hinterlasse uns einen stillen Reiz, weiter nachzudenken“, so billigt sie dem Erzähler wohl zu, die merkwürdige Begebenheit als bloßes Faktum zur Unterhaltung seiner Zuhörer darzustellen, doch werden diese im nachdenkenden Betrachten das erzählte Ereignis, gerade weil es inkommensurabel und paradox zu sein scheint, je für sich zu deuten versuchen.

Wenn wir im Unterricht mit unseren Schülern das ebenso interessante wie widersprüchlich und unauflösbar erscheinende Geschehen dieser Kurzgeschichte überdenken – der „stille Reiz“ dazu ergibt sich von selbst aus der Schlußpointe! –, so scheint es uns am sinnvollsten, vom Begriff der „merkwürdigen Begebenheit“ auszugehen, weil sowohl diese Kurzgeschichte als auch die technische Erfindung des Trockendocks dieser ihren Ursprung verdanken. Schauen wir genauer zu, so müssen wir freilich feststellen, daß es sich eigentlich gar nicht um *eine* merkwürdige Begebenheit handelt, sondern daß sich in unserer Erzählung drei merkwürdige Ereignisse finden, die freilich unauflösbar ineinander verwoben sind und durch die konzentrierende und pointierte Darstellungsweise des Erzählers zu einer höheren Einheit zusammengefaßt werden. Merkwürdig und interessant, ein erzählenswertes Phänomen im Sinne Goethes ist der Stapellauf des Schiffes, bei dem ein Mensch unter Einsatz seines Lebens diesem die entscheidende erste Bewegung gibt, wobei sich gleichzeitig in einem einmaligen, unwiederholbaren und schicksalhaften Augenblick sein eigenes Leben grundlegend verwandelt, sei es in ein neues Dasein oder in einen grauenhaften und fürchterlichen Tod. Merkwürdig und interessant ist das Schicksal des Zuschauers Grognard, der die Galeerensträflinge aus der Fürchterlichkeit dieser Situation zu erretten wünscht und eben deshalb von einem aus ihren Reihen, der überdies die gleiche Nummer wie das frühere Opfer trägt, erschlagen wird. Merkwürdig und einer Erzählung wert ist drittens auch der schöpferische Impuls Grognards, der die zutiefst miterlebte Angst und

Verzweiflung eines schrecklichen Augenblicks verwandelt in eine geistige Potenz, die zu jener umwälzenden technischen Neuerung führt, die unserer Erzählung den Namen gab.

Aufgabe unserer Interpretation wird es sein, nachdenkend und betrachtend diesen drei merkwürdigen Begebenheiten nachzugehen, sie zunächst im einzelnen zu verstehen, um abschließend zu klären, in welcher Weise der Erzähler diese drei Geschichten aufeinander bezogen und dadurch, die eine durch die andere, auch gedeutet hat. Deutung meint hier also nicht einen über dem Ganzen stehenden erklärenden Satz, sondern ergibt sich aus dem Phänomen selbst und aus der Art, wie der Erzähler die Wirklichkeit in bewußter Formgebung verwandelt, verdichtet und damit im Medium des dichterischen Bildes verstehbar gemacht hat.

2. *Die magische Begegnung mit der Übermacht des Stoffes*

Im Mittelpunkt unserer Kurzgeschichte steht der ungleiche „Kampf" eines Galeerensträflings mit der elementaren Macht und Kraft des Schiffskolosses, der, einmal aus der in sich beharrenden Ruhe gebracht, in seiner „ersten Bewegung" eine Dynamik entfaltet, vor deren Übermacht der Mensch mit seinen kümmerlichen Hilfsmitteln verloren erscheint. Das Erregende und Entscheidungsvolle dieses Vorgangs, „der nur wenige Atemzüge lang" dauert, wird vom Erzähler durch die gefährliche Stille, die sekundenlang herrscht, deutlich herausgehoben. „Als schließlich die Musik mit ihren in die Weite schreitenden Takten plötzlich abbrach" – der Leser spürt: jetzt kommt der entscheidende Mittelpunkt der Erzählung. Die unbekümmerte Atmosphäre des Festes wird jäh unterbrochen, die „ins Weite" schweifenden Blicke und Gedanken der Zuschauer werden konzentriert auf die eng umgrenzte Szenerie, in der sich die merkwürdige Begebenheit vollziehen wird. Der dumpfe Trommelwirbel, der an sensationelle Schau und Hinrichtung erinnert, macht die nachfolgende Stille noch spürbarer, die erst durch den jähen Aufschrei der Zuschauer zerrissen wird, mit dem der aussichtslos erscheinende Versuch des Sträflings in einem gräßlichen Tod endet. Gelingt es dem Erzähler, durch die so markant herausgehobene Stille dieser wenigen Sekunden das entscheidende Ereignis einzugrenzen und Auge und Ohr der Zuschauer auf den Schauplatz des erzählten Geschehens zu konzentrieren, so verengt er dadurch, daß sich der Sträfling unmittelbar vor Beginn seiner gefährlichen Arbeit noch einmal umschaut und Grognard aus nächster Nähe die Züge dieses todgeweihten Mannes betrachten kann, den Schauplatz dieser „merkwürdigen Begebenheit" ganz auf das Gesicht des Galeerensträflings, auf „das Antlitz eines für einen Augenblick um seine Freiheit verzweifelt ringenden Menschen". Noch genauer: Der eigentliche Schauplatz des Geschehens ist „das zitternde Lächeln, in welchem der Sträfling seine Zähne entblößte und einmal langsam die Augen verdrehte, als wollte er Schiff, Zuschauer, Mauern und Himmel mit diesem einen Blick gierig verschlingen". Dieser Satz bildet offenbar die Mitte der Erzählung. In jenem kurzen Lächeln spiegelt sich die furchtbare Alternative, vor die sich der Sträfling in diesem einzigen, unwiederholbaren und entscheidenden Augenblick gestellt sieht: entweder gelingt es ihm, mit einem „gedankenschnellen riesigen Satz" aus der Nähe des Schiffes und damit „in seine Freiheit und in ein neues Leben" zu springen, oder aber der gewaltige Koloß wird ihn „verhobeln", so daß „von seinem Körper nichts übrig (bleibt) als eine schleimige Blutspur".

So erhält der gierige Blick, mit dem der Sträfling in diesen letzten Sekunden vor der Entscheidung das Leben noch einmal zu umfassen versucht, eine doppelte Bedeutung: in ihm drückt sich jener Lebenshunger aus, für den es in den endlosen Jahren einer trost- und hoffnungslosen Gefangenschaft keinen Sinn mehr gab. Ein neues, freies und damit sinnvolles Leben liegt unmittelbar vor ihm. Indem er es in seiner ganzen Schönheit zu erfassen sucht, spannt er zugleich alle Kräfte auf dieses eine Ziel hin. Zugleich liegt in diesem Blick auch das Wissen um den möglichen Fehlschlag des bevorstehenden Versuchs, das Gefühl unmittelbarer Todesnähe und endgültiger Vernichtung. Und so ist dieser gierige Blick auch ein Blick des Abschieds von einem Leben, das er sehnend noch einmal in sich hineintrinken möchte, bevor es vielleicht für immer verlischt. Eine aufs höchste gespannte Hoffnung und eine zum letzten gesteigerte Verzweiflung und Todesangst – beides drückt sich im flüchtigen Lächeln des Sträflings aus, der weiß, daß die nächsten Sekunden der einen oder anderen dieser extremen Möglichkeiten ein unaufhebbares und endgültiges Übergewicht verleihen werden[1].

---

1 Vgl. Hans-Ludwig Hautumm, Stefan Andres: Das Trockendock, in: Der Deutschunterricht 1957/1, S. 99.

In diesem Augenblick ist der Sträfling von seinen Zuschauern durch Welten getrennt: hier die Feststimmung einer eleganten und exklusiven Zuschauermenge, dort das letzte Lächeln eines Menschen, der durch den tollkühnen Einsatz seines Lebens sein Leben wiedergewinnen kann; hier die ins Weite schreitenden Takte der Musik, dort der Gefangene mit den schweren Schritten im engen Kreis seiner Handlungsmöglichkeiten; hier der Silberknauf eines modischen Spazierstocks, Zeichen einer eleganten und vom Leben begünstigten Gesellschaftsschicht, dort der riesige Zuschlaghammer, Werkzeug und Waffe zugleich im Kampf gegen die elementare Macht des Schiffes.

Der hölzerne Koloß, der im eng umgrenzten Handlungskreis dieser Szene dem Gefangenen als Objekt seiner Aufgabe, zugleich aber auch als ein gefährliches, unberechenbares und sich verselbständigendes Subjekt gegenübersteht, erscheint in dieser Kurzgeschichte niemals nur als ein überdimensionaler Berg aus Holz und Eisen, sondern erhält durch die Formgebung des Erzählers beseelte, ja geradezu dämonische Züge. Der schwarze Rumpf des Schiffsleibes überschattet den Gefangenen wie die Fittiche eines gefährlichen Raubvogels; in der Furcht des Gefangenen, das Schiff könne hinter ihm arglistig entrinnen, erhält das Schiff sogar koboldartige Züge. Der Eindruck, den der Erzähler durch eine unaufdringliche und fast verhüllende Personifizierung des Schiffes beim Leser erreicht, verdichtet sich mehr und mehr in das Bild eines schlafenden Ungeheuers, dem sich der Gefangene zunächst vorsichtig tastend nähert (der Hammer „pickte" und „pochte"), bis es dann, von den kräftiger gewordenen Schlägen geweckt, seine fürchterliche Kraft und dämonische Bosheit mit eherner Unerbittlichkeit entfaltet: „Das Schiff knackte, mischte seine vom Hammer geweckte Stimme in dessen Schläge – und da, als noch ein Schlag kam, sprang es mit einem Satz vor."

Der beseelten, ins Dämonische und Magische überhöhten Größe des Schiffes steht der Mensch als ein Wesen gegenüber, das unter das Maß des Menschlichen auf die Ebene des Tieres, ja der bloßen Sache herabgewürdigt ist. Schon die Männer, die mit den Vorbereitungsarbeiten beschäftigt sind, erscheinen vor der überdimensionalen Größe des Kolosses „wie stumme Ameisen"; ob Freie oder Unfreie, sie verlieren vor der Übermacht der Materie ihre Individualität, sie hantieren und arbeiten, „als hinge ein jeder an einem unsichtbaren Faden". Schrumpfen schon diese Menschen angesichts des „hölzernen Berges" zu einem unbedeutenden Nichts zusammen, so verliert der Sträfling, der bereits durch seine Nummer zur Sache erniedrigt ist, in unmittelbarer Nähe des Schiffsrumpfes und im Kampf mit dem Ungeheuer jedes menschliche Aussehen; sein Verhalten wird tierhaft, „gelenkig wie ein Wiesel und wild wie ein Stier".

Wie von unsichtbarer Hand gehalten, bleibt er im Augenblick der höchsten Gefahr plötzlich stehen – warum, das läßt sich rational nicht mehr zureichend erklären. Die vom Erzähler beigefügte Erklärung: „(er) blieb aber, als nun alles aufschrie, das Gesicht in den Händen, stehen, wie ein Mensch im Traum", bleibt in einer eigentümlichen Schwebe zwischen temporaler und kausaler Formulierung[2], so daß nicht sicher zu erkennen ist, ob der Sträfling zögert, *weil* alle plötzlich aufschreien (womit die Zuschauer in ihrer Sensationsgier zumindest eine indirekte Schuld am Tode des Gefangenen trügen), oder ob er in dem Augenblick, *als* alle aufschreien – das heißt in dem Augenblick, als das Schiff sich in Bewegung setzt –, vor Schreck erstarrt (wobei dann vom Schiff der verhängnisvoll lähmende Eindruck ausgegangen wäre) Wie immer auch das Zögern des Mannes zu erklären ist, es bedeutet sein Ende, das ihn nun mit unerbittlicher Endgültigkeit zur Sache verformt: „Der Schiffsrumpf rüttelte zischend und dröhnend über ihn fort." Dieser Vergleich drückt den schrecklichen Vorgang ungemein plastisch aus, er zeigt aber auch, daß dieser Mensch wie eine Sache „verbraucht", wie ein Stück Holz „verhobelt" wird. Übrig bleibt nichts als eine schleimige und eklige Blutspur, nichts Menschliches jedenfalls mehr, und so wird dieser Schmierfleck denn auch von Sträflingen alsbald mit Sand und Hobelspänen beseitigt – der Gefangene ist ja selbst jetzt nicht mehr als ein Hobelspan, ein notwendiges und unvermeidbares Abfallprodukt dieses Stapellaufes.

Der „brünstige vieldeutige Schrei" der Zuschauer aber hat das Geschick dieses Mannes bereits vergessen lassen und gilt ausschließlich dem gelungenen Stapellauf, dem Sieg des Menschen über die elementare Macht der Materie. „Denn was da geschehen ist, war nichts als ein Sieg über den Dämon Stoff, Masse und Element; ein Sieg, verkörpert in dem Schiff, wo die Elemente dem Willen des Menschen vorübergehend untertan sein müs-

---

[2] Vgl. a. a. O., S. 107.

sen[3]." Daß bei diesem Sieg ein Menschenleben „verhobelt", eine Hoffnung ausgelöscht wurde, scheint in der magischen Betrachtungsweise, in der Stefan Andres sowohl die Zuschauer im Seearsenal als auch die Leser seiner Erzählung das Schiff sehen läßt, durchaus gerechtfertigt: das Ungeheuer nimmt sich, bevor es seine elementaren Kräfte willig in die Hand des Menschen legt, das Leben des Vorwitzigen zum Opfer, der es zu wecken wagte.

So wird der Vorgang des Stapellaufes zu einem magischen, dämonisch-beseelten Geschehen, weil der Mensch spürt, daß er zwar die Kräfte der Natur in seinen Dienst nehmen kann, daß aber diese Kräfte immer auch einer Eigengesetzlichkeit folgen, daß sie dem Menschen verhängnisvoll werden und ihn zum Objekt der Naturkausalitäten herabwürdigen können. Das alles mag den sensationslüsternen Zuschauern gar nicht ausdrücklich bewußt werden, im dichterisch gestalteten Bild des Schiffes aber wird das Magische und Dämonische zu einer das ganze Geschehen bestimmenden Realität.

3. *Der Irrtum des Ingenieurs*

Merkwürdig und interessant, für den Zuhörer erstaunlich und schockierend zugleich ist auch die zweite seltsame Begebenheit, die aus der ersten sich entwickelt und in der paradoxen Schlußpointe der Erzählung, der Ermordung des menschenfreundlichen Erfinders, gipfelt, die dieser selbst mit dem uns zunächst unverständlich erscheinenden Satz: „Ah, 3222, Pardon, ich habe mich geirrt", als durchaus richtig zu akzeptieren scheint.

Worin besteht nun der folgenschwere Irrtum Grognards? Gehen wir, um diese Frage zu beantworten, noch einmal auf die entscheidende Szene im Mittelpunkt unserer Erzählung zurück, auf jenen Moment, in dem eine gefährliche Stille die spannungsgeladene Atmosphäre unmittelbar vor dem Stapellauf jedermann spürbar macht. Auch Grognard, der bisher gleichgültig mit dem Silberknauf seines Stockes die Märsche der Militärkapelle begleitet hat, ist plötzlich fasziniert von der Erregung dieses Augenblicks. Seine wachsende Anteilnahme wird freilich nicht psychologisch gedeutet, sondern ausschließlich durch das Medium des dichterisch geformten Bildes dem Leser veranschaulicht: „Grognard

[3] Ebd. S. 102.

bemerkte, daß er zitterte und mit dem Silberknauf seines Stockes die vorsichtig antastende Bewegung des Zuschlaghammers mitgetan hatte." Aus dem gleichgültigen Zuschauer, der sich den zu erwartenden Vorgang noch nicht „aus den Worten in eine deutliche Vorstellung überführt" hatte, ist nun, sei es durch die unmittelbare Nähe seines Standortes gegenüber dem Schiffsbug oder durch eine größere Sensibilität menschlichem Schicksal gegenüber, ein Mit-Erlebender, Mit-Fühlender und Mit-Handelnder geworden, der sich, unbewußt vielleicht und ohne sich über sein Tun Rechenschaft abzulegen, in die Gestalt des Galeerensträflings hineinbegibt und sich mit ihm – in gewissem Sinne wenigstens – identifiziert. Erst so wird es möglich, daß er in dem Sträfling jetzt mehr sieht als eine Sache, die sich nützlich im Dienste der Allgemeinheit verbraucht, daß er hinter der unpersönlichen Nummer das Schicksal eines Menschen erkennt, das sich ihm im kurzen Lächeln des Sträflings mitteilt. Grognard versteht, als einziger unter den Zuschauern vielleicht, den letzten Blick des Gefangenen, der Lebensgier und Todesangst zugleich bedeutet, und als einzigen unter der begeisterten Menge trifft ihn der grauenhafte Tod des Sträflings, weil er empfindet, daß hier ein Mensch auf eine unmenschliche Art und Weise zu Tode kommt. Deutlicher als den übrigen wird ihm bewußt, daß die Sensation dieses Stapellaufes, um dessentwillen er sich im Seearsenal eingefunden hat, und das technische Wunder dieses neuen Schiffes nur möglich sind um den Preis dieses Menschenlebens, an dessen Ende er sich als sensationslüsterner Genießer des Schauspiels und als Nutznießer der neuen technischen Errungenschaft mitschuldig fühlt.

So steht also hinter seiner Erfindung ein doppeltes Motiv: einmal sträubt sich das menschliche Empfinden Grognards dagegen, daß hier ein Mensch wie eine Sache „verhobelt" wird, um der Allgemeinheit zu nützen, und zum anderen möchte er befreit werden von dem Gefühl, als Nutznießer solcher Opfer indirekt Schuld auf sich geladen zu haben. Als nach großen Schwierigkeiten sein Werk vollendet ist, darf er mit Recht glauben, „nun von jenem zwischen Hoffnung und Todesangst verzerrten Lächeln des Galeerensträflings erlöst" zu sein.

Aber zwischen dem Handelnden und dem Zuschauer bleibt notwendig und wesensmäßig eine unaufhebbare Distanz. Zwar sieht Grognard als der außerhalb der den Sträfling fordernden Situation Stehende in gewissem Sinne mehr als dieser selbst. Vor allem die Versachlichung eines Menschenlebens muß vom Ausgang des Stapellaufes her dem Zuschauer notwendig intensiver bewußt werden als dem Sträfling, der als Handelnder sich ganz auf sich selbst und auf die Erfordernisse der augenblicklichen Situation konzentriert. Aber der Zuschauer sieht ebenso notwendig immer auch weniger als der in der Situation Handelnde, weil nur dieser die ganze Spannweite der Empfindungen, Ängste, Nöte und Sehnsüchte durchleidet, während dem Zuschauer lediglich die Oberfläche des Geschehens zugänglich wird. Nur von hierher ist der folgenschwere Irrtum Grognards zu erklären: Indem er sich in den schicksalsvollen Augenblick der Entscheidung, die vor dem Sträfling liegt, ganz hineinzuleben versucht, sich bis in die Bewegung seines Stockes mit dem Handeln des Sträflings identifiziert, versteht Grognard den Sträfling mehr als alle anderen Zuschauer, aber er versteht ihn doch nur zu einem Teil. Jener Teil dieses Lebens, den er selbst nicht mitbeobachten und miterleben konnte, – die langjährige Gefangenschaft, die Hoffnungslosigkeit eines Zustandes, dem schon das Verhobeltwerden unter dem Schiffsrumpf Erlösung bedeuten muß, die Tatsache, daß der Sträfling 3222, lange bevor er unter den Schiffsplanken stirbt, zur Sache geworden ist, der kein Menschenrecht mehr zugebilligt wird, die aufs höchste gesteigerte Verzweiflung, die in der fürchterlichen Alternative vor dem Schiffsbug überhaupt eine Hoffnung und einen Ausweg sehen kann, eine letzte Möglichkeit, auf die der Gefangene vielleicht Jahre seines Lebens gewartet hat, – das alles muß dem Zuschauer Grognard notwendig entgehen, weil er in diesem Lebensbereich des Sträflings weder Zuschauer noch Miterlebender ist. Und so ist also die Wahrheit, die Grognard erkannt hat, nur eine Teilwahrheit, sie ist aspektgebunden und bedarf der Ergänzung. Indem der Erzähler dem zweiten Galeerensträfling seiner Geschichte noch einmal die Nummer 3222 gibt, tritt dem erfolgreichen Erfinder gestalthaft der zweite Teil dieser Wahrheit entgegen. Erst in seinem Tode vermag der Ingenieur zu erkennen, daß er, indem er die Menschenwürde der Gefangenen und sein eigenes Gewissen zu retten versuchte, zugleich diesen Gefangenen die letzte Möglichkeit nahm, einen Ausweg in ein menschenwürdiges Dasein noch einmal zu finden. Gegenüber der ersten Nummer 3222, gegenüber der Todesangst und dem schrecklichen Ende des ersten Sträflings hat Grognard mit seiner Erfindung durchaus recht.

Insofern aber Grognard nur einen Teil des Gefangenenschicksals in jenem Augenblick miterlebte und die hinter diesem Augenblick stehende Realität einer lebenslänglichen, hoffnungslosen und grausamen Gefangenschaft nicht nachvollziehen kann, hat der zweite Sträfling Nr. 3222, der für Grognard nun die ganze Wahrheit verkörpert, ebenfalls recht, so daß der Ingenieur seinen eigenen Tod als die Folge eines unverschuldeten und notwendigen Irrtums verstehen und hinnehmen kann.

4. *Der Übergang von der magischen zur technischen Naturbewältigung*

Im gleichen Augenblick, als der riesige Koloß des Schiffsrumpfes den Körper des Sträflings Nr. 3222 in eine schleimige Blutspur verwandelt und der begeisterte Jubel der Zuschauer den gelungenen Stapellauf feiert, ensteht in der schöpferischen Intuition Grognards, geboren aus der Todesangst des Sträflings und der Gewissensnot des Zuschauers, das Bild einer technischen Anlage, die in Zukunft das Menschenopfer beim Stapellauf eines Schiffes überflüssig machen soll. Dieser Augenblick ist deshalb denkwürdig und merk-würdig im ursprünglichen Sinne des Wortes, weil zur gleichen Zeit, als der Sträfling als Opfer eines nur magisch zu bewältigenden Vorganges stirbt, diese magische Weise der Naturbewältigung durch eine absolut unmagische, rational-technische Einrichtung ersetzt wird. Der markante Augenblick unserer Erzählung bezeichnet jenen kulturgeschichtlich so entscheidenden Einschnitt, der zwischen der vortechnisch-manuellen und magischen Art der Daseinsbewältigung und der naturwissenschaftlich-technischen Wirklichkeit der Moderne liegt. Arnold Gehlen hat in einer interessanten sozialpsychologischen Studie[4] diesen Übergang genau analysiert und einzelne Fakten herausgearbeitet, die auch im Zusammenhang unserer Interpretation von Bedeutung sind: In einem eigenen Kapitel wird die Magie als der über Jahrtausende währende Versuch des Menschen, die Naturgewalten seinem Willen dienstbar zu machen, gedeutet und als die gängige Weise der Daseinsbewältigung im vortechnischen Zeitalter verstanden. „Die Magie hat seit prähistorischen Zeiten in der Welt- und Selbstauffassung des Menschen eine geradezu zentrale Rolle gespielt, selbst in den monotheistischen Kulturen, die sie im Grundgedanken ausschlossen, hat sie

[4] Arnold Gehlen, Die Seele im technischen Zeitalter, Hamburg 1957 (Rowohlts deutsche Enzyklopädie, Bd. 53).

sich, an den Rand gedrängt, mit Zähigkeit gehalten, wie die Hexen- und Zauberprozesse des Mittelalters bewiesen, und erst die eigentlich moderne, technisch-naturwissenschaftliche Kultur hat ihr das Rückgrat gebrochen" (S. 14).

Das Vordringen technisch-maschineller Formen der Daseinsbewältigung folgt dabei einer nachweisbaren Gesetzmäßigkeit: „Als eines der wesentlichen Resultate der gesamten Kulturgeschichte kann man den stets zunehmenden Ersatz des Organischen durch das Anorganische ansehen. Diese Bewegung erfolgt in zwei Hauptrichtungen: der organisch gewachsene Stoff wird durch Kunststoffe ersetzt, die Organkraft durch anorganische Kräfte" (S. 9).

Der in unserem Zusammenhang vor allem interessierende Ersatz organischer Kraft durch eine maschinell genutzte anorganische Kraft wird dann an anderer Stelle noch genauer herausgearbeitet: „Wohl aber zeigt die Gesamtentwicklung der Technik eine hintergründige, bewußtlos, aber konsequent verfolgte Logik, die sich allein mit den Begriffen der fortschreitenden Objektivation menschlicher Arbeit und Leistung sowie der zunehmenden Entlastung des Menschen beschreiben läßt: ‚Dieser Prozeß weist drei Stufen auf. Auf der ersten Stufe, der des Werkzeuges, werden die zur Arbeit notwendige physische Kraft und der erforderliche geistige Aufwand noch vom Subjekt geleistet. Auf der zweiten Stufe, der der Arbeits- und Kraftmaschine, wird die physische Kraft technisch objektiviert. Schließlich wird auf der dritten Stufe, der des Automaten, auch der geistige Aufwand des Subjektes durch technische Mittel entbehrlich gemacht. Mit jeder dieser drei Stufen schreitet die Objektivation der Zweckerfüllung mit technischen Mitteln fort, bis der Zweck, den wir uns gesetzt haben, durch den Automaten allein ohne unser körperliches und geistiges Zutun erreicht wird" (S. 19)[5].

Der Sträfling mit dem Zuschlaghammer in der Hand, ein ohnmächtiges und hilfloses Wesen vor der Übermacht der Materie, erscheint uns aus dieser kulturhistorischen Sicht als das Sinnbild des vortechnischen Menschen, der mit Hilfe organverstärkender Werkzeuge, die seine eigenen Fähigkeiten potenzieren, den Kampf mit einer übermächtigen und überlegenen Natur aufnimmt. In der Darstellungsweise unserer Erzählung geschieht

---

[5] Zitat: H. Schmidt, Die Entwicklung der Technik als Phase der Wandlung des Menschen; in: Zeitschrift VDI, Bd. 9/65, S. 119.

dabei das Paradoxon, daß der Mensch zur Sache wird, die sich verbraucht, während die Übermacht der Naturkraft dämonisch-beseelte Züge erhält. Durch die Erfindung Grognards wird nun die menschliche Organleistung, der Kraftaufwand und der gefahrvolle persönliche Einsatz maschinell objektiviert – das heißt zu einer technisch funktionierenden Sache gemacht, wodurch der Mensch für eigentlich menschliche Aufgaben wieder frei wird und dem naturmagischen Gegenüber des Menschen seine dämonische Kraft genommen wird. Insofern Grognards Erfindung dem Menschen die ihm gebührende Stellung wieder einräumt, hat sie ihren unschätzbaren Wert. Grognards schöpferischer Impuls erweist sich also aus dieser kulturhistorischen Sicht als durchaus richtig, während wir nun die Haltung des zweiten Sträflings als aspektgebunden, nur aus seiner subjektivien Lage verstehbar, aber objektiv als falsch beurteilen müssen.

Aber die moderne Technik, durch die vorhandene Fähigkeiten des Menschen ins Überdimensionale gesteigert werden und der Mensch vor allem im physischen Bereich seiner Natur entlastet wird, hat ein doppeltes Gesicht: „Die Welt der Technik ist sozusagen der große Mensch, geistreich und trickreich, lebenfördernd und lebenzerstörend wie er selbst, mit demselben gebrochenen Verhältnis zur urwüchsigen Natur[6].“ Grognards genialer Impuls hat dem Menschen neue Möglichkeiten erschlossen, das Trockendock hat sich – verglichen mit dem Augenblick seiner Erfindung – als überaus segensreich und im wahrsten Sinne des Wortes als „lebenfördernd“ erwiesen. Aber jede große Erfindung, und das gilt auch für die Erfindung Grognards, macht gleichzeitig bis dahin geübte Verhaltensweisen überflüssig, die für eine bestimmte Menschenschicht die Grundlage ihrer Existenzsicherung bedeuteten, und wirkt sich so verhängnisvoll und zerstörend für die jeweils betroffene soziale Schicht aus. Gebunden an seine Interessenperspektive, sieht Grognard in der Ausschaltung des menschlichen Einsatzes beim Stapellauf eines Schiffes vor allem ein technisches Problem, das er mit seiner Erfindung sinnvoll löst[7].

---

[6] A. Gehlen, a. a. O., S. 9.

[7] Zur Sacherklärung: Die Trockendocks sind schleusenähnliche Becken mit lotrechten oder treppenförmig abgesetzten gemauerten Wänden, die dem Boden- und Grundwasserdruck Widerstand leisten müssen. Zum Docken wird das Schiff bei Spiegelgleiche des Docks mit dem Gewässer eingefahren, nach Schließen der Tore das Dock durch Auspumpen geleert und das Schiff zum Aufsitzen auf die Stapel gebracht. In Southampton (England) ist seit 1933 das größte Trockendock mit 366 m Länge, 41 m Breite und 15 m Spiegelhöhe (vgl. Der Große Herder, Bd. 2, Sp. 1430).

Daß aber zugleich mit der Lösung seines durchaus humanen Anliegens ein neues soziales Problem entsteht, konnte Grognard weder erkennen noch hatte er die Mittel, es zu lösen. In seinem Tode begreift Grognard, daß sein Irrtum darin bestand, daß er nur das halbe Problem gesehen und gelöst hatte.

Dennoch bleibt die Überwindung des Magischen im Verhältnis des Menschen zu der ihn umgebenden Natur und ihren Kräften ein Verdienst Grognards, das die kulturkritische Beurteilung, wie sie Hans-Ludwig Hautumm in seiner Deutung der Kurzgeschichte entwickelt[8], unserer Meinung nach nicht verdient.

„In solcher ‚Vervollkommnung' der Naturbeherrschung", so schreibt Hautumm, „scheint zugleich die Wende zu liegen, von der die Erzählung Stefan Andres' in ihrer Weise spricht. Der Sträfling erschlägt den Interpreten der Situation, und der bekennt: ‚Pardon, ich habe mich geirrt.' Theodor Haecker sagte einmal: ‚Die Vollkommenheit des Automaten besteht darin, daß er sich immer mehr selbständig macht. Als solcher wird er immer mehr des Menschen Herr, und das ist eine wirkliche Revolution, eine ungeheure und ungeheuerliche...' Hier zeichnen sich schreckliche Perspektiven ab, über die nachdenken kann, wer mag. Die Erzählung ‚Das Trockendock' hat das Ihre zu alledem zu sagen, und die Interpretation darf es nicht aus dem Auge verlieren."

Es scheint uns vielmehr, daß gerade durch die Objektivation menschlicher Arbeits- und Kraftleistung im maschinellen Vorgang der Mensch aus der Versachlichung und Entmenschlichung gelöst und in seiner eigentlichen Würde wiederhergestellt wird. Darüber hinaus aber macht die Erzählung deutlich, daß jede scheinbar so sehr aus der Gesetzmäßigkeit der Sache entwickelte technische Neuerung, gerade weil sie Objektivation menschlicher Leistung und Entlastung des Menschen von urtümlichen Aufgaben bedeutet, zu ihrer Entstehung immer auch des menschlichen Einsatzes und der humanen Substanz bedarf, die in das Werk eingehen und ihm erst seinen menschlichen Wert verleihen. Die verzweifelte Hoffnung, die Not und die Todesangst des Sträflings waren für das Werk Grognards ebenso unabdingbare Voraussetzungen wie die Besessenheit, Umsicht und Ausdauer, mit der Grognard seine Aufgabe betrieb. Selbst sein so sinnlos erscheinender Tod wird in seinem Werk objektiviert und

---

[8] Vgl. a. a. O., S. 105.

erhält einen Sinn, weil erst durch das Sterben Grognards die soziale Problematik seines Werkes deutlich und damit auch korrigierbar wird.

5. *Die Einheit der Erzählung*

Wir haben Stefan Andres' Erzählung von der merkwürdigen Begebenheit im Seearsenal von Toulon aufgefächert in drei Einzelgeschichten, die je für sich merkwürdig sind und im Zuhörer einen „stillen Reiz" hinterlassen, die im Ereignis selbst gegebene Wahrheit aufzudecken und zu verstehen. Unsere Kurzgeschichte erhält aber erst dadurch ihren eigentümlichen Reiz und ihre künstlerische Geschlossenheit, daß nicht drei am gleichen Schauplatz spielende Ereignisse hintereinander dargestellt werden, sondern daß die von Stefan Andres erzählte eine Begebenheit die drei merkwürdigen Ereignisse in sich enthält und auf einen einzigen Schauplatz konzentriert, der die Teilaspekte der Erzählung miteinander verbindet. Wir sehen diese verbindende Mitte der Erzählung in dem kurzen „Lächeln, in welchem der Sträfling seine Zähne entblößte und einmal langsam die Augen verdrehte, als wollte er Schiff, Zuschauer, Mauern und Himmel mit diesem einen Blick gierig verschlingen."

In diesem Lächeln gipfelt der Kampf des Galeerensträflings mit der Übermacht des Schiffskolosses, dieses Lächeln trifft den Zuschauer Grognard und verführt ihn zu seinem folgenschweren Irrtum, und mit diesem Lächeln wird zugleich die Idee des Trockendocks geboren, durch das die magische Weise der Daseinsbewältigung abgelöst wird durch die mit der Technik gegebene Objektivation menschlicher Arbeitskraft und Leistung.

Darüber hinaus werden durch die einander entsprechenden Zeichen des Zuschlaghammers und des Silberstockes, der „ins Weite schreitenden Takte" der Festmusik und der einengenden und eingrenzenden Sträflingskette, durch das magische Bild des Schiffes und durch das Trockendock als Sinnbild rational-technischer Versachlichung die Teilerzählungen in der Aussagekraft solcher „Bild-Symbole" kunstvoll zu einer Einheit verbunden.

6. *Fragen und Hinweise zur Erschließung im Unterricht:*

Einführung: Stefan Andres erzählt in seiner Kurzgeschichte eine „merkwürdige Begebenheit". Was erscheint dir an dieser Erzählung merkwürdig?

1. Die magische Begegnung des Menschen mit der Übermacht des Stoffes

a) Mit welchen Mitteln gelingt es Stefan Andres, dem Leser den Schauplatz der Erzählung deutlich vor Augen zu führen?

b) In welcher Weise gestaltet der Erzähler das Bild des Schiffes?

c) Betrachte die Menschen, die in irgendeiner Weise mit dem Schiff zu tun haben!

d) Vergleiche die Darstellung des Schiffes und der Menschen miteinander!

2. Der Irrtum Grognards

a) Welche Motive stehen als „eigentliche Triebkraft" hinter Grognards Erfindung?

b) Worin besteht der folgenschwere Irrtum des Ingenieurs?

c) Welche Funktion hat der zweite Sträfling Nr. 3222 im Ganzen der Erzählung?

3. Der Übergang von der magischen zur technischen Naturbewältigung

a) Betrachten wir einmal Grognards Erfindung! Was leistet das Trockendock, wenn wir es mit früheren Stapelläufen vergleichen?

b) Welche Stellung nimmt der Mensch nun ein?

c) Welche Nachteile ergeben sich aus der Erfindung Grognards?

d) Hat der Tod des Ingenieurs einen Sinn?

4. Die Einheit der Erzählung

Mit welchen Mitteln gelingt des Stefan Andres, die drei Teilerzählungen zu einer Einheit zu verbinden?

Quellennachweis

Gerd Gaiser, Der Mensch, den ich erlegt hatte; in: „Gib acht in Domokosch", Carl Hanser-Verlag, München 1959.

Robert Musil, Der Verkehrsunfall; aus: „Der Mann ohne Eigenschaften", in: Gesammelte Werke in Einzelausgaben, hrsg. von Adolf Frisé, Rowohlt-Verlag, Hamburg 1952, S. 10–11.

Herbert Eisenreich, Der Weg hinaus; in: „Rolf Schroers, Auf den Spuren der Zeit; Junge deutsche Prosa", List-Bücher Bd. 137, München 1959.

Günter Eich, Züge im Nebel; in: „Erzähler der Zeit", Schwann-Verlag, Düsseldorf 1948.

Heinrich Böll, Die Waage der Baleks; in: Erzählungen, Hörspiele, Aufsätze", Verlag Kiepenheuer und Witsch, Köln – Berlin 1961.

Bertolt Brecht, Der Augsburger Kreidekreis; in: „Kalendergeschichten", Verlag Gebr. Weiss, München 1949.

Heinz Risse, Das Gottesurteil; in: „Buchhalter Gottes; Erzählungen", Verlag Albert Langen – Georg Müller, München 1958.

Hans Bender, Die Wölfe kommen zurück; in: „Mit dem Postschiff; 24 Geschichten", Carl-Hanser-Verlag, München 1962.

Wolfgang Borchert, Die drei dunklen Könige; in: „Draußen vor der Tür", ro-ro-ro 170; Rowohlt-Verlag, Reinbek o. J.

Siegfried Lenz, Ein Freund der Regierung; in: „Das Feuerschiff", Hoffmann und Campe Verlag, Hamburg 1960.

Elisabeth Langgässer, Saisonbeginn; in: „Torso", Claassen-Verlag, Hamburg 1947.

Stefan Andres, Das Trockendock; in: „Die Verteidigung der Xanthippe", Piper-Bücherei 154, Piper & Co., Verlag, München 1960.

Literaturverzeichnis

Bender, Hans: Ortsbestimmung der Kurzgeschichte; in: Akzente 3/1962

Böll, Heinrich: Die Stimme Wolfgang Borcherts; in: Heinrich Böll, Erzählungen, Hörspiele, Aufsätze, Köln 1961

Doderer, Klaus: Die Kurzgeschichte in Deutschland; ihre Form und ihre Entwicklung, Diss. Wiesbaden 1953

Doderer, Klaus: Die Kurzgeschichte als literarische Form; in: Wirkendes Wort 1957/58

Doderer, Klaus: Die angelsächsische Short Story und die deutsche Kurzgeschichte; in: Die neueren Sprachen, Jg. 1953

Essen, Erika: Methodik des Deutschunterrichts, Heidelberg 1962

Ebing, H. A.: Die deutsche Kurzgeschichte, Diss. Münster 1936

Hautumm, Hans-Ludwig: Das Selbstverständnis der Dichtung bei Elisabeth Langgässer; in: Der Deutschunterricht 5/1964

Hennecke, Hans / Kunisch, Hermann: Handbuch der deutschen Gegenwartsliteratur, München 1965

Hinck, Walter: Bertolt Brecht; in: Deutsche Literatur im XX. Jahrhundert, hrsg. von H. Friedmann und O. Mann, Heidelberg 1961

Höllerer, Walter: Die kurze Form der Prosa; in: Akzente 3/1962

Interpretationen moderner Kurzgeschichten, hrsg. von der Fachgruppe Deutsch-Geschichte im Bayr. Philologen-Verband, Frankfurt 1956

Interpretationen zu Erzählungen der Gegenwart, hrsg. von Karl Brübach, Frankfurt 1966

Kayser, Wolfgang: Das sprachliche Kunstwerk, Bonn 1948

Kilchenmann, Ruth: Die Kurzgeschichte – Formen und Entwicklung, Stuttgart 1967 (mit ausführlicher Bibliographie)

Klein, Johannes: Geschichte der deutschen Novelle, Wiesbaden 1956[3]

Lorbe, Ruth: Die deutsche Kurzgeschichte in der Jahrhundertmitte; in: Der Deutschunterricht 1/1957

Motekat, Helmut: Gedanken zur Kurzgeschichte; in: Der Deutschunterricht 1/1957

Nentwig, Paul: Die moderne Kurzgeschichte im Unterricht, Braunschweig 1967

Piontek, Heinz: Buchstab Zauberstab. Über Dichter und Dichtung, Eßlingen 1959

Schnurre, Wolfdietrich: Kritik und Waffe. Zur Problematik der Kurzgeschichte; in: Die deutsche Rundschau 1/1961

Staiger, Emil: Grundbegriffe der Poetik, Zürich 1956

Storz, Gerhard: Über den ‚monologue intérieur' oder die ‚Erlebte Rede'; in: Der Deutschunterricht 1/1955

Stutz, Elfriede: Über die Sprache Gerd Gaisers; in: Der Deutschunterricht 3/1963

Unseld, Siegfried: An diesem Dienstag. Unvorgreifliche Gedanken zur Kurzgeschichte; in: Akzente Jg. 1955

Ulshöfer, Robert: Methodik des Deutschunterrichts, 3 Bände, Stuttgart 1960[4]

Ulshöfer, Robert: Unterrichtliche Probleme bei der Arbeit mit der Kurzgeschichte; in: Der Deutschunterricht 6/1958

Ulshöfer, Robert: Die Wirklichkeitsauffassung in der modernen Prosadichtung; in: Der Deutschunterricht 1/1955

Wiese, Benno von: Die deutsche Novelle von Goethe bis Kafka, Bd. I, Düsseldorf 1959

Wiese, Benno von: Zwischen Utopie und Wirklichkeit; Studien zur deutschen Literatur, Düsseldorf 1963

Zimmermann, Werner: Deutsche Prosadichtungen der Gegenwart, 3 Bände, Düsseldorf 1961

Sachregister

Anekdote 10–13, 118, 128

Begebenheit (merkwürdige, unerhörte) 13 f., 77, 140, 151 f., 160, 209 f., 215, 218, 222

Begegnung 38, 78 ff., 82–86, 139

Distanzierte Erzählweise 26 f., 44, 47, 48 f., 58 f., 61, 79, 143, 144, 169, 183 f., 200 f., 216

Epische und dramatische Dichtung (Unterschied) 26 f.

Form- und Gehalt-Einheit 9, 17 f., 31, 42 ff., 44 f., 55, 64, 94, 116 f., 146, 161, 169, 194, 211, 222

Gerechtigkeit 95 ff., 99, 101 f., 105, 128, 136 f., 144 f., 146

Gewissen 29, 31, 38, 61, 217 f.

Gottesurteil 136, 139

Hilfsbereitschaft 124 f.

Innerer Monolog 28, 31, 58–62

Interpretation (funktionale) 17, 42 f., 63, 78 f., 94, 151, 184, 193–195, 211 f., 222

Kadi-Justiz 128, 142

Klugheit 100

Krise 64–67, 83, 86

Kühnheit 101

Kurzgeschichte

I. zur Form der Kurzgeschichte

Alltagssprache 27, 29, 55, 79–82, 151, 174, 184

Bruch, Brechung (Pointe) 12–14, 55, 77 f., 126, 141, 144, 177, 185, 193 f., 210

Gegenläufige Komposition 15, 32, 38, 78 ff., 161

Höhepunkt, Wendepunkt 14, 55, 77 f., 153, 177, 185, 192 f.

kunstvoller Aufbau 15–17, 28, 31, 43, 63, 141, 151, 154, 159 ff., 184 f., 193 f., 210, 222

Mehrschichtigkeit der Darstellung 15, 193–195, 210, 222

Namenlosigkeit der Helden 14, 27, 46, 48, 56, 77, 173 f.

Offenheit von Anfang und Schluß 12 f., 67, 69, 78, 80 f., 84, 144, 191

Transparenz des dargestellten Vorgangs 16 f., 48, 78, 88, 105, 132, 145 f., 161 f., 169, 178, 183 f., 189, 194 f., 202, 215, 217, 222

Verhüllte Darstellungsweise 13, 55, 173, 177, 200, 204